Österreichisches Wohnrecht

Kommentar

MRG und WEG

1. Ergänzungslieferung
(Stand November 2002)

Herausgegeben von

Till Hausmann und Andreas Vonkilch

Springer-Verlag Wien GmbH

RA Mag. Dr. Till Hausmann
Wien, Österreich

Univ.-Ass. Mag. Dr. Andreas Vonkilch
Institut für Zivilrecht
Universität Wien, Österreich

Zitiervorschlag: *Bearbeiter* in *Hausmann/Vonkilch*, Österreichisches Wohnrecht, [§] [Rz]

Bibliografische Information Der Deutschen Bibliothek
Die Deutsche Bibliothek verzeichnet diese Publikation in der Deutschen
Nationalbibliografie; detaillierte bibliografische Daten sind im Internet
über <http://dnb.ddb.de> abrufbar.

ISSN 1619-4268
ISBN 978-3-7091-2020-0   ISBN 978-3-7091-4176-2 (eBook)
DOI 10.1007/978-3-7091-4176-2

Einordnungsanleitung für die
1. Ergänzungslieferung

Die nachfolgende Aufstellung der auszutauschenden und neu einzuordnenden, (nur) mit ihren jeweiligen ungeraden Zahlen bezeichneten Seiten erfolgt gegliedert für die einzelnen Teile des Werks, innerhalb dieser Teile nach §§.

Auszutauschen sind:

MRG

§ 1:	Seiten 1–7, 11, 35
§ 2:	gesamter Paragraph (Seiten 1–31 neu statt 1–29 alt)
§ 3:	Seite 3
§ 6:	Seiten 3–9
§ 8:	Seiten 17–19
§ 9:	Seiten 15–19
§ 10:	Seite 19
§ 12a:	Seite 25
§ 15a:	Seite 1
§ 16:	Seite 3, 35
§ 17:	Seiten 1–3, 11, 15
§ 18:	Seiten 5, 15
§ 20:	Seiten 7–11, 25–27
§ 21:	Seiten 21–23
§ 24:	Seite 9
§ 27:	Seiten 23–25
§ 30:	Seiten 1, 13
§ 33:	Seiten 5–11
§ 37:	Seite 37
§ 40:	Seite 5
§ 45:	Seite 15
§ 46:	Seite 1
§ 46a:	Seite 13
§ 49b:	Seite 5

WEG

§ 18:	Seiten 3–5, 19, 29, 47–49
§ 21:	Seiten 1–3
§ 37:	Seite 21
§ 49:	Seite 5
§ 52:	Seite 1

STICHWORTVERZEICHNIS

Nach dem letzten Deckblatt (mit der Bezeichnung „Sachverzeichnis") ist das gesamte Stichwortverzeichnis (bestehend aus den Seiten 1–53) neu einzuordnen.

Vorwort zur 1. Ergänzungslieferung

Durch die nun vorgelegte 1. Ergänzungslieferung wird zunächst, wie angekündigt, der Novellierung von § 2 MRG durch das Wohnungseigentumsbegleitgesetz Rechnung getragen und die Kommentierung zahlreicher mietrechtlicher Bestimmungen insofern aktualisiert, als im Lichte des neuen § 4 WEG 2002, vor allem des von diesem normierten Mietvertragsüberganges auf den Wohnungseigentümer, so manches mietrechtliche Problem einer anderen Beurteilung unterzogen werden muss, als dies bislang der Fall war. Weiters erfolgt im Rahmen der 1. Ergänzungslieferung die Auslieferung des Stichwortverzeichnisses für das gesamte Werk und damit dessen auch formale Vervollständigung. Schließlich erlauben sich die Herausgeber, die 1. Ergänzungslieferung auch zum Anlass zu nehmen, einige Druckfehler durch die Übermittlung von Austauschblättern einer Korrektur zuzuführen. Es sollte keiner besonderen Erwähnung bedürfen, dass sowohl das Stichwortverzeichnis als auch die Druckfehlerkorrekturen selbstverständlich nicht in den Preis der Ergänzungslieferung einkalkuliert wurden, was dessen Geringfügigkeit erklärt.

Abschließend sei noch darauf hingewiesen, dass von den Herausgebern bereits auf die mittlerweile neuerlich erfolgten legistischen Weichenstellungen, vor allem die völlige Neuordnung des wohnrechtlichen Außerstreitverfahrens, reagiert wurde und die maßgeblichen Autoren „Gewehr bei Fuß" stehen. Eine rasche Aktualisierung des Kommentares durch die nächste Ergänzungslieferung unmittelbar nach parlamentarischer Beschlussfassung dieser Neuregelungen ist damit ebenso gewährleistet wie dessen konkurrenzlose Aktualität mit ökonomisch vertretbarem Aufwand.

Wien, im November 2002

Till Hausmann
Andreas Vonkilch

I. Hauptstück
Miete

Geltungsbereich

§ 1. (1) Dieses Bundesgesetz gilt für die Miete von Wohnungen, einzelnen Wohnungsteilen oder Geschäftsräumlichkeiten aller Art (wie im besonderen von Geschäftsräumen, Magazinen, Werkstätten, Arbeitsräumen, Amts- oder Kanzleiräumen) samt den etwa mitgemieteten (§ 1091 ABGB) Haus- oder Grundflächen (wie im besonderen von Hausgärten, Abstell-, Lade- oder Parkflächen) und für die genossenschaftlichen Nutzungsverträge über derartige Objekte (im folgenden Mietgegenstände genannt); in diesem Bundesgesetz wird unter Mietvertrag auch der genossenschaftliche Nutzungsvertrag, unter Mietzins auch das auf Grund eines genossenschaftlichen Nutzungsvertrages zu bezahlende Nutzungsentgelt verstanden.

(2) In den Anwendungsbereich dieses Bundesgesetzes fallen nicht

1. Mietgegenstände, die im Rahmen des Betriebes eines Beherbergungs-, Garagierungs-, Verkehrs-, Flughafenbetriebs-, Speditions- oder Lagerhausunternehmens oder eines hiefür besonders eingerichteten Heimes für ledige oder betagte Menschen, Lehrlinge, jugendliche Arbeitnehmer, Schüler oder Studenten vermietet werden.

1a. Wohnungen oder Wohnräume, die von einer karitativen oder humanitären Organisation im Rahmen sozialpädagogisch betreuten Wohnens vermietet werden.

2. Wohnungen, die auf Grund eines Dienstverhältnisses oder in Zusammenhang mit einem solchen als Dienst-, Natural- oder Werkswohnung überlassen werden.

3. Mietverträge, die durch Ablauf der Zeit ohne Kündigung erlöschen, sofern die ursprüngliche oder verlängerte vertragsmäßige Dauer ein halbes Jahr nicht übersteigt und der Mietgegenstand

a) eine Geschäftsräumlichkeit oder

b) eine Wohnung der Ausstattungskategorie A oder B (§ 15a Abs. 1 Z 1 und 2) ist und der Mieter diese nur zum schriftlich vereinbarten Zweck der Nutzung als Zweitwohnung wegen eines durch Erwerbstätigkeit verursachten vorübergehenden Ortswechsels mietet

4. Wohnungen oder Wohnräume, die vom Mieter bloß als Zweitwohnung zu Zwecken der Erholung oder der Freizeitgestaltung gemietet werden; eine Zweitwohnung im Sinne der Z 3 und 4 liegt vor, wenn daneben ein gewöhnlicher Aufenthalt im Sinne des § 66 JN besteht,

5. Mietgegenstände in einem Gebäude mit nicht mehr als zwei selbständigen Wohnungen oder Geschäftsräumlichkeiten, wobei Räume, die nachträglich

durch einen Ausbau des Dachbodens neu geschaffen wurden oder werden, nicht zählen.

(3) Für Mietgegenstände in Gebäuden, die von einer gemeinnützigen Bauvereinigung im eigenen Namen errichtet worden sind, gelten die Bestimmungen dieses Bundesgesetzes nach Maßgabe des § 20 Wohnungsgemeinnützigkeitsgesetzes.

(4) Die §§ 14, 29 bis 36, 45, 46 und 49, nicht jedoch die übrigen Bestimmungen des I. und II. Hauptstückes gelten für

1. Mietgegenstände, die in Gebäuden gelegen sind, die ohne Zuhilfenahme öffentlicher Mittel auf Grund einer nach dem 30. Juni 1953 erteilten Baubewilligung neu errichtet worden sind.

2. Mietgegenstände, die durch den Ausbau eines Dachbodens auf Grund einer nach dem 31. Dezember 2001 erteilten Baubewilligung neu errichtet worden sind, sowie unausgebaute Dachbodenräumlichkeiten, die mit der Abrede vermietet werden, dass darin – wenn auch zum Teil oder zur Gänze durch den Hauptmieter – eine Wohnung oder Geschäftsräumlichkeit errichtet werde.

3. Mietgegenstände, die im Wohnungseigentum stehen, sofern der Mietgegenstand in einem Gebäude gelegen ist, das auf Grund einer nach dem 8. Mai 1945 erteilten Baubewilligung neu errichtet worden ist.

(5) Die §§ 14 und 29 bis 36, nicht jedoch die übrigen Bestimmungen des I. und II. Hauptstückes, gelten für Mietgegenstände in einem Wirtschaftspark, das ist eine wirtschaftliche Einheit von ausschließlich zu Geschäftszwecken genutzten Gebäuden und Liegenschaften in (auf) denen jedoch nicht überwiegend Handelsgewerbe im Sinne der Gewerbeordnung 1973 [nunmehr Gewerbeordnung 1994] betrieben werden.

Abs 4 Z 2 idF vor der MRN 2001:

[...]

2. Wohnungen in einem Wohnhaus mit nicht mehr als zwei selbständigen Wohnungen, wobei Wohnräume, die nachträglich durch einen Ausbau des Dachbodens neu geschaffen wurden oder werden, nicht zählen.

Literatur: *Krejci*, Einige Fragen zum Dienstwohnungsrecht, in: Tomandl (Hrsg), Betriebliche Sozialleistungen (Wiener Beiträge zum Arbeits- und Sozialrecht II 1974), 121; *Bernat*, Zum Geltungsbereich des Mietrechtsgesetzes (§ 1 MRG), in: HBzMRG, 91; *Hofmann-Wellenhof*, Dienstwohnung und MRG (§§ 1, 28, 30, 49 MRG), in: HBzMRG, 121; *F. Bydlinski*, Das Recht der Superädifikate (1982); *Meinhart*, Neues Förderungsrecht als Teiländerung des MRG, ImmZ 1982, 179; *Böhm*, Rechtsprobleme studentischen Wohnens, ÖJZ 1983, 57; *Hartig/Richter*, Dienst-, Werks- und Pensionistenwohnungen im neuen MRG, GesRZ 1983, 20; *Lenneis*, Immobilienfinanzierungsleasing und Mietrechtsgesetz, AnwBl 1983, 562; *Schuppich*, Welche Auswirkungen hat das MRG auf Dienst- und Werkswohnungen? ImmZ 1983, 247 und 265; *Wachter*, Rechtsprobleme bei Dienst-, Natural-, Werks- und Mietwohnungen von Arbeitnehmern (1983); *Wachter*, Die Herausnahme von Dienst-, Natural- und Werkswohnungen aus dem MRG, RdW 1983, 76; *Zingher*, Die Werkmietwohnung, ÖJZ 1983, 349; *F. Bydlinski*, Superädifikate und Kündigungsschutz, JBl

1984, 241; *Hofmann-Wellenhof*, Dienstwohnungen im Aufteilungsverfahren nach der Ehescheidung, JBl 1984, 464; *Iro*, Immobilienleasing und MRG, RdW 1987, 77; *Palten*, Kündigungsschutz für Sportstätten, ImmZ 1987, 107 und 127; *Würth*, Erstes Wohnrechtsänderungsgesetz und Fragen des Wohnungsgemeinnützigkeitsgesetzes, wobl 1988, 60; *Böhm/Schuster*, Probleme der Mietrechtsgeltung, wobl 1989, 1 und 30; *Grassl-Palten*, MRG-Novelle 1988 oder: Kündigungsschutz für Sportplätze – zweiter (und letzter?) Akt, wobl 1989, 25; *Madl*, Kündigungsschutz für Sportstätten, wobl 1989, 133; *Mosler*, Weiterbenützung einer Werkswohnung nach Ende des Arbeitsverhältnisses, DRdA 1989, 55; *Würth*, Zur Anwendbarkeit des Mietrechtsgesetzes, wobl 1989, 129; *Böhm*, Zur Anwendbarkeit des Mietrechtsgesetzes, wobl 1990, 29; *Würth*, Abschließend: „Zur Anwendbarkeit des Mietrechtsgesetzes" – Die wesentlichen Auffassungsunterschiede, wobl 1990, 33; *Grabenwarter*, Kündigungsschutz an freien Flächen? NZ 1991, 6; *Meinhart/Österreicher*, Die WGG-Novelle im 2. WÄG, wobl 1991, 85; *Würth*, 2. Wohnrechtsänderungsgesetz – Ein Überblick, wobl 1991, 25; *Czaky*, Der Immobilienleasingvertrag (1992); *St. Frotz*, Zur Auflösung einer Personenhandelsgesellschaft ohne Liquidation sowie zur Abgrenzung von Geschäftsraummiete und Unternehmenspacht, GesRZ 1992, 12; *Dirnbacher*, Gedanken zum Wirtschaftspark, wobl 1995, 157; *Opitz*, Dienstwohnung und Betriebsübergang, ecolex 1995, 699; *Schauer*, Seniorenunterkünfte und MRG, wobl 1996, 52; *Stabentheiner*, Mietrecht in Europa (1996); *Böhm*, Miete und Zeit (gleiches Mietrecht für alle?), wobl 1997, 21; *Reiber*, Neue Rechtsprechung über den Anwendungsbereich des Mietrechtsgesetzes, ÖHB 1997/12, 1; *Wolf*, Zur Kündigung von Dienstwohnungen, ecolex 1997, 790; *Barta/Ganner*, Zur Auflösung des Altenheimvertrags durch den Heimträger, wobl 1998, 93; *Degelsegger*, Geschäftsraummiete oder Unternehmenspacht – eine Analyse im Spiegelbild der Rechtsprechung, wobl 1998, 5 und 33; *Reiber*, Neue Judikatur zur Garagenmiete, ÖHB 1998/1, 1; *Bauer*, Konsumentenschutz und Mietrecht, wobl 2000, 257; *Reiber*, Die Abgrenzung zwischen Wohnung und Geschäftsräumlichkeit im Mietrecht, immolex 2000, 170; *J. Reich-Rohrwig*, Geschäftsraummiete, Unternehmenspacht und Bestandverhältnisse in Einkaufszentren – zu § 1091 ABGB und § 1 MRG; in: FS Koppensteiner (2001), 629; *Kletečka*, Die Analogie zum MRG beim Superädifikat, wobl 2001, 129; *Pittl*, Unternehmenspacht im Einkaufszentrum: Ansprüche des Bestandnehmers bei mangelnder Kundenfrequenz, immolex 2001, 268; *Hanel*, Übersicht über die geplante Mietrechtsnovelle 2001 ab 1. Jänner 2002 auf Basis des Justizausschussberichts samt Änderungen des Einkommensteuergesetzes 1988, wobl 2001, 352; *Prader*, Mietrechtsgesetznovelle 2002, RdW 2001, 720; *Kothbauer*, Mietrechtsnovelle 2001 (MRN 2001), ImmZ 2001, 413; *Vonkilch*, Die Neuerung der MRG-Novelle 2001 und ihr Beitrag zur Konsolidierung des Wohnrechts, immolex 2002, 39; *Stabentheiner*, Die Mietrechtsnovelle 2001, wobl 2002, 1.

Inhaltsübersicht

I. Allgemeines

1 § 1 regelt den **sachlichen Anwendungsbereich** des MRG, wobei zwischen Voll-
und Teilanwendung desselben zu unterscheiden ist. Die seit dem Inkrafttreten
des MRG erfolgten Modifikationen beschränkten sich bis zur MRN 2001 auf
einige wenige, in ihrer Gesamtheit nicht als gravierend zu betrachtende Änderungen. 1991 wurde mit dem 2. WÄG der in Abs 3 enthaltene Pauschalverweis auf
§ 20 WGG eingeführt, welcher den Umfang der Anwendung mietrechtlicher
Vorschriften im Bereich des WGG betrifft, während durch das 3. WÄG 1994
neben dem neuen Abs 5 in Abs 2 Z 1 der Verweis auf Flughafenbetriebsunterneh-
men, in dessen Z 3 die Einschränkungen der lit a und b sowie der letzte Hs der Z 4
mit der Definition einer Zweitwohnung angefügt wurde. Mit der MRN 2001
wurden erstmals insofern substantielle Modifikationen in § 1 vorgenommen, als
die Z 1 a des Abs 2 neu eingefügt und der auf Geschäftsräumlichkeiten „ausge-
dehnte" Abs 4 Z 2 aF als neuer Abs 2 Z 5 sowie in Abs 4 die neue, Dachböden
betreffende Z 2 angefügt wurde.

2 Während **Abs 1** den im Vergleich zum MG leicht eingeschränkten **grundsätzlichen Geltungsbereich** des MRG absteckt, enthält **Abs 2** eine Reihe von Objekten und/oder Vertragsarten, auf welche das MRG überhaupt nicht anwendbar ist,
worunter die sogenannten **Vollausnahmen** zu verstehen sind. Sofern auf diese
Verträge keine bestandrechtlichen Sondergesetze, wie etwa das KleingartenG,
LandpachtG oder SportstättenschutzG zur Anwendung gelangen, gelten für sie
die (weitgehend dispositiven und ansonsten immer neben dem MRG subsidiären)
bestandrechtlichen Normen der §§ 1090 ff ABGB samt den sonstigen allgemeinen
und besonderen zivilrechtlichen Bestimmungen, darunter ua insbesondere das
KSchG (erstmals MietSlg 32.257/24; ausführlich *Würth* in Krejci, HBzKSchG
635 ff), wenn (nur) einer der beiden Vertragspartner als Unternehmer iS dessen § 1
zu qualifizieren ist. Dies kann sowohl auf den Vermieter (bei entsprechendem
Umfang seiner Vermietungstätigkeit, dazu näher MietSlg 51.209 = immolex 2000,
167/100) als auch auf den Mieter, sofern die Anmietung im Rahmen seiner unter-
nehmerischen Tätigkeit erfolgt, zutreffen, was bei dem MRG unterliegenden
Verträgen aufgrund der gegenläufigen Schutzzwecke der beiden Gesetze zu einigermaßen kuriosen Konstellationen führen kann (*Schauer*, Erneuerung 23).

Dem als „Drehscheibe" zur **Verzahnung des MRG mit dem WGG** anzusehenden **Abs 3** wurde mit der WRN 1999 durch den in das WGG neu eingefügten § 20a WGG teilweise materiell derogiert (näheres unten Rz 74). Die **Abs 4 und 5** regeln den in seinen Auswirkungen für den Vermieter zumeist, nicht aber immer günstigeren und für die beiden Fälle leicht unterschiedlichen **Teilanwendungsbereich** des MRG.

Neben diesen Pauschalausnahmen bestehen oder bestanden vereinzelte weitere, **4** auf diverse objektive Kriterien abstellende und nur in bestimmten Fällen anwendbare **Sonderregeln**, wie etwa die §§ 10, 12, 13 und 14, welche nur auf Hauptmietverhältnisse über Wohnungen anwendbar sind, jene des § 12a, welcher nur Geschäftsräumlichkeiten betrifft, oder besondere Befristungsbestimmungen für Eigentumswohnungen in § 29 Abs 1 Z 3 lit b idF vor der WRN 2000.

In **zeitlicher Hinsicht** bestimmt sich die Geltung der Normen des MRG primär **5** nach den jeweiligen speziellen Übergangsbestimmungen (siehe dazu bei den Erläuterungen zu den einzelnen §§), in Ermangelung solcher nach der generellen Übergangsregel des § 43 Abs 1, weshalb das MRG grundsätzlich auch auf solche Mietverträge anzuwenden ist, die vor seinem Inkrafttreten abgeschlossen wurden (wobl 1999, 128/58 [*Hausmann*] = MietSlg 50.297/55 [zum Ausnahmetatbestand des § 1 Abs 4 Z 3]).

II. (Sachlicher) Anwendungsbereich des MRG (Abs 1)

A. Grundsätzliches

Nach Abs 1 gilt das MRG für die Miete von Wohnungen, Wohnungsteilen und **6** Geschäftsräumlichkeiten samt mitgemieteten Grundflächen sowie für genossenschaftliche Nutzungsverträge über derartige Objekte. Entscheidend ist demnach, ob der Vertragstyp **„Miete"** über bestimmte **Räumlichkeiten** (samt allfälligem Zubehör) vorliegt, weshalb – im Gegensatz etwa zum KSchG, welches als maßgebliches Kriterium auf die subjektiven Verhältnisse der am Vertrag beteiligten Personen abstellt – von einer rein **objektiven Anknüpfung** zu sprechen ist. Demgemäß ist es aus Sicht des MRG ohne Bedeutung, ob der Mieter oder der Vermieter Unternehmer, Konsument, Kaufmann usw ist oder ob der Vermieter tatsächlich eine wirtschaftlich oder rechtlich überlegene Position einnimmt, vielmehr schützt das MRG im Sinne einer **typisierenden Betrachtungsweise** den Mieter stets unabhängig von dessen persönlichen Eigenschaften. Ohne Belang ist es daher auch, wenn der Mieter selbst Miteigentümer der Liegenschaft ist (MietSlg 37.037/38, 37.219/38).

Das MRG enthält über weite Strecken **zugunsten des Mieters zwingende Be-** **7** **stimmungen,** auch wenn dies vom Gesetzgeber nicht lückenlos ausdrücklich betont wird. Im Zweifel ist jedenfalls vom zwingenden Charakter der jeweiligen Norm auszugehen (MietSlg 41.192, 49.224). Als derartiges Schutzgesetz kann die Anwendbarkeit des MRG vertraglich nicht ausgeschlossen werden (MietSlg 37.221, 40.212; MietSlg 50.399 = immolex 1999, 164/107; MietSlg 51.212 = immolex 2000, 4/1) und ist ein diesbezüglicher (Rechts-) Irrtum (wobl 1991, 211/125 = MietSlg 43.125) ebenso unbeachtlich wie ein solcher über einzelne aus dem MRG abgeleitete Rechtsfolgen (MietSlg 39.069) oder das Vertrauen darauf, dass der

Vertragspartner von den ihm durch das MRG zwingend eingeräumten Rechten keinen Gebrauch machen werde (wobl 1991, 211/125 = MietSlg 43.125 [Höhe des gesetzlich zulässigen Mietzinses]). Es kann daher ein dem Mieter nachteiliges Ergebnis auch nicht indirekt durch eine (bei Mietverträgen prinzipiell zulässige) Rechtswahl erreicht werden (MietSlg 50.237 = immolex 1999, 109/81 [*Pfiel*]).

8 Umgekehrt bestehen aber keinerlei Bedenken, die **Anwendbarkeit des MRG auf außerhalb** seines Anwendungsbereiches oder nur im Teilanwendungsbereich **liegende Vertragsverhältnisse zu vereinbaren,** was allerdings nach allgemeinen Grundsätzen auf die materiellrechtlichen, nicht aber die verfahrensrechtlichen Bestimmungen des MRG beschränkt bleibt (*Würth/Zingher*[20] Rz 4 zu § 1 MRG). Auch ist ein **nachträglicher Verzicht** auf dem Mieter eingeräumte Rechte dann, wenn die vom Gesetzgeber (in typisierender Betrachtungsweise) angenommene Ungleichgewichtigkeit der Verhandlungspositionen (MietSlg 37.317, 49.224) nicht mehr vorliegt, ohne weiteres **zulässig.**

9 Neben vertraglichen Vereinbarungen kann sich die Anwendung bestimmter Vorschriften des MRG durch entsprechende Verweisung im MRG selbst oder in anderen Gesetzen auch bei Vorliegen eines (Voll- oder Gesamt-) Ausnahmetatbestandes ergeben. Dies ist insbesondere bei Einhebung eines erhöhten Hauptmietzinses nach § 45 Abs 3 (unten Rz 82) oder im Bereich des WGG (Abs 1 iVm Abs 3 iVm §§ 20, 20a WGG) sowie kraft einzelner **förderungsrechtlicher Bestimmungen** der Fall. Die diversen, vor der Verländerung durch die B-VG Novelle 1988 bundesrechtlichen Förderungsgesetze, wie etwa das WWG 1948, das WohnVG, das WSG oder das WFG in seinen Fassungen der Jahre 1954, 1968 und 1984 hatten die subsidiäre Geltung einzelner oder aller Vorschriften des MG angeordnet, was mit dem Inkrafttreten des MRG durch dessen § 58 Abs 4 auf die „entsprechenden" Bestimmungen des MRG bezogen wurde. Meist stellte sich der Verweis in den genannten Gesetzen bloß als solcher auf die Mietzinsbildungsvorschriften dar, zum Teil aber auch (wie etwa § 15 WWG) ganz allgemein als Verweis auf die (neben den Förderungsbestimmungen subsidiäre) Geltung des MG (bzw nunmehr MRG) in seiner Gesamtheit.

10 Im letzteren Fall ist das **Ausmaß der Verweisung in der Lehre umstritten.** Während *Würth* (wobl 1990, 34; wobl 2000, 53; *Würth/Zingher*[20] Rz 65 zu § 1 MRG) meint, dass die Einbeziehung des MRG notwendigerweise entgegen sonst bestehenden Ausnahmen, wie insbesondere der Abs 2 und 4 des § 1 erfolgt (wodurch ansonsten dem MRG gar nicht oder nur zum Teil unterliegende Vertragsverhältnisse dennoch in dessen Vollanwendungsbereich fallen können), vertreten *Böhm/Schuster* (wobl 1989, 1, 30; vgl auch *Böhm* in wobl 1990, 29) in ihren ausführlichen Untersuchungen eine differenzierte Betrachtungsweise, welche sich im wesentlichen am Schutzzweck der einzelnen Ausnahmetatbestände orientiert und je nachdem deren Anwendbarkeit bejaht oder verneint, sodass Fälle denkbar sind, wo das MRG ungeachtet einer entsprechenden Verweisung in einem Förderungsgesetz gar nicht oder nur zum Teil anwendbar ist. Trotz der beachtlichen Argumente der zuletzt genannten Autoren sowie der von diesen (aaO) aufgezeigten Abgrenzungsprobleme dürfte der OGH (ungeachtet einiger unpräziser Formulierungen in den einschlägigen E) der Position *Würths* folgen, wonach die Anwendbarkeit des MRG im Fall einer Gesamtverweisung auf das

MG bzw MRG in einem Förderungsgesetz nur dann und nur insoweit zu prüfen ist, als einer der gesetzlichen Ausnahmetatbestände der Abs 2 bis 4 (und nunmehr wohl auch Abs 5) vorliegt (wobl 1989, 94/43 = MietSlg 40.610/35; wobl 1989, 144/84 = MietSlg 41.441; wobl 1992, 199/131 = MietSlg 44.662; wobl 2000, 53/24 = MietSlg 50.633, [wonach „der OGH erkennbar der Auffassung *Würths* zuneigt"]). Zum Zusammenhang zwischen der Transformationsklausel des § 58 Abs 4 und der Kontroverse über den Umfang der Gesamtverweisungen siehe auch Rz 4 zu § 58.

Sobald ein Mietvertrag über Wohn- oder Geschäftsräumlichkeiten (zu beiden **11** unten Rz 45 ff und Rz 48 ff) vorliegt, besteht eine **Vermutung für die Vollanwendbarkeit des MRG** iS einer (widerlegbaren) praesumptio iuris, wobei die Behauptungs- und Beweislast für das Vorliegen eines (Voll- oder Teil-)Ausnahmetatbestandes nach den Abs 2, 4 oder 5 nach allgemeinen Beweislastregeln den Vermieter als durch die Ausnahme Begünstigten trifft (MietSlg 36.232, 37.220/37, 39.205/20, 39.215; wobl 1989, 48/17 = MietSlg 40.405; wobl 1989, 94/43 = MietSlg 40.210). Liegen die sonstigen Voraussetzungen der §§ 228, 236, 259 Abs 2 ZPO vor, ist auch die selbständige gerichtliche (Zwischen-) Feststellung, dass ein Vertragsverhältnis – zur Gänze oder teilweise – dem MRG unterliegt, zulässig, welche allerdings nur im streitigen, nicht aber – aufgrund des taxativen Katalogs des § 37 Abs 1 – im Verfahren nach § 37, möglich ist (JBl 2001, 471 [*König*]).

Bei **einheitlichem Vertragsabschluss** über ein dem MRG unterliegendes Objekt **12** mit einem nicht in dessen Geltungsbereich fallendes unterscheidet die Rspr: Während die Kündigungsschutzbestimmungen des MRG auf den gesamten Vertrag dann zur Anwendung gelangen, wenn der dem MRG unterliegende Teil nicht nur als Nebensache anzusehen ist (wobl 1992, 12/5 = MietSlg 43.130), wird zwecks Vermeidung von Umgehungen bei der Mietzinsbildung insofern eine differenzierte Analyse vorgenommen, als der jeweilige gesetzlich zulässige Mietzins für die beiden Teile (bei gedachter separater Vermietung) dem vereinbarten Mietzins zum Zeitpunkt des Vertragsabschlusses gegenüberzustellen und daraufhin zu prüfen ist, ob ein krasses Missverhältnis zu dem insgesamt am Markt zu erzielenden Mietzins vorliegt (MietSlg 34.367, 35.490, 38.251/27, 38.587; wobl 1995, 18/6 = MietSlg 45.183; wobl 2001, 47/30 = MietSlg 51.308 = immolex 2000, 106/68; wobl 2001, 137/81 [*Vonkilch*] [sinngemäße Anwendung des Grundsatzes auf die Vermietung von Räumlichkeiten, die in den Vollanwendungsbereich fallen mit solchen, die § 1 Abs 4 zu unterstellen sind]). Trifft dies nicht zu, unterliegt das gesamte Vertragsverhältnis richtigerweise (abgesehen von sonstigen zivilrechtlichen Grenzen, wie etwa § 879 ABGB) keinerlei Einschränkungen, andernfalls fällt das gesamte einheitlich gemietete Objekt unter die Zinsbildungsvorschriften des MRG (aA *Kletečka*, immolex 2001, 125).

Nicht in den Anwendungsbereich des MRG fallen insbesondere Vertragsverhält- **13** nisse, welche von vornherein nicht als Miete oder zumindest nicht als Miete von Wohn- oder Geschäftsräumlichkeiten zu qualifizieren sind, was neben bloßen Teilen von Geschäfts- oder einzelnen Wohnräumen insbesondere auf sogenannte **neutrale Objekte** (unten Rz 51), wie etwa zu privaten Zwecken angemietete Garagen, sowie auf reine Grundstücksmieten zutrifft. Eine **Sonderstellung** nimmt nach der Praxis die **Miete von Grundflächen** mit dem vertraglich vereinbarten Zweck zur Errichtung von **Superädifikaten** für Wohn- oder Geschäftszwecke ein (unten Rz 54).

B. Miete (Abgrenzung zu anderen Vertragstypen)

14 Zur Definition dieses Begriffs ist in Ermangelung einschlägiger besonderer Vorschriften im MRG auf die §§ 1090 ff ABGB zurückzugreifen. Miete als (neben der Pacht – zur Abgrenzung unten Rz 29 ff) einer von zwei Unterfällen eines Bestandvertrages liegt danach dann vor, wenn der **Gebrauch einer ohne weitere Bearbeitung benützbaren unverbrauchbaren Sache auf eine gewisse Zeit und gegen einen bestimmten Preis** überlassen wird. Vom Vertragstypus her handelt es sich dabei um ein Dauerschuldverhältnis. Unverbrauchbare Sachen können sowohl beweglich wie auch unbeweglich sein. Der ohne weitere Bearbeitung mögliche Gebrauch muss kein ausschließlicher sein, sondern kann sowohl inhaltlich (zB durch eine Mehrheit von Mietern [sog „Mitmieter"]) als auch zeitlich (etwa in Form der Benützung des Objekts immer nur zu bestimmten Tageszeiten – vgl dazu auch das TeilzeitnutzungsG, BGBl I 1997/32) beschränkt werden.

15 In Ermangelung besonderer gesetzlicher Formvorschriften (was natürlich einer gewillkürten Form nicht entgegensteht [wobl 1999, 213/104 ‹*Iro*› = MietSlg 50.127 ‹vereinbarte Schriftform›]; vgl auch das Schriftlichkeitsgebot bei den meisten befristeten Mietverträgen – Rz 22 ff zu § 29) kommt ein Miet- als **Konsensualvertrag** (wobl 1991, 71/58 = MietSlg 42.071/25, wonach im Zweifel kein Vor-, sondern ein Hauptvertrag anzunehmen ist, selbst wenn der Beginn des Mietvertrages erst nach dem Zeitpunkt des Vertragsschlusses liegt) durch die Einigung infolge übereinstimmender Willenserklärungen über **Mietgegenstand und Entgelt als essentialia negotii**, wenn diese bestimmt oder wenigstens bestimmbar sind, zustande, sofern keine ausdrücklichen Vorbehalte hinsichtlich einzelner weiterer Vertragspunkte vorliegen (MietSlg 38.331, 50.128). Wegen fehlender Bestimmbarkeit liegt daher bei einem austauschbaren Heimplatz (MietSlg 36.118) ebensowenig ein Mietvertrag vor wie bei der Vereinbarung über die Nutzung eines nicht individualisierten Teiles eines Dachbodens oder einer Garage (MietSlg 36.119), was allerdings zu hinterfragen wäre, da der Begriff „Mietgegenstand" auch auf einem höheren Abstraktionsniveau gesehen werden könnte. Mangels Formgebots kann die Einigung zwischen den Vertragspartnern auch konkludent erfolgen (MietSlg 39.086), was insbesondere große praktische Relevanz bei der Erweiterung des Mietvertrages besitzt. Eine solche wird von der Rspr gerne und bisweilen vorschnell dann angenommen, wenn der Vermieter die Benützung nicht mitgemieteter Teile der Liegenschaft über einen gewissen Zeitraum vorbehaltlos duldet oder dem Mieter sogar ausdrücklich überließ, unabhängig davon, ob dafür ein zusätzliches Entgelt vereinbart wurde oder nicht (MietSlg 33.141, 34.188, 41.068, 47.065, 48.096; wobl 1991, 54/42 = MietSlg 42.077 [siebenjährige unwidersprochene Verwendung eines zusätzlichen Raumes samt Vorschreibung von Betriebskosten für diesen]; MietSlg 51.115).

16 Mit der **Überlassung auf eine gewisse Zeit** ist nicht notwendigerweise ein von vornherein bestimmter oder zumindest bestimmbarer (MietSlg 34.193) Zeitraum

Familienrechtliches Wohnverhältnis. Das hauptsächliche Unterscheidungskri- **23**
terium zur Miete besteht in der Freiwilligkeit der rein faktischen (MietSlg 20.110,
21.132, 31.008, 34.195, 35.007) Beziehung zwischen den, nicht unbedingt auf den
engsten Verwandtenkreis beschränkten Familienmitgliedern. Es kommt also auf
das Fehlen eines rechtsgeschäftlichen Willens zwischen den Beteiligten an, sodass
es nicht schadet, wenn das im Bestandobjekt aufgenommene Familienmitglied zu
den mit der Wohnung verbundenen Aufwendungen durch Zahlung eines Teils
derselben oder durch Erbringung von gelegentlichen Arbeiten im Rahmen der
Haushaltsführung beisteuert. Derartige Wohnverhältnisse können, sofern keine
besondere sonstige Verpflichtung (etwa die Unterhaltspflicht des Vaters gegenüber seinem Kind) vorliegt, jederzeit ohne Angabe von Gründen beendet und
mittels Räumungsklage wegen titelloser Benützung durchgesetzt werden
(MietSlg 25.106, 27.003, 31.010, 32.126, 35.007, 39.008). Gleiches gilt im Fall einer
„Lebensgemeinschaft" (MietSlg 27.158, 28.035, 29.047).

Benützungsregelung unter Miteigentümern. Eine solche kann durch Verein- **24**
barung oder durch Richterspruch gemäß § 835 ABGB oder § 17 WEG 2002
geschaffen werden und ist auch dann anzunehmen, wenn (teilweise) Entgeltlich-
keit als Ausgleich zwischen den Miteigentümern vereinbart wurde. Im Zweifel ist
eine Benützungsregel als der unter Miteigentümern typische Fall gegenüber
einem Mietvertrag zu vermuten (MietSlg 40.095 [auch wenn das Entgelt als
„Miete" bezeichnet wurde]; MietSlg 43.059). Sie zeichnet sich durch geringere
Bestandkraft gegenüber einem Mietvertrag aus und entfaltet, mit Ausnahme ihrer
„Verdinglichung" gemäß § 828 Abs 2 ABGB oder § 17 Abs 3, 2. Satz WEG 2002,
keine Bindungswirkung gegenüber einem Einzelrechtsnachfolger.

Immobilienleasing. Hier handelt es sich um einen vorwiegend aus steuerlichen **25**
Überlegungen während der letzten Jahrzehnte kreierten, im steten Wandel be-
griffenen Mischvertrag, welcher viele Facetten aufweist und bei dem einige Fra-
gen strittig sind. Dabei stellt der Leasinggeber als Eigentümer einer (bebauten
oder unbebauten) Liegenschaft diese dem Leasingnehmer mit einem kauf-, kre-
ditvertrags- und mietrechtliche Elemente enthaltenden Vertrag zur Nutzung zur
Verfügung, wobei das Vertragsverhältnis je nach Überwiegen der einzelnen
Elemente in die eine oder andere Kategorie einzuordnen ist. Dabei kommt der
Ausgestaltung der Leasingnehmerpflichten entscheidende Bedeutung zu (*Iro*,
RdW 1987, 78). Im Zweifel sowie insbesondere dann, wenn der Vertrag auf
unbestimmte Zeit geschlossen und jederzeitige Kündbarkeit vereinbart ist, wird
(entgegen *Lenneis*, AnwBl 1983, 562) nach dem Schutzzweck des MRG Miete
anzunehmen sein (MietSlg 38.124; MietSlg 48.209 = immolex 1997, 20/13).

Verwahrungsvertrag. Auch hier handelt es sich um einen Mischtypus, welcher **26**
insbesondere in Gestalt des Garageneinstellungsvertrages auftritt und bei dem
neben dem mietrechtlichen Element auch Dienstleistungscharakteristika (Wartung, Waschen, Bewachung etc) auftreten und welcher ebenfalls nach dem über-
wiegenden Element einzuordnen ist.

Bettgehervertrag. Die Einordnung dieser heute kaum mehr anzutreffenden **27**
Verträge ist unklar. Primär wird bzw wurde dabei eine Bettstatt (und nicht der
Wohnraum) für eine bestimmte Zeit (idR für die Nacht) in Bestand gegeben,

sodass Essentiale des Vertrages das Bett als bewegliche Sache ist, weshalb mit
Bernat, HBzMRG 104 von einer Nichtanwendbarkeit des MRG auf derartige
Verträge auszugehen ist (MietSlg 46.196; aA ein Teil der älteren Rspr, etwa SZ 12/
71; MietSlg 12.934 [analoge Anwendung der Bestimmungen über die Unter-
miete]).

28 **Pacht.** Ausgehend vom Wortlaut des § 1091 ABGB versteht man unter Miete die
Überlassung einer Sache zum (bloßen) Gebrauch, unter Pacht hingegen zum
Gebrauch und zur Fruchtziehung (*Würth* in Rummel I³ Rz 1 zu § 1091 ABGB).
Dabei kommt es wie auch sonst nicht auf die Bezeichnung durch die Parteien,
sondern in erster Linie auf die Zweckbestimmung der Bestandsache und die dem
Bestandnehmer eingeräumten Befugnisse an (MietSlg 34.205, 37.126, 38.135,
41.084) sodass diese von den Partnern gewählte Bezeichnung allenfalls im Zweifel
für die korrekte rechtliche Einordnung des Vertrages maßgebend sein kann
(MietSlg 31.172, 41.081; wobl 1993, 11/1 = MietSlg 43.077). So ist etwa ein Vertrag
über die Nutzung eines Grundstücks zur Abrichtung von Hunden (MietSlg
23.115) oder für den Betrieb eines Schilifts (MietSlg 25.192/25) oder zur Errichtung und zum Betrieb eines Sportplatzes (MietSlg 34.205) oder eines Flughafens
(MietSlg 37.126) als Miete, hingegen die Inbestandgabe eines Grundstücks zum
Gemüse- oder Obstanbau („Erdbeerland" und dgl) oder zur Gewinnung von
Heu als Pacht anzusehen.

29 Aus Sicht der Anwendbarkeit des MRG mit seinen zwingenden Schutzbestim-
mungen zugunsten des Mieters, darunter va der Kündigungsschutznormen der
§§ 30 ff, kommt der **Abgrenzung zwischen Unternehmenspacht einerseits und
(Geschäftsraum-) Miete andererseits** enorme praktische Bedeutung zu. Insbesondere war zumindest nach der Rechtslage vor dem 3. WÄG der Kündigungsgrund der Weitergabe des § 30 Abs 2 Z 4 nur bei Miete (MietSlg 38.457), nicht
aber infolge teleologischer Reduktion leg cit (zB MietSlg 22.381) bei Verpachtung
des im Mietgegenstand betriebenen Unternehmens zum Tragen gekommen, was
im Teilanwendungsbereich des MRG nach wie vor Geltung besitzt (vgl hingegen
für dessen Vollanwendungsbereich nunmehr § 12a Abs 5). Für die Abgrenzung
entscheidend ist, ob nach dem Vertragszweck entweder die Nutznießung (Er-
träge) des Unternehmens, womit neben anderen Werten und Befugnissen auch
Mietrechte an Geschäftsräumlichkeiten verbunden sind, oder aber die reine
Raumnutzung im Vordergrund steht, was aufgrund der Vielzahl und Komple-
xität denkbarer Fallgestaltungen weder schematisch noch nach quantitativen
Kriterien, sondern immer nur unter sorgfältiger Abwägung aller Umstände des
Einzelfalles in Form einer wertenden Betrachtungsweise möglich ist (MietSlg
37.123, 37.125/7, 38.135, 39.100, 41.081). Zutreffend erwähnen *Würth/Zingher*[20]
(Rz 28 zu § 1 MRG) die daraus resultierende Kasuistik samt damit einhergehen-
der Gefahr widersprüchlicher Entscheidungen, was aber als einer derartigen
Betrachtungsweise inhärent notwendigerweise hingenommen werden muss. Zu-
dem ist es der Rspr in den meisten Fällen gut gelungen, die Abgrenzung zwischen
Unternehmenspacht und bloßer Weitergabe von Mietrechten einheitlich zu beurteilen (in diesem Sinn auch *Degelsegger*, wobl 1998, 38).

30 Unter einem (lebenden) **Unternehmen ist nach hM eine Sachgesamtheit in
Form einer organisierten Erwerbsgelegenheit** zu verstehen. Die Objekte freier

oder zur Gänze durch den Hauptmieter – eine **Wohnung oder Geschäftsräumlichkeit errichtet** werde. Damit kommt es für derartige Vertragsverhältnisse
insofern zu einer radikalen Änderung, als nach der vorherigen Rechtslage in
solchen Fällen lediglich ein Mietzins nach Kategorie „D-unbrauchbar" zulässig
war. Freilich ist dem Gesetzgeber zuzugestehen, dass die Bestimmung einem
echten Bedürfnis der Praxis Rechnung trägt und beim „Heranführen" des MRG
an die Gegebenheiten des Marktes Wertungswidersprüchlichkeiten (insbesondere mit früher zurecht als „Belohnungstatbeständen" für den Vermieter angese-
henen Bestimmungen, wie etwa § 16 Abs 1 Z 5 und 6 idF vor dem 3. WÄG)
unvermeidbar sind, wobei noch anzumerken ist, dass derartige Vertragskon-
struktionen im Regelfall ohnehin nur in einem besonders „betuchten" Segment
des Mietenmarktes (vgl etwa den der E wobl 1998, 375/238 [*Hausmann*] =
MietSlg 50.372 = immolex 1999, 41/31 zugrundeliegenden Sachverhalt) üblich
sind. Im Gegensatz zum ersten Fall schadet es hier nicht, wenn die Baubewilligung bereits vor dem 1.1.2002 erteilt wurde.

Der Frage, ob § 1 Abs 4 Z 2, 2. Fall, wie der Wortlaut nahe legen würde, nur auf **97**
Verträge zwischen dem Vermieter und einem Hauptmieter, nicht aber auf solche
mit einem Untermieter anwendbar ist, dürfte keine besondere praktische Relevanz zukommen. Jedenfalls ist es aber kaum denkbar, dass die **Untervermietung
durch einen Hauptmieter mit der Abrede, einen Rohdachboden auszubauen,**
ohne vorherigen Sanktus durch den Vermieter, welcher ja in solchen Fällen stets
gegenüber der Baubehörde sein Einverständnis erklären muss, erfolgt, sodass
man diesen Fall (aufgrund der auch anderorts im Mietrecht üblichen Zurechnung
von Aktivitäten des Untermieters an den Hauptmieter [*Vonkilch*, immolex 2002,
44 mit dem Beispiel der „Vereinnahmung" von Investitionen des Untermieters
für einen Anspruch nach § 10 durch den Hauptmieter samt Nw aus der Jud])
durchaus auch unter die Bestimmung subsumieren kann (aA *Stabentheiner*, wobl
2002, 7).

Entweder direkt aus dem Gesetzestext (arg … „wenn auch zum Teil … durch den **98**
Hauptmieter …") oder mittels eines einfachen Größenschlusses ergibt sich, dass
die Teilausnahme auch auf die **Vermietung von nur zum Teil ausgebauten
Dachböden** mit der Absprache, die Fertigstellung durch den Mieter durchzuführen, zur Anwendung gelangt, wobei aber zwecks Vermeidung von Umgehungen
zu fordern ist, dass die (erste) Baubewilligung zumindest dann nach dem
31.12.2001 erteilt worden sein muss, wenn der Mieter keine substantiellen Aufwendungen mehr tätigen musste.

E. Eigentumswohnungen in einem nach dem 8.5.1945 errichteten Gebäude (Abs 4 Z 3)

Diese Ausnahmebestimmung gilt für die Vermietung einer **Eigentumswoh-** **99**
nung, wenn das **Gebäude,** in dem sie sich befindet, aufgrund einer **nach dem
8. Mai 1945 rechtskräftig gewordenen Baubewilligung** errichtet wurde. Wird
die Baubewilligung erst nach Baubeginn erteilt, ist auf dessen Datum abzustellen (MietSlg 7.948, 35.312, 43.196). Der genannte Stichtag wurde von *Böhm*
(wobl 1997, 28) zurecht als willkürlich kritisiert (ebenso *Schauer*, Erneuerung
31).

100 Ohne Bedeutung ist das Datum der **Wohnungseigentumsbegründung**, dieses kann daher auch nach Errichtung des Gebäudes liegen, solange **spätestens am Tag des Mietvertragsschlusses**, welcher auch vor dem Inkrafttreten des MRG liegen kann (wobl 1999, 128/58 [*Hausmann*] = MietSlg 51.219 = immolex 1999, 132/93), im Grundbuch Wohnungseigentum einverleibt ist, wofür der Zeitpunkt des Einlangens des Grundbuchsgesuches maßgeblich ist. Hingegen bewirkt eine dem Mietvertragsschluss nachfolgende Wohnungseigentumsbegründung keine „Heilung", sodass diesfalls die Ausnahmebestimmung nicht zum Tragen kommt (wobl 1988, 38/16 [*Würth*] = MietSlg 39.219/46; MietSlg 43.244/15; wobl 1999, 128/58 [*Hausmann*] = MietSlg 51.219 = immolex 1999, 132/93). Nicht nötig ist es weiters, dass an allen Mietobjekten einer Liegenschaft Wohnungseigentum begründet wurde (so auch *Dirnbacher*, MRG 2000 „neu" 33). Auch hier ist die allfällige Inanspruchnahme öffentlicher Förderungsmittel ohne jede Bedeutung, allerdings kann sich aufgrund förderungsrechtlicher Normen eine Rückverweisung auf das MRG oder eine Beschränkungen der Vertragsfreiheit – etwa in der Mietzinsbildung usw – ergeben (vgl oben Rz 9 f).

F. Wirtschaftspark (Abs 5)

101 Sofern dieser durch das 3. WÄG (zu Übergangsproblemen siehe Rz 8 zu § 43) ohne tiefergehenden Zweck, sondern als Maßnahmegesetz für den ORF geschaffene Ausnahmetatbestand zum Tragen kommt (weshalb die im AB – 1268 Blg NR XVIII. GP – zitierten „übergeordneten wirtschaftlichen Interessen" als Etikettenschwindel anzusehen sind) gelten für die davon erfassten Mietverhältnisse lediglich die §§ 14 und 29 – 36, nicht aber auch, wie in den drei vorhergehenden Fällen, die §§ 45, 46 und 49. Zur analogen Anwendung weiterer Bestimmungen des MRG gilt ähnliches wie zu Abs 4 (Rz 83 oben). Als **sinnlos ist die Nennung des § 14** anzusehen, da dessen Abs 2 und 3 von vornherein nur für Wohnungen gelten und dessen Abs 1 bloß die Vererblichkeit des Mietvertrages normiert, was aber schon aus § 1116a ABGB folgt. Ein Wirtschaftspark ist eine wirtschaftliche Einheit von ausschließlich zu Geschäftszwecken genutzten Gebäuden und Liegenschaften, in (auf) denen jedoch nicht überwiegend Handelsgewerbe im Sinne der GewO betrieben werden. Das Alter der Gebäude sowie allfällige öffentliche Förderungen sind ohne Relevanz.

102 Eine **wirtschaftliche Einheit** von Gebäuden und Liegenschaften wird dann gegeben sein, wenn gemeinschaftliche Einrichtungen und Organisationsstrukturen (wie ein Sammelparkplatz, Bewachung, Verpflegung, Tankstelle, Gestaltung und Pflege der Außenanlagen) und vor allem eine vereinheitlichte Abrechnung und Aufteilung der Bewirtschaftungskosten vorliegen (*Dirnbacher*, wobl 1995, 160).

103 Nach dem Zweck der Bestimmung schaden trotz des **ausschließlich auf Geschäftszwecke** bezogenen Wortlautes einzelne Dienst-, Natural oder Werkswohnungen, wie etwa eine Wohnung für Angestellte des Betreibers (Portierwohnung), nicht, wohl aber führt jede andere Wohnungsmiete für alle Objekte im gesamten Wirtschaftspark in den Vollanwendungsbereich des MRG hinein (*Dirnbacher*, wobl 1995, 160). Ebenfalls zu folgen ist *Dirnbacher* (aaO, 160) dahingehend, dass **ein einziges Gebäude sowie eine Liegenschaft ausreicht** (so

Haupt- und Untermiete

§ 2. (1) Hauptmiete liegt vor, wenn der Mietvertrag mit dem Eigentümer der Liegenschaft oder mit dem dinglich oder obligatorisch berechtigten Fruchtnießer, mit dem Mieter oder Pächter eines ganzen Hauses geschlossen wird. Steht der Mietgegenstand im WE, so wird Hauptmiete durch den Mietvertrag mit dem Wohnungseigentümer begründet. Wenn am Mietgegenstand WE erst begründet werden soll, kommt durch den mit dem WE-Bewerber geschlossenen Mietvertrag Hauptmiete mit dem Eigentümer oder den Eigentümern der Liegenschaft zustande, doch geht mit der Begründung von WE am Mietgegenstand die Rechtsstellung des Vermieters auf den Wohnungseigentümer über. An den wirksam geschlossenen Hauptmietvertrag sind ab der Übergabe des Mietgegenstandes an den Hauptmieter die Rechtsnachfolger des Vermieters auch dann gebunden, wenn der Vertrag nicht in die öffentlichen Bücher eingetragen ist. Enthält ein Hauptmietvertrag Nebenabreden ungewöhnlichen Inhalts, so ist der Rechtsnachfolger des Vermieters an diese Nebenabreden nur gebunden, wenn er sie kannte oder kennen mußte. Soweit das Mietverhältnis zwischen dem Mieter oder Pächter eines ganzen Hauses und dessen Vermieter aufgelöst wird, tritt der Vermieter in den Hauptmietvertrag zwischen dem Mieter oder Pächter des ganzen Hauses und dessen Mieter ein.

(2) Untermiete liegt vor, wenn der Mietvertrag mit einer Person geschlossen wird, die in Abs. 1 nicht genannt ist. Wird das Benützungsrecht des Untervermieters aufgelöst, so hat der Untervermieter den Untermieter hievon unverzüglich in Kenntnis zu setzen.

(3) Besteht bei Überlegung aller Umstände kein vernünftiger Grund daran zu zweifeln, dass ein Hauptmietvertrag nur zur Untervermietung durch den Hauptmieter und zur Umgehung der einem Hauptmieter nach diesem Bundesgesetz zustehenden Rechte geschlossen wurde, so kann der Mieter mit dem der Untermietvertrag geschlossen wurde, begehren, als Hauptmieter des Mietgegenstands mit den sich aus diesem Bundesgesetz ergebenden Rechten und Pflichten anerkannt zu werden. Liegen konkrete Anhaltspunkte für eine solche Umgehungshandlung vor – dies ist insbesondere dann der Fall, wenn der Hauptmieter mehr als eine Wohnung im selben Gebäude zur Gänze untervermietet oder bei Vorliegen eines befristeten Hauptmietvertrages die Wohnung zur Gänze untervermietet –, so obliegt es dem Antragsgegner, das Fehlen der Umgehungsabsicht zu beweisen.

§ 2 idF MRG 1982:

§ 2. (1) Hauptmiete liegt vor, wenn der Mietvertrag mit dem Eigentümer oder Fruchtnießer der Liegenschaft oder, sofern der Mietgegenstand im WE steht, mit dem Wohnungseigentümer geschlossen wird. An den wirksam geschlossenen Hauptmietvertrag sind ab der Übergabe des Mietgegenstandes an den Hauptmieter die Rechtsnachfolger im Eigentum auch dann gebunden, wenn der Vertrag nicht in die öffentlichen Bücher eingetragen ist. Enthält ein Hauptmietvertrag Nebenabreden ungewöhnlichen Inhalts, so ist der Rechtsnachfolger im Eigentum an diese Nebenabreden nur gebunden, wenn er sie kannte oder kennen mußte.

(2) Untermiete liegt vor, wenn der Mietvertrag mit Personen geschlossen wird, die ihrerseits nur ein vertragsmäßig eingeräumtes Benützungsrecht haben. Wird das Benützungsrecht des Untervermieters aufgekündigt, so hat der Untervermieter den Untermieter hievon unverzüglich in Kenntnis zu setzen.

(3) Besteht bei Überlegung aller Umstände kein vernünftiger Grund daran zu zweifeln, dass ein Hauptmietvertrag nur zur Untervermietung durch den Hauptmieter und zur Umgehung der einem Hauptmieter nach diesem Bundesgesetz zustehenden Rechte geschlossen worden ist, so kann der Mieter, mit dem der Untermietvertrag geschlossen worden ist, begehren, als Hauptmieter des Mietgegenstandes mit den sich aus diesem Bundesgesetz ergebenden Rechten und Pflichten anerkannt zu werden.

§ 2 Abs 1 und 3 idF des 3. WÄG:

(1) Hauptmiete liegt vor, wenn der Mietvertrag mit dem Eigentümer der Liegenschaft oder mit dem dinglich oder obligatorisch berechtigten Fruchtnießer, mit dem Mieter oder Pächter eines ganzen Hauses oder, sofern der Mietgegenstand im WE steht, mit dem Wohnungseigentümer geschlossen wird. Hauptmiete mit dem Eigentümer der Liegenschaft liegt auch dann vor, wenn der im WE stehende Mietgegenstand eine Wohnung im Sinne des § 15a Abs 1 Z 4 ist oder der Mietgegenstand eine Wohnung ist, an der WE begründet werden soll, dieses aber noch nicht verbüchert ist. An den wirksam geschlossenen Hauptmietvertrag sind ab der Übergabe des Mietgegenstandes an den Hauptmieter die Rechtsnachfolge des Vermieters auch dann gebunden, wenn der Vertrag nicht in die öffentlichen Bücher eingetragen ist. Enthält ein Hauptmietvertrag Nebenabreden ungewöhnlichen Inhalts, so ist der Rechtsnachfolger des Vermieters an diese Nebenabreden nur gebunden, wenn er sie kannte oder kennen mußte. Soweit das Mietverhältnis zwischen dem Mieter oder Pächter eines ganzen Hauses und dessen Vermieter aufgelöst wird, tritt der Vermieter in den Hauptmietvertrag zwischen dem Mieter oder Pächter des ganzen Hauses und dessen Mieter ein.

(3) Besteht bei Überlegung aller Umstände kein vernünftiger Grund daran zu zweifeln, dass ein Hauptmietvertrag nur zur Untervermietung durch den Hauptmieter und zur Umgehung der einem Hauptmieter nach diesem Bundesgesetz zustehenden Rechte geschlossen wurde, so kann der Mieter mit dem der Untermietvertrag geschlossen wurde, begehren, als Hauptmieter des Mietgegenstands mit den sich aus diesem Bundesgesetz ergebenden Rechten und Pflichten anerkannt zu werden. Liegen konkrete Anhaltspunkte für eine solche Umgehungshandlung vor – dies ist insbesondere dann der Fall, wenn der Hauptmieter mehr als eine Wohnung im selben Gebäude zur Gänze untervermietet oder bei Vorliegen eines gemäß § 29 Abs. 1 Z 3 lit. c befristeten Hauptmietvertrages die Wohnung zur Gänze untervermietet –, so obliegt es dem Antragsgegner, das Fehlen der Umgehungsabsicht zu beweisen.

§ 2 Abs 1 idF der MRN 2001:

(1) Hauptmiete liegt vor, wenn der Mietvertrag mit dem Eigentümer der Liegenschaft oder mit dem dinglich oder obligatorisch berechtigten Fruchtnießer, mit dem Mieter oder Pächter eines ganzen Hauses oder, sofern der Mietgegenstand im WE steht, mit dem Wohnungseigentümer geschlossen wird. Hauptmiete mit dem Eigentümer der Liegenschaft liegt auch dann vor, wenn der im WE stehende Mietgegenstand eine Wohnung im Sinne des § 15a Abs. 1 Z 4 ist oder der Mietgegenstand eine Wohnung ist, an der WE begründet werden soll, dieses aber noch nicht verbüchert ist. An den wirksam geschlossenen Hauptmietvertrag sind ab der Übergabe des Mietgegenstandes an den Hauptmieter die Rechtsnachfolger des Vermieters auch dann gebunden, wenn der Vertrag nicht in die öffentlichen Bücher eingetragen ist. Enthält ein Hauptmietvertrag Nebenabreden ungewöhnlichen Inhalts, so ist der Rechtsnachfolger des Vermieters an diese Nebenabreden nur gebunden, wenn er sie kannte oder kennen mußte. Soweit das Mietverhältnis zwischen dem Mieter oder Pächter eines ganzen Hauses und dessen Vermieter aufgelöst wird, tritt der Vermieter in den Hauptmietvertrag zwischen dem Mieter oder Pächter des ganzen Hauses und dessen Mieter ein.

Literatur: *Gschnitzer,* Miete mit Wohnungsgemeinschaft, JBl 1924, 195; *Klang,* Der Rechtsschutz des Mieters gegen Dritte, ZBl 1926, 324; *Ohmeyer,* Die mieterschutzfreien Räume nach § 1/2 Z. 7 und 8 MG, RZ 1930, 77; *Wilburg,* Die Abwehr unzulässiger Untermiete, ZBl 1936, 525; *Klang,* Der Rechtsschutz des Mieters gegen Dritte, JBl 1947, 429; *Zingher,* Die Bindung des Erwerbers an Mietzinsvereinbarungen des Veräußerers, ÖJZ 1954, 521; *Michlmayr,* Grenzen des zwingenden Rechtes im Kündigungsschutz, ÖJZ 1955, 7; *Schimetschek,* Zweifelsfragen bei Untermietverhältnissen, ImmZ 1975, 261; *Palten,* Zur mietrechtlichen Stellung des Erwerbers der Liegenschaft, ImmZ 1981, 35; *Schimetschek,* Die Untermiete im Mietrechtsgesetz, ImmZ 1982, 247; *Schuppich,* Die Neuordnung des Mietrechts (1982); *Böhm,* Rechtsprobleme studentischen Wohnens, ÖJZ 1983, 57; *Call,* Mietrecht und WE (1983) 78 ff; *Würth,* Rechtsweg und Außerstreitverfahren nach §§ 37 ff. MRG, ImmZ 1984, 5; *Fenyves,* Haupt- und Untermiete, Abtretung des Mietrechts, Wohnungstausch und Mietrecht im Todesfall (§§ 2, 11 bis 14 MRG), in: HBzMRG 269 ff; *Frotz,* Mietrechtsreform und Gläubigerschutz, in: HBzMRG 769 ff; *Meinhart,* Bescheinigung und WE-Tauglichkeit bei sonstigen Räumlichkeiten wie Substandardwohnungen, Ferienhäuschen usw nach § 1 und § 12 Abs 2 Z 2 WEG 1975, ImmZ 1986, 283, 327; *Marinovic,* Der Untermietvertrag, ÖHB 1987/3, 1 und 1987/5, 1; *Dirnbacher,* Zur Anwendbarkeit des § 2 Abs. 3 MRG, ImmZ 1987, 455; *Meinhart,* Eigentümerwechsel und Bindung an Nebenabreden und Benützungsregelungen (§§ 834, 1096, 1120 ABGB, § 2 MRG), ImmZ 1988, 135; *Iro,* Der werdende Wohnungseigentümer als Vermieter – Haupt- oder Untermiete? RdW 1988, 79; *Fenyves,* „Sanierungshauptmiete" und § 2 Abs 3 MRG, wobl 1988, 55; *Tamussino,* Die Umgehung von Gesetzes- und Vertragsnormen (1990) 28 f; *Fenyves,* Verhandlungen des 11. österreichischen Juristentages II (1991) 66 ff; *Hausmann,* Haupt- oder Untermiete? ecolex 1992, 403; *Würth,* Untermiete – Was ist das? wobl 1992, 73; *Würth/Call/Hanel,* Die geplanten wesentlichen Änderungen des MRG, wobl 1993, 149; *Heindl,* Die Begründung von WE an „Substandardwohnungen", wobl 1994, 5; *Iro,* Die Hauptmiete nach dem 3. WÄG, wobl 1994, 125; *Tades/Stabentheiner,* Das 3. Wohnrechtsänderungsgesetz, ÖJZ 1994, SNr 21 ff; *Iro,* Vermietung durch den Leasingnehmer: Haupt- oder Untermiete? RdW 1996, 397;

Schauer, Abhängigkeit des Unterbestandverhältnisses vom Hauptbestandvertrag? wobl 1996, 25; *Schimetschek*, Bestandrecht im Zusammenhang mit Superädifikaten, in: Hofmeister/Rechberger/Zitta, Bauten auf fremden Grund (1996) 107; *Derbolav*, Bestandrecht im Zusammenhang mit Bauwerken im Sinne des BauRG, in: Hofmeister/Rechberger/Zitta, Bauten auf fremden Grund (1996) 98; *Lummerstorfer*, Steuerersparnis durch „Überlassung" eines Mietobjektes an nahe Angehörige, immolex, 1997, 158; *P. Bydlinski*, Der Übergang von „vertragsbezogenen" Gestaltungsrechten bei Veräußerung der Bestandsache am Beispiel der Vermieterkündigung, JBl 1997, 151; *Iro*, Probleme des Eintritts des außerbücherlichen Erwerbers in das Bestandverhältnis, wobl 1997, 117; *Wolf*, Aktivlegitimation im Kündigungsverfahren, immolex 1997, 331; *Call*, Mietrecht und WE im MRG-Althaus, wobl 1998, 161; *Vonkilch*, Das Intertemporale Privatrecht (1999) 96 ff; *Vonkilch*, Übergangsrechtliches zu den Änderungen von § 2 MRG durch das 3. WÄG (geänderte Abgrenzung Haupt-/Untermiete, verbesserte Bekämpfung von „Scheinhauptmiete"), wobl 1999, 341; *Löcker*, „Altmietwohnung" und Passivlegitimation im Verfahren zur Feststellung des vereinbarten Mietzinses, immolex 2000, 85; *Böhm*, Das neue Befristungsrecht, immolex 2000, 243; *Böhm/Faber*, Vermietung im Miteigentums- bzw Mischhaus, wobl 2001, 189; *Hanel*, Übersicht über die geplante Mietrechtsnovelle 2001 ab 1. Jänner 2002 auf Basis des Justizausschußberichts samt Änderungen des Einkommensteuergesetzes 1988, wobl 2001, 352; *Kothbauer*, Mietrechtsnovelle 2001 (MRN 2001), ImmZ 2001, 413; *Vonkilch*, Die Neuerungen der MRG-Novelle 2001 und ihr Beitrag zur Konsolidierung des Wohnrechts, immolex 2001, 39; *Stabentheiner*, Die Mietrechtsnovelle 2001, wobl 2002, 1; *Vonkilch*, Wirkung der WE-Begründung auf ein bestehendes Mietverhältnis (§ 4 WEG 2002), wobl 2002, 123; *Stabentheiner*, Das neue WE-Recht im Überblick, immolex 2002, 163.

Inhaltsübersicht

   I. Allgemeines
  II. Anwendungsbereich
 III. Haupt- und Untermiete
     A. Rechtsentwicklung und intertemporale Rechtsanwendung
     B. Hauptmiete
       1. Eigentümer der Liegenschaft
       2. Dinglich oder obligatorisch berechtigter Fruchtnießer der Liegenschaft
       3. Mieter oder Pächter eines ganzen Hauses
       4. Wohnungseigentümer
       5. WE-Bewerber
     C. Untermiete
  IV. Rechtnachfolge auf Vermieterseite
     A. Rechtsentwicklung und intertemporale Rechtsanwendung
     B. Voraussetzungen für den Eintritt auf Vermieterseite
     C. Reichweite des Eintritts
     D. Rechtsnachfolge bei Generalbestandvertrag
   V. Informationspflicht des Untervermieters
  VI. Umgehungshauptmiete
     A. Rechtsentwicklung und intertemporale Rechtsanwendung
     B. Tatbestand
     C. Rechtsfolgen

I. Allgemeines

§ 2 MRG regelt unter der Überschrift „Haupt- und Untermiete" **vier** recht **1** disparate **Problemkreise**, nämlich die **Definition** der Haupt- und Untermiete (§ 2 Abs 1 Satz 1, 2 und 3, § 2 Abs 2 Satz 1), die **Verpflichtung des Untervermieters, den Untermieter unverzüglich in Kenntnis zu setzen**, wenn das Benützungsrecht des Untervermieters **aufgelöst** wird (§ 2 Abs 2 Satz 2), die Auswirkungen einer **Rechtsnachfolge** auf Seiten des Vermieters auf den Hauptmieter (§ 2 Abs 1 Satz 4, 5 und 6) und die **Umgehungshauptmiete** (§ 2 Abs 3). Mit Ausnahme der Informationspflicht des § 2 Abs 2 Satz 2, die in § 21 Abs 4 MG einen Vorgänger hatte, ist § 2 eine **Neuschöpfung des MRG**, die freilich nicht sehr gut gelungen ist und Judikatur und Lehre von Anbeginn an vor große Probleme stellte. Das 3. WÄG, das diese Probleme hätte beseitigen sollen, hat diese Aufgabe nur unzureichend bewältigt und neue Fragen aufgeworfen, die nun (zum Teil) durch das WEGBegG geklärt worden sind.

II. Anwendungsbereich

§ 2 gilt nur **im Anwendungsbereich des MRG** und daher nicht, wenn ein **2** Mietverhältnis die Anforderungen des § 1 Abs 1 nicht erfüllt (etwa, weil keine Raummiete vorliegt) oder unter eine der Vollausnahmen des § 1 Abs 2 fällt (*Fenyves*, HBzMRG 273; *Böhm* in Schwimann IV² Rz 5 zu § 2 MRG). Das ist selbstverständlich. **Problematisch** ist, dass § 2 in der Aufzählung der Normen fehlt, die im Bereich der **Teilausnahmen** des § 1 Abs 4 und des (durch das 3. WÄG eingefügten) **§ 1 Abs 5** anzuwenden sind. *Call* hat jedoch (damals für § 1 Abs 4) überzeugend nachgewiesen, dass § 2 zu einem „**Allgemeinen Teil**" des Mietrechts gehört, der an die systematisch falsche Stelle gesetzt wurde und daher für alle Mietverhältnisse gelten muss, die dem MRG unterliegen, somit auch für Objekte nach § 1 Abs 4 (*Call* 80 f; diesem folgend *Fenyves*, HBzMRG 274 f). Das muss für § 1 Abs 5 gleichermaßen gelten.

Die Judikatur hat sich dieser Auffassung ohne Vorbehalt angeschlossen, musste bislang allerdings nur zu Fällen Stellung nehmen, in welchen es um die Abgrenzung zwischen Haupt- und Untermiete (wobl 1988, 37/15 = MietSlg 39.220/45; wobl 1991, 73/60 [*Würth*] = MietSlg 42.185) oder um den Eintritt des Erwerbers in das Hauptmietverhältnis ging (wobl 1991, 73/60 [*Würth*] = MietSlg 42.187; MietSlg 49.217 = immolex 1998, 228/143). *Würth* ist hingegen der Meinung, dass **§ 2 Abs 3** im Bereich der Teilausnahmen des § 1 Abs 4 und Abs 5 **nicht** zur Anwendung kommen dürfe, weil es sich bei ihm – anders als bei § 2 Abs 1 und 2 – um eine zusätzliche Schutzvorschrift handle, die die Vollanwendung des MRG voraussetze. Dies sei vermutlich der Grund, warum § 1 Abs 4 unrichtig den ganzen § 2 als nicht anwendbar bezeichnet habe (wobl 1991, 76 [Urteilsanmerkung]; *Würth/Zingher*[20] Rz 1 zu § 2 MRG. Ebenso, aber ohne Begründung *J. Rechberger* 18; *Prader* Anm 11 zu § 2 MRG; *Böhm* in Schwimann IV² Rz 5 zu § 2 MRG). **Dieser einschränkenden Ansicht ist zu folgen.** Die Vermietung von Objekten, die unter § 1 Abs 4 und 5 fallen, soll nach der klaren Absicht des Gesetzes gegenüber jener anderer Mietgegenstände privilegiert werden und daher nicht allen Bestimmungen des MRG unterliegen. Die (unmittelbare oder analoge) Anwendung des § 2 stößt daher dort an ihre Grenzen, wo sie zu einer Belastung des Vermieters führen und damit seine Privilegierung partiell wieder beseitigen würde (vgl *Fenyves*, HBzMRG 274 f). Die erleichterte prozessuale Geltendma-chung von „Umgehungshauptmieten", die § 2 Abs 3 ermöglicht, begünstigt den Mieter und benachteiligt zwangsläufig den Vermieter. Sie kann dem Mieter im Anwendungsbereich der Abs 4 und 5 des § 1 daher nicht zugute kommen.

III. Haupt- und Untermiete

A. Rechtsentwicklung und intertemporale Rechtsanwendung

3 Das **MG** enthielt **keine eigene Definition** der Begriffe der Haupt- und Unter-miete, die nach hM daher dem ABGB zu entnehmen waren (*Swoboda*, Mieten-gesetz[2] 240). Aus der knappen Regelung des **§ 1098 ABGB** ergibt sich, dass ein Untermietverhältnis ein Hauptmietverhältnis voraussetzt. Hauptmiete vermittelt gemäß § 1098 ABGB daher nicht nur der Eigentümer, sondern – mangels Zwi-schenschaltung eines Hauptmieters – auch der Usufruktuar, der Wohnberechtig-te, der Verwahrer und der Prekarist (vgl nur *Fenyves*, HBzMRG 276 mwN).

Die Abgrenzung zwischen Haupt- und Untermiete hat im ABGB freilich keine besondere Bedeutung, da für beide Arten der Miete die selben Vorschriften gelten. Im **MG** knüpften sich an diese Unterscheidung hingegen ähnlich **gravie-rende Folgen** wie nun nach dem MRG. Der OGH hat daher recht bald nach Inkrafttreten des MG die formalen Abgrenzungskriterien des § 1098 ABGB verlassen und die Rechtsfigur der **„wirtschaftlichen Untermiete"** entwickelt: Hauptmietverhältnisse konnten wie ein Untermietverhältnis gekündigt werden, wenn zwischen Vermieter und Mieter eine Wohnungsgemeinschaft vorlag und damit die selben Verhältnisse gegeben waren wie bei der typischen Untermiete. Auf der anderen Seite hat er entschieden, dass der **Fruchtnießer des Hauses** und auch der **Fruchtnießer der Wohnung** ebenso Hauptmiete vermittelt wie der **Mieter oder Pächter des ganzen Hauses.** Dafür waren zwei Überlegungen ausschlaggebend: All diesen „Bestandmittlern" werde die Bestandsache vom Eigentümer zur Verwertung überlassen, so dass es gerechtfertigt erscheine, sie für die Dauer ihres Verwertungsrechts wie den Hauseigentümer zu behandeln und Hauptmietverträge abschließen zu lassen. Dafür, dass der Mieter oder Pächter eines ganzen Hauses Hauptmiete vermittle, wurde außerdem ins Treffen geführt, dass ansonsten jeder Hauseigentümer den Mieterschutz dadurch umgehen kön-ne, dass er sein Haus in Pacht und der Pächter die im Haus befindlichen Wohnun-gen in Untermiete gebe. Unklar war allerdings, ob sich die Qualifikation der von den „Bestandmittlern" abgeschlossenen Verträge als Hauptmiete nur auf die Kündigungsvorschriften des MG oder dessen Regelungen insgesamt bezog (vgl dazu genauer *Fenyves*, HBzMRG 276 ff mwN).

4 Nach § 2 Abs 1 Satz 1 MRG in seiner **ursprünglichen Fassung** lag **Hauptmiete** vor, wenn der Mietvertrag mit dem **Eigentümer oder Fruchtnießer der Liegen-schaft** oder, sofern der Mietgegenstand im WE steht, mit dem **Wohnungseigen-tümer** geschlossen wird. **Untermiete** lag vor, wenn der Mietvertrag mit Personen geschlossen wird, die ihrerseits nur ein vertragsmäßig eingeräumtes Benützungs-recht haben (§ 2 Abs 2 Satz 1). Der Gesetzgeber war der Ansicht, dass diese Definition der Hauptmiete dem **bisherigen Recht** und der hiezu ergangenen Judikatur entspreche (EB zur RV 425 BlgNR XV. GP S 36). Das war aber ganz offensichtlich **unrichtig** (vgl nur *Fenyves*, HBzMRG 282 ff mwN). Daher entwickelte sich in der Folge in der **Lehre** ein „Glaubenskrieg" (*Hausmann*, ecolex 1992, 403) zwischen Vertretern, die sich mehr am Wortlaut der Bestimmungen des MRG orientierten, und anderen, die mit dem Telos dieser Normen und der erklärten Absicht des Gesetzgebers argumentierten (wie zB der *Verfasser*, HBzMRG 283 ff und Verhandlungen des 11. ÖJT 66 ff).

Diese Meinungsdivergenzen schlugen sich auch in der **Judikatur** nieder. Der OGH war zB zuerst der Ansicht, dass – entgegen dem Wortlaut des § 2 Abs 1 Satz 1 aF – auch der **Fruchtgenuss an einer Wohnung** Hauptmiete begründe, da sich aus dem Motivenbericht zum MRG eindeutig ergebe, dass mit der Definition der Haupt- und Untermiete die bisherige Rechtslage beibehalten werden solle (MietSlg 36.247/35; bestätigend MietSlg 37.240 = RdW 1985, 308 [krit *Iro*]). Später hat er diese Auffassung jedoch revidiert, weil sie sich mit dem Wortlaut des § 2 Abs 1 aF nicht vereinbaren lasse (MietSlg 43.144; vgl auch wobl 1991, 73/60 [*Würth*] = MietSlg 42.185 und MietSlg 44.264/15). Zuvor hatte er es bereits abgelehnt, die Judikatur zum MG zu übernehmen, nach der der **Pächter oder Mieter eines ganzen Hauses** Hauptmietverträge abschließe, und zwar mit der Begründung, dass dies wegen der Schaffung des § 2 Abs 3 nicht mehr erforderlich sei (wobl 1988, 113/67 = MietSlg 40.225/4; vgl auch wobl 1992, 238/160 = MietSlg 43.148; wobl 1995, 232/108 [*Würth*] = MietSlg 47.183; MietSlg 50.260 = immolex 1998, 324/200). Dabei hat er freilich übersehen, dass die Judikatur zum MG den Generalbestandnehmer dem Fruchtgenussberechtigten vor allem deswegen gleichgestellt hatte, weil auch er auf die Verwertung der Bestandgegenstände angewiesen ist. Das Umgehungsargument, auf das der OGH nun allein abstellte, versagt ja dort, wo kein Umgehungsgeschäft vorliegt (krit daher *Fenyves*, Verhandlungen des 11. ÖJT 68 f und wohl auch *Hausmann*, ecolex 1992, 404).

Besonders viel Staub hat die unterschiedliche Behandlung des **WE-Bewerbers**, der in § 2 Abs 1 Satz 1 aF nicht aufschien, durch drei Senate des OGH aufgewirbelt (vgl dazu *Iro*, RdW 1988, 79, und *Tades/Stabentheiner*, ÖJZ 1994 SNr 23 FN 120). Der 6. Senat ließ nur den WE-Bewerber, der schon Eigentümer jener Liegenschaftsanteile ist, mit welchen das WE untrennbar verbunden werden soll, Hauptmietrechte begründen; Mietverträge mit einem WE-Bewerber ohne diese Qualifikation seien dagegen als Untermiete zu behandeln (wobl 1988, 37/15 = MietSlg 39.220/15). Der 7. Senat war hingegen der Ansicht, dass der WE-Bewerber jedenfalls Hauptmietrechte vermittle, da sein Anwartschaftsrecht mindestens einem Wohnungsfruchtgenussrecht gleichzusetzen sei (wobl 1988, 38/16 [krit *Würth*] = MietSlg 39.221/46; zustimmend *Call*, wobl 1988, 49 [Urteilsanmerkung] und *Fenyves*, Verhandlungen des 11. ÖJT 69 f). Dieses Argument fiel freilich ab dem Zeitpunkt weg, in welchem dem Wohnungsfruchtnießer die Möglichkeit abgesprochen wurde, Hauptmietverträge abzuschließen (MietSlg 43.144). Der 3. Senat vertrat schließlich die Auffassung, auch die von einem WE-Bewerber, der bereits Miteigentümer der Liegenschaft ist, abgeschlossenen Mietverträge seien (zunächst) nur Untermietverträge und gingen nach Begründung des WE von selbst in ein Hauptmietverhältnis über (MietSlg 43.021/15. Ähnlich schon, allerdings nur für Verträge eines WE-Bewerbers ohne Miteigentumsanteil, *Würth*, wobl 1988, 40 [Urteilsanmerkung]).

Unbestritten war in der Judikatur, dass auch der bloß **obligatorisch berechtigte Fruchtnießer** Hauptmietverträge abschließt, da die ihm vom Eigentümer eingeräumte Stellung unabhängig von der Eintragung ins Grundbuch sei (MietSlg 36.247/35, 44.264/15; wobl 1998, 334/213 = MietSlg 49.220. Zustimmend *Fenyves*, Verhandlungen des 11. ÖJT 68). Den **Leasingnehmer** stellte der OGH dagegen dem Fruchtnießer mit der selben Begründung nicht gleich, die er schon bei dem Generalbestandnehmer verwendet hatte: Aufgrund des § 2 Abs 3 bestehe kein Bedürfnis, den Leasingnehmer dem Fruchtnießer gleichzustellen (MietSlg 48.199/20; offenbar zustimmend *Iro*, RdW 1996, 397 f, der lediglich für die Rechtslage nach dem 3. WÄG eine andere Lösung vertritt).

5   Das **3. WÄG** hatte es sich vor diesem Hintergrund zum **Ziel** gesetzt, eine Verbesserung der Rechtsstellung der Untermiete zu erreichen und „eine sachgerechte, auf einer wirtschaftlichen Betrachtungsweise basierende Abgrenzung von Hauptmiete und Untermiete vorzunehmen" (AB 1268 BlgNR XVIII. GP 10). Es hat jedoch die alten Unklarheiten nicht völlig beseitigt und **neue Fragen** aufgeworfen. Bei der Hauptmiete wurde § 2 Abs 1 Satz 1 insofern geändert, dass es anstatt „mit dem Fruchtnießer der Liegenschaft" „mit dem dinglich oder obligatorisch berechtigten Fruchtnießer" (ohne den Zusatz „der Liegenschaft") hieß und der Ausdruck „mit dem Mieter oder Pächter eines ganzen Hauses" eingefügt wurde. Völlig neu war § 2 Abs 1 Satz 2, der die Miete vom Eigentümer einer Kategorie-D-Wohnung und vom WE-Bewerber regelte. Wesentlich umgestaltet wurde auch die Definition der Untermiete in § 2 Abs 2 Satz 1.

5a Das am 1. 7. 2002 in Kraft getretene **WEGBegG** hat die ersten beiden Sätze des § 2 Abs 1 MRG idF des 3. WÄG durch drei Sätze ersetzt. Im ersten Satz wurde der (dinglich oder obligatorisch berechtigte) Fruchtnießer – wie in der Urfassung des MRG – wieder mit dem Zusatz „der Liegenschaft" versehen. Der Wohnungseigentümer wurde aus Satz 1 herausgenommen und in den neuen Satz 2 transferiert. Die tiefgreifendsten Veränderungen erfuhr der ehemalige Satz 2. Der an seine Stelle getretene Satz 3 idF des WEGBegG enthält einerseits die Sonderregelung für Kategorie-D-Wohnungen nicht mehr, da diese nun wieder WE-Fähigkeit besitzen. Andererseits wurden die Bestimmungen über die Miete vom WE-Bewerber neu gefasst und präzisiert. Sie legen nun insbesondere auch fest, welche Auswirkungen es auf den vom WE-Bewerber geschlossenen Mietvertrag hat, wenn er zum Wohnungseigentümer wird.

6   Die Änderung der Begriffe der Haupt- und Untermiete hat in ihren drei Etappen (Übergang vom MG zum MRG, Übergang vom MRG in seiner ursprünglichen Fassung zur Rechtslage aufgrund des 3. WÄG, Übergang vom MRG idF des 3. WÄG zur Rechtslage nach dem WEGBegG) naturgemäß **intertemporale Fragen** von zum Teil beträchtlichem Gewicht aufgeworfen. Vgl dazu Rz 9 zu § 43.

B. Hauptmiete

1. Eigentümer der Liegenschaft

7   Hauptmiete liegt gem § 2 **Abs 1 Satz 1** vor, wenn der Mietvertrag mit dem Eigentümer der Liegenschaft geschlossen wird. „**Eigentümer der Liegenschaft**" ist **nicht nur** ihr **Alleineigentümer**, sondern lege non distinguente auch der **Miteigentümer** im Sinne der §§ 361, 825 ff ABGB (völlig hM; vgl nur *Würth/*

Zingher[20] Rz 3 zu § 2 MRG; *Böhm* in Schwimann IV[2] Rz 9 ff zu § 2 MRG; wobl 1989, 117/56 = MietSlg 41.175; MietSlg 44.057). Anders als beim Alleineigentümer kann sich beim Miteigentümer freilich die Frage stellen, ob er zum Abschluss eines Mietvertrages **befugt** ist. Das bestimmt sich nach den Regeln der Verwaltung des Miteigentums (§§ 833 ff ABGB) und des Stellvertretungsrechts, hat aber keine Auswirkungen auf die Qualifikation des Mietvertrages. Schließt der Miteigentümer also mit einem Dritten einen Mietvertrag im Namen der Miteigentümergemeinschaft, ohne die Zustimmung der nötigen Mehrheit der Miteigentümer zu haben (die auch in einer Vorwegzustimmung durch Abschluss einer Benützungsvereinbarung liegen kann [vgl wobl 1992, 9/1 = MietSlg 43.312; wobl 1997, 237/96 [*Dirnbacher*] = MietSlg 49.140 = immolex 1997, 266/153) oder gar im eigenen Namen, dann wird Hauptmiete begründet. Ob der Vertrag gültig ist und gegenüber den Miteigentümern durchgesetzt werden kann, ist eine andere Frage (vgl dazu eingehend *Böhm/Faber*, wobl 2001, 191 ff und *Böhm* in Schwimann IV[2] Rz 9 ff zu § 2 MRG).

Die hM stellt dem Eigentümer der Liegenschaft den **Erwerber der Liegenschaft** **8** gleich, dem vor der Verbücherung **Besitz** und **Verwaltung** der Liegenschaft eingeräumt wurde (*Würth/Zingher*[20] Rz 3 zu § 2 MRG; *Böhm* in Schwimann IV[2] Rz 41 zu § 2 MRG; MietSlg 40.229). Dabei kann es freilich nicht um unmittelbare Anwendung des § 2 Abs 1 Satz 1, 1. Fall gehen, da der Erwerber noch kein „Eigentümer der Liegenschaft" ist. Die hM beruht vielmehr, ohne das allerdings zu artikulieren, auf einer analogen Anwendung des 2. Falls des Satz 1, also der Miete vom (dinglich oder obligatorisch) berechtigten Fruchtnießer, da der Erwerber, dem Besitz und Verwaltung der Liegenschaft eingeräumt wurde, im allgemeinen nach dem Parteiwillen auch zur Vermietung berechtigt ist und daher eine fruchtnießerähnliche Stellung hat (das betont zutreffend MietSlg 40.229). Bei dem Eigentum an einem **Superädifikat** und beim Eigentum des **Bauberechtigten** am Bauwerk (§ 6 Abs 2 BauRG) fehlt es ebenfalls am Eigentum an der Liegenschaft. Auch hier ist aber Analogie geboten, und zwar wohl eher zu § 2 Abs 1 Satz 1, 1. Fall (für Analogie bei Vermietung eines Superädifikats auch *Prader* Anm 3 zu § 2 MRG; *Schimetschek* in: Hofmeister/Rechberger/Zitta 114 f; für die Vermittlung von Hauptmiete bei Vermietung des Bauwerks durch den Bauberechtigten auch *Derbolav* in: Hofmeister/Rechberger/Zitta 99; MietSlg 36.248).

   2. Dinglich oder obligatorisch berechtigter Fruchtnießer der Liegenschaft

Nach dem **2. Fall** des § 2 Abs 1 Satz 1 liegt Hauptmiete vor, wenn der Mietvertrag **9** mit dem **dinglich oder obligatorisch berechtigten Fruchtnießer der Liegenschaft** geschlossen wird. Die Gleichstellung des obligatorischen mit dem dinglichen Fruchtnießer erfolgte durch das 3. WÄG (vgl Rz 5). Laut dem AB handelte es sich dabei im Hinblick auf den obligatorisch berechtigten Fruchtnießer um eine weitgehend der Judikatur folgende **Klarstellung,** die Umgehungskonstruktionen wirksam begegnen soll (1268 BlgNR XVIII. GP 10). Die Judikatur hatte zur Begründung der Gleichstellung des obligatorischen mit dem dinglichen Fruchtnießer allerdings nicht so sehr mit der Umgehungsgefahr, sondern vor allem damit argumentiert, dass beiden Typen von Fruchtnießern die Möglichkeit der gewinnbringenden Weitergabe der Bestandobjekte an andere geboten werden solle, sodass es keinen Unterschied machen könne, ob das Fruchtgenussrecht ins

Grundbuch eingetragen wurde oder nicht (vgl Nachweise in Rz 4). Diese Gleichstellung ist daher auch unabhängig davon, aus welchem Grund die Verbücherung unterbleibt (*Iro*, wobl 1994, 129 f).

10 Die ausdrückliche Gleichstellung des obligatorischen Fruchtnießers mit dem dinglichen war allerdings nicht die einzige Änderung des den Fruchtnießer betreffenden Teils des § 2 Abs 1 Satz 1 durch das 3. WÄG. Auffallend war vor allem, dass das 3. WÄG den Zusatz **„der Liegenschaft"** gestrichen hatte. Das wurde in den ersten Stellungnahmen der Lehre durchaus ernst genommen und dahin verstanden, dass es aufgrund der Neuregelung **nicht mehr erforderlich** sei, dass der Fruchtgenuss **an der gesamten Liegenschaft** bestehen müsse (*Hanel*, wobl 1993, 149; *Tades/Stabentheiner*, ÖJZ 1994 SNr 23, die sich allerdings nicht sicher waren, ob diese Änderung beabsichtigt war). Die in der Folge völlig **herrschende Lehre** (*Iro*, wobl 1994, 126 ff; *Würth/Zingher*[20] Rz 3 zu § 2 MRG; *J. Rechberger* 16; *Prader* Anm 2 zu § 2 MRG; *Böhm* in Schwimann IV² Rz 44 zu § 2 MRG) und auch die **Judikatur** (va wobl 1997, 42/4 = MietSlg 48.198/19; vgl auch wobl 1997, 42/4 = MietSlg 48.198/19 und MietSlg 48.211) war jedoch ungeachtet des geänderten Wortlauts der Bestimmung der Ansicht, dass **nach wie vor** nur der Fruchtnießer an der **gesamten Liegenschaft** Hauptmiete vermittelt, **nicht** aber auch der Fruchtnießer an einer **einzelnen Wohnung**. Die Begründungen dafür schwankten: Der Wortlaut sei nicht eindeutig (so der OGH in wobl 1997, 42/4 = MietSlg 48.198/19, der aus „dem" Fruchtnießer ableiten will, dass der Gesetzgeber nur den einzigen Fruchtnießer an der Liegenschaft oder doch die Gesamtheit der Fruchtnießer vor Augen gehabt habe); der Gesetzgeber stelle (außer im Sonderfall des WE) für die Begründung einer Hauptmiete auf die Berechtigung am ganzen Haus ab, da – von der Mietzinshöhe abgesehen – alle Bestimmungen des MRG das Verhältnis der Mieter zu dem über das „Haus" Verfügungsberechtigten regelten (*Würth/Zingher*[20] Rz 3 zu § 2 MRG; *Böhm* in Schwimann IV² Rz 44 zu § 2 MRG); systematische Gründe – die Nennung zwischen dem Eigentümer der Liegenschaft und dem Mieter und Pächter eines ganzen Hauses – sprächen ebenso wie der Hinweis des Gesetzgebers nur auf die beabsichtigte Gleichstellung des obligatorischen Fruchtnießers für die Beibehaltung der Ansicht, dass der Wohnungsfruchtgenuss keine Hauptmiete vermittle (*Würth/Zingher*[20] Rz 3 zu § 2 MRG); der Fruchtnießer der Wohnung werde wesentlich häufiger auf das vermietete Objekt zur Befriedigung seiner Unterkunftsbedürfnisse angewiesen sein als der Fruchtnießer einer Liegenschaft, sodass es angezeigt sei, dem Mietvertrag mit einem Wohnungsfruchtnießer nur die relativ schwache Absicherung eines Untermietvertrages zu Teil werden zu lassen (*Iro*, wobl 1994, 128).

Die Leichtigkeit, mit der sich die hM über den **geänderten Wortlaut** des § 2 Abs 1 Satz 1, 2. Fall idF des 3. WÄG **hinwegsetzte**, verblüffte va angesichts des Umstandes, dass es bei der „Urfassung" dieser Bestimmung gerade ihr Wortlaut („Fruchtnießer der Liegenschaft") gewesen war, der es angeblich unmöglich machte, der eindeutigen Absicht des Gesetzgebers zum Durchbruch zu verhelfen, an der vor dem MRG gegebenen Rechtslage (und damit auch an der Vermittlung von Hauptmiete durch den Wohnungsfruchtgenussberechtigten) nichts zu ändern (vgl oben Rz 4). Richtigerweise war daher davon auszugehen, dass die Streichung dieses Passus im 3. WÄG **bewusst** erfolgte und den gleichen Zweck hatte, wie die Einfügung der unmittelbaren anschließenden Wortfolge „mit dem

Mieter oder Pächter eines ganzen Hauses", nämlich die „**Rückkehr" zur Rechtslage vor dem MRG** und der dazu ergangenen Judikatur (zur Argumentation im einzelnen vgl die Ausführungen in der Vorlieferung).

Nach § 2 Abs 1 Satz 1, 2. Fall MRG idF des 3. WÄG begründeten daher auch die vom bloßen **Wohnungsfruchtnießer** abgeschlossenen Mietverträge **Hauptmiete**. Das war durchaus **sachgerecht**, da es für die von der Judikatur betonte „verwalterähnliche" Stellung des Fruchtnießers keinen Unterschied machen kann, ob er das gesamte Haus oder eine einzelne Wohnung zur Verwertung (Vermietung) überlassen bekommt. Bei dieser Lösung wurden auch die Probleme vermieden, die entstehen, wenn man den Fruchtnießer der Wohnung mit der hA nur Untermiete vermitteln lässt: Die von ihm abgeschlossenen Verträge gehen dann nämlich, anders als nach § 1120 ABGB, nach Beendigung des Fruchtgenusses nicht auf den Eigentümer über, da § 2 Abs 1 Satz 3 nur auf Hauptmietverträge anwendbar ist (zutr *Iro*, der bezweifelt, ob sich dieser Unterschied zu § 1120 ABGB rechtfertigen lässt [wobl 1994, 128]); die vom Eigentümer abgeschlossenen Mietverträge über Wohnungen, an welchen später Fruchtgenuss eingeräumt wird, bleiben Hauptmietverträge, obwohl der Fruchtnießer selbst nur Untermietverträge schließen könnte (so richtig *Iro*, wobl 1994, 128 f, der das als frappant bezeichnet. Zu diesem Problem schon *Fenyves*, HBzMRG 284 f). Schließlich wurde auch der schwer erklärbare Wertungswiderspruch vermieden, dass nach der hM zwar der Fruchtnießer einer Eigentumswohnung (*Würth* in Rummel II[2] Rz 4 zu § 2 MRG; *Böhm* in Schwimann IV[2] Rz 55 zu § 2 MRG), nicht aber der Fruchtnießer einer sonstigen Wohnung Hauptmiete begründet. Den Bedenken *Iros* konnte dadurch Rechnung getragen werden, dass dem Wohnungsfruchtnießer bei Eigenbedarf die erleichterte Kündigungsmöglichkeit nach § 30 Abs 2 Z 8 eingeräumt wird (*Iro* selbst hält das allerdings nur für die „zweitbeste Lösung" [wobl 1994, 128]).

10a Das **WEGBegG** hat nun aber wieder die Worte „**der Liegenschaft**" eingefügt und damit klargestellt, dass die Vermietung durch den Fruchtnießer nur eines Liegenschaftsteils, wie insbesondere den Wohnungsfruchtnießer, jedenfalls ab seinem Inkrafttreten keine Hauptmiete begründet. Die RV gesteht zwar zu, dass es der Wortlaut des § 2 Abs 1 Satz 1, 2. Fall MRG idF des 3. WÄG an sich nahegelegt hätte, in diesem Fall von der Vermittlung von Hauptmiete auszugehen. Die Frage sei aber von Lehre und Rechtsprechung nahezu einhellig dahin beantwortet worden, dass der Gesetzgeber mit dem 3. WÄG keine Änderung beabsichtigt hatte und daher weiterhin nur der Mietvertrag mit dem Fruchtnießer der gesamten Liegenschaft ein Hauptmietverhältnis begründe. Dieses zutreffende und in der Jurisprudenz vorherrschende Verständnis werde der nun wieder verdeutlichten Formulierung im ersten Satz des § 2 Abs 1 MRG zugrunde gelegt (EB zur RV 989 BlgNR XXI. GP 86).

11 Das 3. WÄG (und nun auch das WEGBegG) haben nichts daran geändert, dass der Inhaber eines (dinglichen oder obligatorischen) **Wohnungsgebrauchsrechts (Usus)** iS des § 521 Satz 1 und 2 ABGB nur **Untermietverträge** abschließen kann, da er kein Fruchtnießer ist (vgl zur Rechtslage vor dem 3. WÄG *Fenyves*, HBzMRG 282 und Verhandlungen des 11. ÖJT 69, zur neuen Rechtslage *Würth/Zingher*[20] Rz 3 zu § 2 MRG; *Böhm* in Schwimann IV[2] Rz 44 zu § 2 MRG).

3. Mieter oder Pächter eines ganzen Hauses

12 Der OGH hatte es nach Inkrafttreten des MRG abgelehnt, die zum MG ergangene Jud zu übernehmen, wonach der „Generalbestandnehmer", also der Mieter
oder Pächter eines ganzen Hauses, Hauptmietverträge abschließt (vgl oben Rz 4).
Es war daher keine „Klarstellung" (so aber der AB 1268 BlgNR XVIII. GP 10),
sondern eine **substantielle Änderung**, dass seit dem 3. WÄG auch dann Hauptmiete vorliegt, wenn der Mietvertrag mit dem Mieter oder Pächter eines ganzen
Hauses geschlossen wird (§ 2 Abs 1 Satz 1, 3. Fall). Aus „Klarstellung" wird man
immerhin schließen können, dass es dem Gesetzgeber offensichtlich darum ging,
die Auswirkungen der E OGH wobl 1988, 113/67 = MietSlg 40.225/4 zu beseitigen. Es ist daher konsequent, wenn die hM den Begriff „Mieter oder Pächter eines
ganzen Hauses" **im Sinne der Rechtsprechung zum MG** verstanden wissen will
und fordert, dass der Vertragszweck darauf gerichtet sein muss, dem Generalbestandnehmer eine **gewinnbringende Verwertung** durch Weitergabe zu ermöglichen (*Würth/Zingher*[20] Rz 5 zu § 2 MRG; *Iro*, wobl 1994, 132 f; *Prader*
Anm 3 zu § 2 MRG. AM nun *Böhm* in Schwimann IV² Rz 49 zu § 2 MRG, der
auf die objektive Verwertbarkeit abstellen will). Aus diesem Kriterium, das die
„Miete oder Pacht eines ganzen Hauses" mit dem Fruchtgenuss gemein hat (vgl
Rz 9), ergeben sich auch die Konturen des Begriffs: Das **„ganze Haus"** muss
nicht das typische Zinshaus (so aber *Würth/Zingher*[20] Rz 5 zu § 2 MRG), sondern
kann auch ein Zweifamilienhaus sein, wenn es zur Verwertung überlassen wird
(vgl *Böhm* in Schwimann IV² Rz 49 zu § 2 MRG, der zutreffend bemerkt, dass nur
das Einfamilienhaus kein „ganzes Haus" sein kann, da es einer Wohnung gleich
kommt). Das spielt gemäß § 49d Abs 2 freilich nur für Mietverhältnisse eine
Rolle, die vor Inkrafttreten der MRN 2001 geschlossen wurden (vgl nun § 1 Abs 2
Z 5 idF MRN 2001). In der Realität wird ohnehin die „Generalbestandgabe" von
Zinshäusern im Vordergrund stehen. Daher ist es bedeutsam, dass nach richtiger
Ansicht § 2 Abs 1 Satz 1, 3. Fall auch dann anwendbar ist, wenn **wirtschaftlich
selbständige Teile eines Hauses** (*Iro*, wobl 1994, 134; wohl auch *Würth/
Zingher*[20] Rz 5 zu § 2 MRG) oder **alle zukünftig freiwerdenden Objekte** (*Iro*,
wobl 1994, 133 f; aM *Hanel*, wobl 1993, 150) in Generalbestand gegeben werden.
Die entscheidende Bedeutung der Einräumung eines Verwertungsrechts bewirkt
ferner, dass die Bestimmung nicht nur bei Überlassung aufgrund eines Miet- oder
Pachtvertrages, sondern auch bei **sonstigen Gebrauchsüberlassungsverträgen**
wie etwa der Leihe zur Anwendung kommt (zutr *Böhm* in Schwimann IV² Rz 50
zu § 2 MRG), **nicht** aber in den Fällen der **„Sanierungshauptmiete"**, da es sich
bei den dem Sanierer verbleibenden Einnahmen größtenteils nicht um Gewinn,
sondern um die Amortisation seines eingesetzten Kapitals handelt (*Iro*, wobl
1994, 133).

13 Zur **Vertragsübergangsregel** des § 2 Abs 1 Satz 6 siehe Rz 34; zur **„Sperrwir-
kung"** des neuen Tatbestandes für die Möglichkeit der Anwendung des § 2 Abs 3
siehe Rz 41; zur **Übergangsbestimmung** des Art II Abschn II Z 2 des 3. WÄG
siehe Rz 10 zu § 43.

4. Wohnungseigentümer

14 Nach **§ 2 Abs 1 Satz 2** idF des WEGBegG wird Hauptmiete begründet, wenn der
Mietgegenstand im WE steht und der Mietvertrag mit dem **Wohnungseigentü-**

mer geschlossen wird. Die Bestimmung, die zuvor im 1. Satz des § 2 Abs 1 enthalten war und inhaltlich durch die Transferierung in den nunmehrigen Satz 2 keine Änderung erfahren hat (so auch die EB zur RV 989 BlgNR XXI. GP 86), setzt voraus, dass WE schon **besteht**, also verbüchert ist. Der **WE-Bewerber**, der Jud und Lehre vor große Probleme gestellt hatte (Rz 4), ist seit dem WEGBegG in § 2 Abs 1 Satz 3 geregelt (Rz 16 ff). Als mindestens ebenso schwierig hat sich die Frage erwiesen, wie Mietverträge über Bestandobjekte zu behandeln sind, an denen **nachträglich** WE begründet und dieses damit dem schon abgeschlossenen Mietvertrag quasi „übergestülpt" wird. Dabei geht es freilich nicht um die Qualifikation dieser „Altmieten" als Haupt- oder Untermieten, weswegen diese Frage hier ausgeklammert werden kann, sondern darum, ob sich durch die Begründung des WE an der **Position des Vermieters** des „Altmieters" etwas ändert. Zur diesbezüglichen Rechtslage vor dem WEG 2002 *Böhm/Faber*, wobl 2001, 189 mit umfassender Darstellung des Meinungsstandes; ferner *Schauer*, JBl 2001, 271 (Buchbesprechung) und *Riedler*, JBl 2001, 664 (Urteilsanmerkung); zur Neuregelung durch das WEG 2002 vgl die Erl zu § 4 WEG.

Vertragspartner des Hauptmieters eines Wohnungseigentümers ist **nur dieser**   **15**
selbst, es bestehen keine vertraglichen Beziehungen zu den anderen Miteigentümern, Wohnungseigentümern oder der Wohnungseigentümergemeinschaft (vgl nur *Böhm/Faber*, wobl 2001, 196; wobl 1994, 209/55 [*Call*] = MietSlg 46.170/8; wobl 1998, 144/103 = MietSlg 49.227/35 = immolex 1998, 4/2 [*Pfiel*]). Dadurch können sich ua Probleme bei der Durchsetzung von Erhaltungs- und Verbesserungsarbeiten ergeben (vgl Rz 14 zu § 4 WEG).

Von dem Grundsatz, dass die Miete eines im WE stehenden Mietgegenstandes ein   **16**
Hauptmietverhältnis mit dem Wohnungseigentümer begründet, machte das 3. WÄG für den Fall eine Ausnahme, dass der im WE stehende Mietgegenstand eine **Wohnung im Sinne des § 15a Abs 1 Z 4** ist. Gemäß dem durch das **3. WÄG** neu eingefügten (und durch das WEGBegG wieder gestrichenen; vgl Rz 17a) **2. Satz** des § 2 Abs 1 lag Hauptmiete mit dem Eigentümer der Liegenschaft auch dann vor, wenn der im WE stehende Mietgegenstand eine Wohnung im Sinne des § 15a Abs 1 Z 4 ist oder der Mietgegenstand eine Wohnung ist, an der WE begründet werden soll, dieses aber noch nicht verbüchert ist. Nach dem AB folgte diese Bestimmung, die nach richtiger Ansicht aufgrund der (WE-rechtlichen) Übergangsvorschrift des Art III Abschn II Z 2 des 3. WÄG jedenfalls nicht für Substandardwohnungen galt, an welchen vor dem 1.10.1993 WE begründet worden war (*Würth/Zingher*[20] Rz 6 zu § 2 MRG), einer wesentlichen und wohl begründeten Meinung der Fachliteratur, mit dem Ziel, bestehende Unstimmigkeiten in der Jud durch die Neuformulierung des Gesetzestextes eindeutig zu klären. Die Änderung des Abs 1 vollziehe nunmehr ausdrücklich nach, dass entgegen der Rechtslage bis 1. Jänner 1982 der Vermieter eines WE-Objekts nicht als Vertreter aller Miteigentümer auftritt (1268 BlgNR XVIII. GP 2).

Der **Sinn** dieser Formulierung war, soweit es um die **Kategorie-D-Wohnung** ging, **dunkel.** Einerseits hatte es Judikaturdivergenzen nur hinsichtlich des WE-Bewerbers (vgl oben Rz 4), nicht aber hinsichtlich des Wohnungseigentümers einer Kategorie-D-Wohnung gegeben, der wie jeder andere Wohnungseigentümer behandelt wurde, sodass der 1. Fall von Satz 2 idF des 3. WÄG nicht den

Zweck haben konnte, Unstimmigkeiten in der Jud zu klären (*Tades/Stabenthei-ner*, ÖJZ 1994 SNr 24; *Würth/Zingher*[20] Rz 6 zu § 2 MRG). Und andererseits: Hätte die Neuregelung wirklich nur „nachvollziehen" wollen, dass der Vermieter eines WE-Objekts seit Inkrafttreten des MRG nicht als Vertreter aller Miteigen-tümer auftritt, sondern selbst die Vermieterposition einnimmt, dann wäre sie insofern überflüssig gewesen, als sie den Eigentümer einer Kategorie-D-Woh-nung betraf, da sich dieser Grundsatz bereits aus § 2 Abs 1 Satz 1, 4. Fall idF des 3. WÄG (nun: § 2 Abs 1 Satz 1 idF des WEGBegG) ergab (zutr *Iro*, wobl 1994, 135). In Wirklichkeit brachten die Ausführungen des AB also geradezu das Gegenteil der gesetzlichen Anordnung zum Ausdruck (*Tades/Stabentheiner*, ÖJZ 1994 SNr 24 FN 24; *Würth/Zingher*[20] Rz 6 zu § 2 MRG).

Die **Unklarheit** des AB hat in der Literatur denn auch zu einer **heftigen Diskus-sion** geführt (*Würth/Zingher*[20] Rz 6 zu § 2 MRG; *Iro*, wobl 1994, 134; *Tades/ Stabentheiner*, ÖJZ 1994 SNr 23 f; *Böhm* in Schwimann IV[2] Rz 20 ff zu § 2 MRG). Sie **bewirkte**, dass bei der Auslegung des Satz 2 idF des 3. WÄG das Schwer-gewicht auf die **Wortinterpretation** und die **objektiv-teleologische Interpreta-tion** zu legen war. Aus dem **Wortlaut** der Bestimmung ergab sich, dass beim Abschluss eines Mietvertrages über die von ihr betroffenen Mietgegenstände Vertragspartner des Mieters nicht der Wohnungseigentümer oder der WE-Be-werber, sondern der „**Eigentümer der Liegenschaft**" wird, also die Miteigen-tumsgemeinschaft. Das war hinsichtlich des **WE-Bewerbers** auch schon vor der Neuregelung des WEGBegG (vgl Rz 18) **unbestritten** (*Würth/Zingher*[20] Rz 6 zu § 2 MRG; *Iro*, wobl 1994, 136; *Tades/Stabentheiner* ÖJZ 1994 SNr 23 f; *Böhm* in Schwimann IV[2] Rz 23 zu § 2 MRG), nicht aber beim **Eigentümer einer Kate-gorie-D-Wohnung** (für die Vermieterstellung der Mit- bzw Wohnungseigen-tümergemeinschaft *Tades/Stabentheiner*, ÖJZ 1994 SNr 24 und *Böhm* in Schwi-mann IV[2] Rz 21 zu § 2 MRG; skeptisch dagegen *Würth/Zingher*[20] Rz 6 zu § 2 MRG und *Iro*, wobl 1994, 135). Der **Grund** für diese (in ihren Auswirkungen nicht unproblematische: vgl *Tades/Stabentheiner*, ÖJZ 1994 SNr 23 f) Regelung wurde hauptsächlich darin gesehen, dass der Mieter auf diese Weise seine An-sprüche auf Erhaltungs- und Verbesserungsarbeiten leichter durchsetzen kann (*Iro*, wobl 1994, 135; *Böhm* in Schwimann IV[2] Rz 22, 23 zu § 2 MRG).

Die **zweite meritorische Aussage** des Satz 2 idF des 3. WÄG bestand darin, dass die Miete der von ihm betroffenen Mietgegenstände **Hauptmiete** darstellt. Das war nur in Bezug auf die Miete von WE-Bewerber eine Neuerung (Rz 4). Dass die Miete vom Wohnungseigentümer, also auch vom Eigentümer einer Kategorie-D-Wohnung, Hauptmiete begründet, ergab sich ja bereits aus § 2 Abs 1 Satz 1 idF des 3. WÄG.

17 Eine **Wohnung der Kategorie D** liegt gemäß § 15a Abs 1 Z 4 vor, wenn sie entweder über keine Wasserentnahmestelle oder über kein Klosett im Inneren verfügt oder wenn bei ihr eine dieser beiden Einrichtungen nicht brauchbar ist und auch nicht innerhalb einer angemessenen Frist nach Anzeige durch den Mieter vom Vermieter brauchbar gemacht wird. Die Kategorie-D-Wohnung ist mit der „Substandardwohnung" nach § 1 Abs 3 WEG 1975, an der gemäß § 1 Abs 3 WEG 1975 idF 3. WÄG WE nicht begründet werden konnte, an sich nicht identisch, da sie auch dann vorliegt, wenn Wasserentnahmestelle und Klosett im

Inneren zwar vorhanden, aber nicht brauchbar sind (*Würth/Zingher*[20] Rz 6 zu § 2
MRG; *Iro*, wobl 1994, 135; *Böhm* in Schwimann IV[2] Rz 19 zu § 2 MRG). Es war
allerdings fraglich, ob sich der Gesetzgeber des 3. WÄG bei der Formulierung des
§ 2 Abs 1 Satz 2 idF des 3. WÄG nicht bloß in der Wortwahl vergriffen und in
Wirklichkeit nur nicht im WE stehende **Substandardwohnungen** treffen wollte
(vgl *Würth/Zingher*[20] Rz 6 zu § 2 MRG; für eine teleologische Reduktion der
Vorschrift auf Substandardwohnungen *Iro*, wobl 1994, 135; dagegen *Böhm* in
Schwimann IV[2] Rz 21 zu § 2 MRG und *Verf* in der Vorlieferung). Der Gesetzgeber des WEGBegG hat nun erkennen lassen, dass er § 2 Abs 1 Satz 2 aF nur als
Sonderregelung für nicht im WE stehende Substandardwohnungen ansah, die
wegen der nun wieder eingeführten WE-Fähigkeit solcher Wohnungen entbehr-
lich sei (EB zur RV 989 BlgNR XXI. GP 86). Diese Aussage wird man als
Klarstellung zu verstehen haben, sodass diese Bestimmung auch pro praeterito
dahin auszulegen ist, dass sie nur Substandardwohnungen betrifft.

Für die Anwendung des § 2 Abs 1 Satz 2, 1. Fall aF ist entscheidend, dass die
Wohnung **im Zeitpunkt des Vertragsabschlusses** mit dem Mieter eine nicht im
WE stehende Substandardwohnung darstellt. Eine nachträgliche Standardanhebung durch den Wohnungseigentümer ändert an der Vermieterposition daher
nichts (*Iro*, wobl 1994, 135 f).

Das **WEGBegG** hat die Sonderregelung des 3. WÄG für Substandardwohnungen **17a**
nun **entfallen** lassen, da es für sie wegen der nun wieder eingeführten WE-
Fähigkeit solcher Wohnungen keinen Bedarf mehr gibt. Das ändert nichts daran,
dass Mietverträge über nicht im WE stehende Substandardwohnungen, die zwischen dem Inkrafttreten des 3. WÄG (1.3.1994) und jenem des WEGBegG (1. 7.
2002) geschlossen wurden, weiterhin dem Regime des § 2 Abs 1 Satz 2 idF des
3. WÄG unterliegen. Wird freilich nach dem Inkrafttreten des WEG 2002 an
einer solchen Substandardwohnung WE begründet, kommt dessen § 4 zur Anwendung (EB zur RV 989 BlgNR XXI. GP 86). Schließlich ist in intertemporaler
Hinsicht noch eine Konsequenz zu erwähnen, die sich aus der WE-rechtlichen
Übergangsvorschrift des § 56 Abs 2 WEG ergibt. Nach dieser Bestimmung gilt,
wenn in der Vergangenheit entgegen § 1 Abs 3 WEG 1975 an einer Substandardwohnung WE begründet worden war, dieses selbständige WE nach dem 30. Juli
2002 als wirksam begründet, sofern die WE-Begründung nach der nunmehrigen
Rechtslage gültig wäre. Mietrechtlich kann das vernünftiger Weise nur zur Folge
haben, dass in solchen Fällen die Vermieterstellung mit 1.7.2002 auf den nunmehr
rechtmäßig zum WE gewordenen Vermieter übergeht (so zutr *Würth*, WohnR
2002 II Anm 2 zu § 56 WEG 2002).

5. WE-Bewerber

Gemäß § 2 Abs 1 Satz 2, 2. Fall idF des 3. WÄG lag Hauptmiete mit dem **18**
„Eigentümer der Liegenschaft" auch dann vor, wenn der Mietgegenstand eine
Wohnung ist, an der WE begründet werden soll, dieses aber noch nicht ver-
büchert ist. Die hA verstand das so, dass bei Vermietung einer „werdenden"
Eigentumswohnung durch den **WE-Bewerber** je nach den konkreten Umständen
Hauptmiete mit dem Bauträger, einer schon bestehenden Miteigentumsgemein-
schaft oder einem dritten Liegenschaftseigentümer (*Böhm* in Schwimann IV[2]

Rz 23 zu § 2 MRG) entstehe, und zwar unabhängig davon, ob der WE-Bewerber bereits Miteigentümer der Liegenschaft ist oder nicht (*Würth/Zingher*[20] Rz 6 zu § 2 MRG; *Iro*, wobl 1994, 136; *Böhm* in Schwimann IV² Rz 23 zu § 2 MRG; offenlassend *Tades/Stabentheiner*, ÖJZ 1994 SNr 24). **Umstritten** war jedoch, ob sich an dieser Situation dadurch etwas **ändert**, dass es zur **WE-Begründung** durch den WE-Bewerber kommt. Die Palette der vertretenen Lösungen war breit und reichte vom Eintritt des WE-Bewerbers in den Mietvertrag gemäß § 2 Abs 1 Satz 3 aF (*Würth/Zingher*[20] Rz 2 zu § 2 MRG; *Böhm* in Schwimann IV² Rz 25 zu § 2 MRG) bis zur Gegenposition *Iros*, der Mietvertrag bleibe mit dem (den) ursprünglichen Vermieter(n) bestehen, weil es ansonsten zu einer Verschlechterung der Stellung des Mieters komme (wobl 1994, 136 f).

Das **WEGBegG** hat nun beide Fallkonstellationen in § 2 Abs 1 **Satz 3** geregelt. Der **erste Halbsatz** des Satz 3 bestimmt, dass durch den mit dem WE-Bewerber geschlossenen Mietvertrag Hauptmiete mit dem Eigentümer oder den Eigentümern der Liegenschaft zustande kommt, wenn am Mietgegenstand WE erst begründet werden soll. Das entspricht weitgehend der Regelung durch das 3. WÄG und der dazu im Schrifttum herausgebildeten Meinung. Im neuen Recht wird allerdings klarer als in der Regelung des 3. WÄG herausgestellt, dass an einen Mietvertrag angeknüpft wird, der auf Vermieterseite vom WE-Bewerber abgeschlossen wird (EB zur RV 989 BlgNR XXI. GP 86). Nur formal neu ist auch die Aufgabe der Differenzierung zwischen Wohnungen und sonstigen selbständigen Räumlichkeiten. Im Gegensatz zu § 2 Abs 1 Satz 2 aF stellt § 2 Abs 1 Satz 3 idF des WEGBegG nicht auf die „Wohnung", sondern auf den „Mietgegenstand" ab, sodass er auch für Geschäftsräumlichkeiten gilt (EB zur RV 989 BlgNR XXI. GP 86). Auch die alte Regelung konnte freilich sinnvollerweise nicht auf „Wohnungen" beschränkt sein, da der hinter ihr stehende Zweck – Einrücken des WE-Bewerbers in die Vertragspartnerstellung bei Erlangung seines Vollrechts – bei anderen WE-fähigen Räumlichkeiten gleichermaßen zutraf. Die Neuregelung stellt daher nur eine Klarstellung dar.

Der **zweite Halbsatz** des nunmehrigen § 2 Abs 1 Satz 3 regelt die durch das 3. WÄG offengelassene Frage, welche Auswirkungen es hat, wenn der WE-Bewerber, der den Mietvertrag geschlossen hat, in der Folge Wohnungseigentümer wird, und entscheidet sich für die „Vertragsübergangslösung": Mit der Begründung von WE am Mietgegenstand geht die Rechtsstellung des Vermieters von dem Alleineigentümer oder den Miteigentümern der Liegenschaft eo ipso auf den Wohnungseigentümer über. Damit steht diese Regelung im Einklang mit jener über das „übergestülpte" WE in § 4 Abs 1 WEG 2002 (EB zur RV 989 BlgNR XXI. GP 87). Die zusätzlichen Absicherungen des § 4 Abs 2 und 3 WEG 2002 kommen dem Mieter jedoch nicht zugute (so auch *Würth*, WohnR 2002 II Anm 2 zu Art II WEGBegG).

19　Beim Abschluss des Mietvertrages wird idR der WE-Bewerber als Handelnder auftreten, sodass (wie auch ehedem bei dem Vermieter einer Wohnung gemäß § 15a Abs 1 Z 4; vgl oben Rz 16 ff) die Frage entsteht, wie die Verpflichtung des Eigentümers oder der Eigentümer der Liegenschaft als Vertragspartner des Mieters begründet wird. Die EB zum WEGBegG ziehen sich dazu auf die recht schwammige Formulierung zurück, dass der WE-Bewerber durch seinen Vertragsabschluss gewissermaßen ein Hauptmietverhältnis mit dem Alleineigentümer oder allen Miteigentümern der Liegenschaft vermittle (EB zur RV 989 BlgNR XXI. GP 86). Zivilrechtlich kommt für die Herbeiführung dieser Rechtsfolge wohl nur die Annahme einer **gesetzlichen Vertretungsmacht** des WE-Bewerbers in Betracht, die (atypischerweise) von einer Offenlegung der Vertretungsmacht unabhängig ist (zutr *Böhm* in Schwimann IV[2] Rz 22 zu § 2 MRG). Auch wenn der WE-Bewerber im eigenen Namen auftritt, kommt der Mietvertrag daher (ähnlich wie bei § 96 ABGB) mit dem „Eigentümer der Liegenschaft" zustande.

C. Untermiete

Nach der **ursprünglichen Textierung** des **§ 2 Abs 2 Satz 1** lag **Untermiete** vor, **20** wenn der Mietvertrag mit Personen geschlossen wird, die ihrerseits nur ein **vertragsmäßig eingeräumtes Benützungsrecht** haben. Diese Formulierung war denkbar unglücklich, da sie sich einerseits mit der Definition der Hauptmiete in Abs 1 überlappte (auch der Fruchtnießer der Liegenschaft hat idR ein vertragsmäßig eingeräumtes Benützungsrecht, vermittelt aber Hauptmiete) und andererseits manche Fälle gar nicht erfasste (vgl im einzelnen *Fenyves*, HBzMRG 283 ff mwN). Die hL hat Abs 2 daher korrigierend so verstanden, dass alles Untermiete ist, was keine Hauptmiete iS des Abs 1 aF darstellt (vgl nur *Fenyves*, HBzMRG 286; *Würth/Zingher*[19] Rz 3 zu § 2 MRG). Die **nunmehrige, auf das 3. WÄG zurückgehende Fassung** der Bestimmung, die ursprünglich im Initiativantrag anders gelautet hatte (*Hanel*, wobl 1993, 150) und entsprechend einem Vorschlag des BMJ neu formuliert wurde (*Tades/Stabentheiner*, ÖJZ 1994 SNr 24), schreibt diese Auffassung fest. Nach ihr liegt **Untermiete** vor, wenn der Mietvertrag mit einer Person geschlossen wird, die **in Abs 1 nicht genannt** ist. Durch diese Formulierung werden begriffliche Überschneidungen zwischen Haupt- und Untermiete ausgeschlossen (*Tades/Stabentheiner*, ÖJZ 1994 SNr 24). „**Nicht genannt**" scheint nahezulegen, dass alles, was in Abs 1 nicht ausdrücklich angeführt wird, der Untermiete zugeschlagen werden muss. Die hM lehnt es aber zu Recht ab, die Neufassung des Abs 2 Satz 1 als Analogieverbot zu verstehen, sondern lässt eine **analoge Ausdehnung** des Katalogs der Hauptmieten zu (*Böhm* in Schwimann IV[2] Rz 57 zu § 2 MRG; wohl auch *Würth/Zingher*[20] Rz 7 zu § 2 MRG). Greifbare Konsequenz dieser Auffassung ist zB, dass auch der **Leasingnehmer** Hauptmiete vermitteln kann, wenn er Ähnlichkeit mit einem Fruchtnießer oder Generalbestandnehmer aufweist (*Iro*, wobl 1993, 398). Zu **weiteren Analogien** oben Rz 8 und 12.

Es ergibt sich also im **Umkehrschluss** aus den (allenfalls analog erweiterten) **21** Tatbeständen der Hauptmiete, welche „Bestandmittler" nur Untermietverträge abschließen können. **Positiv formuliert** sind das in erster Linie natürlich der **Hauptmieter** und der **Pächter**, sofern kein „Generalbestandvertrag" vorliegt; aber auch (ohne Anspruch auf Vollständigkeit) der **Leasingnehmer**, soferne nicht Analogie zu Fruchtgenuss oder „Generalbestandvertrag" geboten ist, der **Entlehner** (unter derselben negativen Voraussetzung), der **Verwahrer**, der **Inhaber einer Dienstwohnung** und derjenige, der ein **familienrechtliches Nutzungsrecht** ausübt (vgl zum alten Recht *Fenyves*, HBzMRG 282 f mwN; zur neuen Rechtslage *Böhm* in Schwimann IV[2] Rz 58 zu § 2 MRG). Der **titellose**

Benützer soll nach *Böhm* in analoger Anwendung des Abs 1 Hauptmiete vermitteln, um zumindest inter partes einen besseren Schutz seines Mieters zu bewirken (in Schwimann IV² Rz 58 zu § 2 MRG). Dafür fehlt es aber an der Analogiebasis, da keine Rechtsähnlichkeit mit den Tatbeständen des Abs 1 zu sehen ist. Auch der Mieter vom titellosen Benützer ist daher **Untermieter**. Wenn der titellose Benützer ihm gegenüber den Eindruck erweckt hat, er sei tituliert und könne Hauptmiete vermitteln, reichen die Mittel des Vertrags- und Schadenersatzrechts völlig aus, um inter partes einen effektiven Schutz des (Unter-)Mieters zu gewährleisten.

22 § 2 Abs 2 Satz 1 idF des 3. WÄG hat gegenüber der alten Rechtslage keine substantiellen Änderungen bewirkt, sodass sich **keine intertemporalen Probleme** ergeben haben. Zur „wirtschaftlichen Untermiete" vgl Rz 94 zu § 30.

IV. Rechtsnachfolge auf Vermieterseite

A. Rechtsentwicklung und intertemporale Rechtsanwendung

23 Das **MG** kannte **keine** dem nunmehrigen § 2 Abs 1 Satz 4 bis 6 **entsprechenden Vorschriften**. Eine **vergleichbare Wirkung** wurde aber dadurch erzielt, dass es nach hM zu einer **Verzahnung** der einschlägigen Bestimmungen des **ABGB** über die Rechtsfolgen der Veräußerung der Bestandsache (§§ 1120, 1121 ABGB) mit den **Kündigungsbeschränkungen des MG** (§§ 19 ff MG) kam, sodass der Erwerber bei Anwendbarkeit der Kündigungsbeschränkungen des MG – wie vor ihm auch der Veräußerer – die auf ihn übergegangenen Mietverhältnisse nur noch aus wichtigem Grund kündigen konnte (vgl nur *Fenyves*, HBzMRG 290 f mwN). **Inhaltlich** richtete sich die Bindung des Erwerbers somit nach den Vorgaben des § 1120 **ABGB**. Danach tritt der Erwerber in das Mietverhältnis so ein, wie es zwischen Veräußerer und Mieter bestanden hatte, allerdings mit der Maßgabe, dass er es unter Einhaltung der gesetzlichen Fristen und Termine kündigen kann. Er muss daher **alle Abreden** mit Ausnahme jener über die Dauer des Mietverhältnisses und über längere als die gesetzlichen Kündigungsfristen gegen sich gelten lassen, sofern sie nur mit dem Vertragsverhältnis zusammenhängen und nicht bloß gelegentlich des Vertragsabschlusses vereinbart wurden. Auf seine Kenntnis von diesen Abreden oder auch auf ein bloßes Kennen-Müssen kommt es nach dem ABGB nicht an, ebenso wenig auf die Üblichkeit der getroffenen Abreden. Eine **Ausnahme** von diesem Grundsatz wird von der Jud nur hinsichtlich einer **Mietzinsvorauszahlung** gemacht, die der Erwerber aufgrund analoger Anwendung des § 1102 ABGB nur dann gegen sich gelten lassen muss, wenn er ihre Existenz kannte oder kennen musste. § 1120 ABGB, der nur für die Einzelrechtsnachfolge gilt, wird von der Jud **analog** auch auf den **Wohnungseigentümer**, den **Fruchtnießer**, den **Bauberechtigten**, den **Wohnungstauschenden** und den Eintritt eines **neuen Hauptmieters** in einen Hauptmietvertrag unter Beibehaltung des Untermieters angewendet. Gemäß § 1121 **ABGB** tritt auch der **exekutive Erwerber** eines Mietgegenstandes in den Bestandvertrag ein (zu all dem vgl nur *Fenyves*, HBzMRG 288 ff mwN und *Würth* in Rummel I³ Rz 2 ff zu § 1120 ABGB).

24 § 2 Abs 1 MRG enthält nun seit der Urfassung des MRG **drei Bestimmungen**, welche die Auswirkungen einer Rechtsnachfolge auf Vermieterseite betreffen und sich seit dem WEGBegG in dessen Sätzen 4 bis 6 befinden. **Satz 4** regelt die Voraussetzungen eines Eintritts des Erwerbers, **Satz 5** die Reichweite der Bindung des Erwerbers an die zwischen Veräußerer und Hauptmieter getroffenen Nebenabreden, der erst durch das 3. WÄG eingefügte **Satz 6** schließlich die Frage der Rechtsnachfolge nach Beendigung eines „Generalbestandverhältnisses". Die bedeutsamsten Änderungen gegenüber der alten Rechtslage bewirkt Satz 5, der den Erwerber im Hinblick auf die Bindung an Nebenabreden besser stellt als die Kombination aus §§ 1120, 1121 ABGB und § 19 MG. Zu den damit verbundenen **intertemporalen Fragen** vgl Rz 18 zu § 43.

B. Voraussetzungen für den Eintritt auf Vermieterseite

Gemäß **§ 2 Abs 1 Satz 4** sind an den wirksam geschlossenen Hauptmietvertrag ab **25** der Übergabe des Mietgegenstandes an den Hauptmieter die Rechtsnachfolger des Vermieters auch dann gebunden, wenn der Vertrag nicht in die öffentlichen Bücher eingetragen ist. Der Ausdruck „**Rechtsnachfolger des Vermieters**" wurde durch das 3. WÄG eingefügt, in der ursprünglichen Fassung der Bestimmung hatte es „Rechtsnachfolger im Eigentum" geheißen. Auch diese Formulierung ändert nichts daran, dass Satz 4 **nichts darüber aussagt, wann** es zu einer Rechtsnachfolge auf Seiten des Vermieters kommt. Das wird nach wie vor durch die **§§ 1120, 1121 ABGB** geregelt, sodass zur Ausfüllung des Begriffs des Rechtsnachfolgers auf die hiezu vorhandene Lehre und Judikatur verwiesen werden kann. Die dem Satz 4 vorgelagerten Bestimmungen des ABGB, nach denen es zu einer Rechtsnachfolge auf Seiten des Vermieters kommt, sind im MRG allerdings – anders als im MG (Rz 23) – unabhängig von der Geltung der Kündigungsbeschränkungen des Gesetzes anwendbar (*Fenyves*, HBzMRG 292) und werden durch das MRG im Hinblick auf die Reichweite der Bindung des Rechtsnachfolgers des Vermieters modifiziert (Rz 30 ff).

„**Rechtsnachfolger des Vermieters**" iS der §§ 1120 ABGB, 2 Abs 1 Satz 4 MRG **26** ist nur der **Einzelrechtsnachfolger** (völlig hM. Vgl nur *Iro*, JBl 1983, 502 [Buchbesprechung]; *Fenyves*, HBzMRG 292; *Würth/Zingher*[20] Rz 9 zu § 2 MRG; *Böhm* in Schwimann IV[2] Rz 26 zu § 2 MRG; *J. Rechberger* 16; MietSlg 37.239/37 = JBl 1986, 386 [*Huber*]; wobl 1995, 133/57 [*Dirnbacher*] = MietSlg 46.211/36; immolex 2001, 132/81 [*Pfiel*]. AM *Schuppich* 17). Die **ursprüngliche Formulierung** des Satz 4 („Rechtsnachfolger des Eigentümers") umfasste bei wörtlicher Auslegung nur jene Akte der Einzelrechtsnachfolge, die zu einer Veränderung in der Eigentümerposition führen, also Kauf, Tausch, Schenkung, Einbringung in eine Gesellschaft quoad sortem, Leibrentenvertrag, Sicherungsübereignung, Legat etc. Die hM hat jedoch auch damals zu Recht keine Bedenken gehabt, auch in den Fällen per analogiam Rechtsnachfolge anzunehmen, welche die Jud zu § 1120 ABGB (Rz 23) anerkannt hatte (*Fenyves*, HBzMRG 293). Insofern bringt die **neue Formulierung** „Rechtsnachfolger des Vermieters" daher in der Tat nur eine **Klarstellung** (*Würth/Zingher*[20] Rz 9 zu § 2 MRG). Im Einzelnen hat die Jud zum MRG Rechtsnachfolge angenommen bei **Einräumung eines Fruchtgenussrechts** (wobl 1992, 11/3 = MietSlg 42.093), bei **Beendigung des Fruchtgenussrechts** (wobl 1991, 73/60 [*Würth*] = MietSlg 42.187), allerdings nur, wenn sich der Mietvertrag im Rahmen des Fruchtgenussrechts hält (MietSlg 39.036, 45.149), bei späterer **Aufhebung des Kaufvertrages** mit dem Erwerber, dem bereits Besitz und Verwaltung übertragen worden ist (MietSlg 40.229), und bei **Rückfall des Mietgegenstandes** an den Eigentümer aufgrund eines **Entziehungsbescheids** (wobl 1996, 28/1 = MietSlg 47.177), **nicht** jedoch bei der Beendigung eines bloßen **Wohnungsgebrauchsrechts** (wobl 1991, 73/60 [*Würth*] = MietSlg 42.187). Dass auch der **exekutive Erwerber** Rechtsnachfolger iS des Satz 4 ist (wobl 1995, 133/57 [*Dirnbacher*] = MietSlg 46.211/36; MietSlg 50.264/51 = immolex 1999, 100/70; immolex 2001, 132/81 [*Pfiel*]), ergibt sich unmittelbar aus § 1121 ABGB.

27 Satz 4 gilt seinem Wortlaut nach nur für **Hauptmietverträge**, die wirksam geschlossen wurden. Die hM will die Bestimmung daher auf **Untermietverträge**, bei denen es zu einem Wechsel des Unterbestandgebers kommt, **nicht** anwenden (*Würth/Zingher*[20] Rz 9 zu § 2 MRG; *Böhm* in Schwimann IV[2] Rz 26 zu § 2 MRG; wobl 2001, 126/76 = MietSlg 51.230/20 = immolex 1999, 293/162), erwägt aber eine **analoge** Anwendung des § 1120 ABGB (*Würth/Zingher*[20] Rz 9 zu § 2 MRG). Konkrete Auswirkung dieser Auffassung wäre va eine stärkere Bindung des neuen Unterbestandgebers an die Abreden seines Vorgängers mit dem Untermieter als nach dem MRG. ME gibt es für diese Schlechterstellung des neuen Unterbestandgebers gegenüber sonstigen Rechtsnachfolgern keinen sachlichen Grund. Auf ihn sollte daher **Satz 4 iZm § 1120 ABGB** analog angewendet werden. Etwas anderes gilt klarerweise, wenn es zu einer ausdrücklichen Überbindung der Untermietverhältnisse auf den neuen Untervermieter gekommen ist, da es dann nicht mehr um gesetzliche, sondern um rechtsgeschäftliche Vertragsübernahme geht (wobl 1998, 48/22 [*Würth*] = MietSlg 48.153 = immolex 1997, 8/6). **„Wirksam geschlossen"** ist ein Kriterium, das § 1120 ABGB nicht ausdrücklich anführt, aber nur klarstellende Funktion hat: Unwirksame Mietverträge binden selbstverständlich weder den ursprünglichen Vermieter noch seinen Rechtsnachfolger. Anfechtbare Verträge gehen dagegen über, das Gestaltungsrecht der Anfechtung kann aber vom Rechtsnachfolger ausgeübt werden.

28 Die Rechtsnachfolge gemäß Satz 4 setzt – ebenso wie nach § 1120 ABGB – voraus, dass der Mietgegenstand dem (Haupt-)Mieter bereits vor dem Zeitpunkt, zu dem die Rechtsnachfolge eintritt (Rz 29), **übergeben** wurde, er also **Rechtsbesitz** hat (*Fenyves*, HBzMRG 292; *Würth/Zingher*[20] Rz 9 zu § 2 MRG; *Böhm* in Schwimann IV[2] Rz 28 zu § 2 MRG; MietSlg 41.177, 42.142/24, 43.146). Dass die Bindung des Rechtsnachfolgers **auch dann** eintritt, wenn der Vertrag **nicht in die öffentlichen Bücher** eingetragen ist, entspricht ebenfalls der Rechtslage nach § 1120 ABGB. Die Verdinglichung eines Bestandrechts gemäß § 1095 ABGB hat daher im Anwendungsbereich des § 2 MRG nur insofern Bedeutung, als in diesem Fall der Rechtsnachfolger auch an ungewöhnliche Nebenabreden gebunden ist, die er weder kannte noch kennen musste (*Böhm* in Schwimann IV[2] Rz 28 zu § 2 MRG).

29 Hinsichtlich des **Zeitpunktes**, in welchem die Rechtsnachfolge eintritt, orientiert sich § 1120 ABGB an der „Übergabe" an den Rechtsnachfolger des Bestandstücks. Die hM stellt dafür auf den Zeitpunkt der **grundbücherlichen Einverleibung**, genauer: des Einlangens des später bewilligten Gesuchs um Einverleibung, ab (*Fenyves*, HBzMRG 291; *Würth* in Rummel I[3] Rz 7 zu § 1120 ABGB; *J. Rechberger* 18; *Böhm* in Schwimann IV[2] Rz 30 zu § 2 MRG; MietSlg 41.141,

43.109, 45.150; MietSlg 49.211 = immolex 1997, 228/122 [*Pfiel*]; wobl 1997, 139/
35 = MietSlg 48.202/28 = immolex 1997, 4/2. Zweifelnd *Iro*, wobl 1997, 123). Das
kann natürlich nur dort gelten, wo eine Einverleibung möglich und gewollt ist.
Bei Superädifikaten ist daher auf die Urkundenhinterlegung abzustellen (MietSlg
41.141), bei der Einräumung rein obligatorischer Rechte (obligatorischer Fruchtgenuss, Generalbestandvertrag, Leasing etc) auf Beginn bzw Beendigung des
eingeräumten Nutzungsrechts.

Wenn dem **Erwerber** bereits vor Einverleibung vom Veräußerer vertraglich
Besitz und **Verwaltung** der Liegenschaft eingeräumt wird, kann darin nach dem
Parteiwillen eine **Abtretung** von Vermieterrechten, insbesondere des Rechts auf
die Bestandszinsforderung oder auf die Kündigung des Vertrages, liegen (vgl *Iro*,
wobl 1997, 120; *P. Bydlinski*, JBl 1997, 154; *Böhm* in Schwimann IV[2] Rz 32 zu § 2
MRG; MietSlg 45.150, 45.151/29; wobl 1996, 244/83 [*Dirnbacher*] = MietSlg
47.176; wobl 1997, 139/35 = MietSlg 48.202/28 = immolex 1997, 4/2; wobl 1997,
142/36 [*Würth*] = MietSlg 48.203). Ob eine Abtretung erfolgt und wie weit sie
reicht, ist jeweils durch Auslegung der Vereinbarungen zwischen Veräußerer und
Erwerber zu ermitteln. Eine bereits vor Einverleibung eintretende **volle Rechtsnachfolge** des Erwerbers bedarf als rechtsgeschäftlich vereinbarte Vertragsübernahme – anders als die ex lege-Vertragsübernahme nach §§ 1120 ABGB, 2 Abs 1
Satz 4 MRG – einer **Dreiparteieneinigung**, also auch der Zustimmung des
Mieters (*Iro*, wobl 1997, 118; *P. Bydlinski*, JBl 1997, 155; *Würth/Zingher*[20] Rz 9
zu § 2 MRG; *Böhm* in Schwimann IV[2] Rz 32 zu § 2 MRG; MietSlg 45.150, 45.151/
29; wobl 1996, 244/83 = MietSlg 47.176; wobl 1997, 139/35 = MietSlg 48.202/28
= immolex 1997, 4/2). Entgegen einer in der Jud immer wieder verwendeten
Formel (vgl die E in der letzten Klammer) ist es dafür aber nicht Voraussetzung,
dass dem Erwerber Besitz und Verwaltung übertragen wurde; die „nackte"
Zustimmung des Vorgängers und des Mieters reicht aus (zutr *Iro*, wobl 1997,
118 f).

C. Reichweite des Eintritts

30 Während § 1120 ABGB den Rechtsnachfolger grundsätzlich an alle Abreden
bindet, die sein Vorgänger mit dem Mieter geschlossen hat, sofern sie nur mit
dem Vertragsverhältnis zusammenhängen und nicht die Dauer des Mietverhältnisses oder längere als die gesetzlichen Kündigungsfristen betreffen (vgl wobl
1996, 245/84 [zust *Würth*]; wobl 2001, 93/58 [*Vonkilch*] = MietSlg 51.232 =
immolex 2000, 68/40), ordnet **§ 2 Abs 1 Satz 5 MRG** eine **unbedingte Bindung**
lediglich für **„gewöhnliche" Nebenabreden** an. **„Ungewöhnliche" Nebenabreden** muss der Rechtsnachfolger nur dann gegen sich gelten lassen, wenn er sie
kannte oder kennen musste. Dieser Verbesserung der Position des Rechtsnachfolgers steht gegenüber, dass ihn nun auch – unter dem Vorbehalt ihrer „Ge-
wöhnlichkeit" – solche Nebenabreden binden, welche die Dauer des Vertrages
und die Modalitäten seiner Beendigung (Kündigungsverzicht, vertraglich vereinbarter Kündigungsschutz, abweichende Kündigungsfristen und -termine) betreffen (*Fenyves*, HBzMRG 292; *Würth/Zingher*[20] Rz 9 zu § 2 MRG; *Böhm* in
Schwimann IV[2] Rz 33 zu § 2 MRG; MietSlg 38.269/22). Aus der Tatsache, dass
die Vereinbarung einer Mietzinsvorauszahlung idR eine gewöhnliche Nebenabrede ist (vgl *Fenyves*, HBzMRG 294), ergibt sich zu Lasten des Rechtsnach-

folgers weiters, dass er sie auch dann gegen sich gelten lassen muss, wenn sie nicht in die öffentlichen Bücher eingetragen worden ist. Im Anwendungsbereich des § 2 MRG ist daher dem § 1102 **ABGB derogiert** worden (*Würth/Zingher*[20] Rz 9 zu § 2 MRG; *Böhm* in Schwimann IV[2] Rz 33 zu § 2 MRG; wobl 1995, 133/ 57 [*Dirnbacher*] = MietSlg 46.211/36; MietSlg 50.264/51 = immolex 1999, 100/ 70).

Auch nach dem MRG gilt, dass nur solche Nebenabreden übernommen werden müssen, die mit dem Mietverhältnis **zusammenhängen** und nicht bloß gelegentlich des Vertragsabschlusses vereinbart wurden (*Fenyves*, HBzMRG 294; *Böhm* in Schwimann IV[2] Rz 34 zu § 2 MRG; wobl 1995, 133/57 [*Dirnbacher*] = MietSlg 46.211/36; MietSlg 50.264/51 = immolex 1999, 100/70). Ob die Nebenabreden bereits bei Abschluss des Mietvertrages mit dem Rechtsvorgänger oder erst nachträglich vereinbart wurden, ist irrelevant (MietSlg 37.239/37 = JBl 1986, 386 [*Huber*]; wobl 1995, 133/57 [*Dirnbacher*] = MietSlg 46.211/36; wobl 2001, 57/39 = MietSlg 51.059 = immolex 1999, 292/161).

31 Im Hinblick auf die Abgrenzung zwischen „**Hauptabreden**", die der Rechtsnachfolger jedenfalls übernimmt, und „**Nebenabreden**", die nur in den oben beschriebenen Grenzen übernommen werden müssen, habe ich im HBzMRG 293 vorgeschlagen, den **Begriff der Hauptabreden eng zu fassen**, um § 2 Abs 1 Satz 5 nicht jeden Anwendungsbereich zu nehmen, da die meisten der üblichen, in der Jud zum MG dokumentierten Abreden, die dem Gesetzgeber bei der Formulierung der neuen Bestimmung vor Augen gestanden sein dürften, als Umschreibung der „Hauptleistung" des Vermieters verstanden werden könnten. Hauptabreden sollten daher wie bei § 879 Abs 3 ABGB nur solche sein, die – wie Vereinbarungen über die Dauer des Bestandvertrages oder über die Art der Nutzung – den **Kern des Bestandvertrages** betreffen. Die hM ist dieser Meinung gefolgt (*Würth/Zingher*[20] Rz 10 zu § 2 MRG; *Böhm* in Schwimann IV[2] Rz 34 zu § 2 MRG; MietSlg 37.239/37 = JBl 1986, 386 [*Huber*]; MietSlg 38.269/22; wobl 1995, 133/57 [*Dirnbacher*] = MietSlg 46.211/36; MietSlg 49.214 = immolex 1997, 325/180). Als „**Hauptabrede**" hat die Jud Vereinbarungen über die Art der Nutzung des Bestandobjekts qualifiziert (MietSlg 49.213 = immolex 1997, 260/ 146 [*Pfiel*]; MietSlg 49.214 = immolex 1997, 325/180; MietSlg 50.264/51 = immolex 1999, 100/70), nicht dagegen über die Ausdehnung des Umfangs der Bestandrechte (MietSlg 37.239/37 = JBl 1986, 386 (mit insoweit zust Anm von *Huber*; krit dagegen *Würth/Zingher*[20] Rz 10 zu § 2 MRG und *Böhm* in Schwimann IV[2] Rz 34 zu § 2 MRG); wobl 1999, 200/91 = MietSlg 51.231).

32 Die Jud sieht eine **Nebenabrede** dann als **ungewöhnlich** an, wenn sie bei vergleichbaren Mietgegenständen und bei vergleichbaren Vertragsinhalten nicht oder jedenfalls nur äußerst selten vereinbart wird, etwa weil ein Bedürfnis nach einer solchen Vereinbarung nicht oder kaum besteht oder weil sie der typischen Interessensituation der beteiligten Partei nicht entspricht. Hiefür seien zwar objektive Erwägungen maßgeblich, doch dürften die Umstände des Einzelfalles nicht außer acht gelassen werden (MietSlg 37.239/37 = JBl 1986, 386 [*Huber*]; MietSlg 38.269/22; wobl 1995, 133/57 [*Dirnbacher*] = MietSlg 46.211/36; immolex 2001, 132/81 [*Pfiel*]). Das ist durchaus zutreffend, weil durch diese Formulierung im Sinne der Vertrauenstheorie auf die schutzwürdigen Erwartungen des

Rechtsnachfolgers abgestellt wird, die sich aus objektiven und subjektiven Faktoren ergeben können.

Bejaht wurde die Ungewöhnlichkeit bisher **nur selten**, nämlich in MietSlg 37.239/37 = JBl 1986, 386 (*Huber*) (unentgeltliche nachträgliche Ausdehnung eines Mietvertrages auf eine Parkfläche im Hof eines Großstadthauses); wobl 1995, 133/57 (*Dirnbacher*) = MietSlg 46.211/36 (unbefristete Befreiung vom Ersatz der Heizkosten als Abgeltung der Investitionskosten des Mieters für eine Heizungsanlage) und wobl 1999, 200/91 = MietSlg 51.231 (nachträgliche unentgeltliche Einräumung des Rechts, im Hof parken zu dürfen).

Verneint wurde die Ungewöhnlichkeit vom OGH bei Gestattung der Anbringung von Außenjalousien (wobl 1993, 169/112 = MietSlg 44.273/61), Einräumung der Befugnis zur gänzlichen Untervermietung (MietSlg 38.269/22, 47.178/22) und eines befristeten Weitergaberechts (MietSlg 38.269/22), der Untervermietung gegen überhöhtes Entgelt (wobl 1989, 135/74 = MietSlg 41.176), Vereinbarung eines Eintrittsrechts für gesetzlich nicht eintrittsberechtigte Personen (MietSlg 39.223), eines aufschiebend bedingten Mietvertrages an weiteren Räumen einer Wohnung (MietSlg 40.231), eines Präsentationsrechts (MietSlg 40.232), einer Barkaution in der Höhe von 11 Monatsmieten bei einem „Fremdarbeiter" (immolex 2001, 132/81 [*Pfiel*]), des Verzichts auf den Kündigungsgrund des Eigenbedarfs (MietSlg 39.224), des fehlenden dringenden Wohnbedürfnisses (wobl 1991, 59/48 = MietSlg 41.344; wobl 2001, 57/39 = MietSlg 51.059 = immolex 1999, 292/161) und der Weitergabe (MietSlg 40.236; wobl 1989, 135/74 = MietSlg 41.176). Die Entscheidungen sind allerdings zum Teil sehr **einzelfallbezogen** und in ihren Aussagen daher nicht ohne weiteres generalisierbar.

Kennen oder Kennen-Müssen liegt dann vor, wenn dem Rechtsnachfolger die **33** Existenz der fraglichen Nebenabrede entweder positiv bekannt war oder von ihm bei gehöriger Aufmerksamkeit hätte erkannt werden können. Durch den Verweis des Gesetzgebers auf § 1409 ABGB (425 BlgNR XV. GP 36) ist klargestellt, dass auch für das Kennen-Müssen nach Satz 5 bereits **leichte Fahrlässigkeit** genügt (zu § 1409 ABGB nur *Ertl* in Rummel II² Rz 7 zu 1409 ABGB; zu § 2 Abs 1 Satz 5 MRG *Frotz*, HBzMRG 775). Erkennbarkeit wird um so eher vorliegen, je augenfälliger es ist, dass dem Mieter offenbar eine Rechtsposition zugestanden wurde (vgl MietSlg 50.265 [Amateurfunkantenne auf dem Dach]) oder je offensichtlicher das Bedürfnis nach einer Nebenabrede ist (vgl MietSlg 40.231 [bauliche Gegebenheiten einer Wohnung]).

D. Rechtsnachfolge bei Generalbestandvertrag

Die Regelung des **§ 2 Abs 1 Satz 6** wurde – damals noch als Satz 5 des Abs 1 – **34** durch das 3. WÄG eingefügt und wäre wohl besser an Satz 4 angeschlossen worden, da auch dieser eine Rechtsnachfolgeregelung darstellt. Dennoch ist nicht daran zu zweifeln, dass Satz 5 auch im Bereich des Satz 6 anzuwenden ist (zutr *Böhm* in Schwimann IV² Rz 51 zu § 2 MRG). Anders als Satz 4, der bei Rechtsnachfolge zur Anwendung kommt, selbst aber nicht regelt, wann sie erfolgt (Rz 25), enthält Satz 6 selbst eine **Rechtsnachfolgeanordnung**, allerdings nur für den Fall, dass der „Generalbestandvertrag" **aufgelöst** wird. Die andere Seite der Medaille, also die Überbindung der vom Vermieter abgeschlossenen

Verträge auf den „Generalbestandnehmer" bei Beginn des „Generalbestandvertrages" muss daher nach wie vor aus § 1120 ABGB (analog) abgeleitet werden, was wegen der Ähnlichkeit dieser Rechtsfigur mit dem Fruchtnießer (vgl Rz 3, 12) kein Problem darstellt.

V. Informationspflicht des Untervermieters

35 Gemäß § 2 Abs 2 Satz 2 hat der Untervermieter den Untermieter unverzüglich in Kenntnis zu setzen, wenn sein Benützungsrecht **aufgelöst** wird. Vor dem 3. WÄG hatte es statt „aufgelöst" „gekündigt" geheißen, doch hatte die hM auch zur alten Fassung bereits die Meinung vertreten, dass die Verständigungspflicht bei jeder Art der Auflösung des Benützungsverhältnisses des Untervermieters bestehen müsse, da es sich bei der ursprünglichen Textierung um eine im Wesentlichen unveränderte Übernahme der Verständigungspflicht nach § 21 Abs 4 MG handelte, die im Rahmen der Kündigungsvorschriften des MG angesiedelt war und daher naturgemäß nur auf die Kündigung abstellte (vgl *Fenyves*, HBzMRG 272 f; *Würth/Zingher*, MRG [1982] Rz 9 zu § 2 MRG, und nun *Würth/Zingher*[20] Rz 12 zu § 2 MRG, die aaO aber offensichtlich irrtümlich noch die alte Formulierung kommentieren). Die Neuerung durch das 3. WÄG stellte daher nur eine **Klarstellung** dar.

36 Die **Information über die Auflösung** des **Untervermietungsverhältnisses**, insbesondere also (aber nicht nur) des Hauptmietverhältnisses, ist für den Untermieter deswegen wichtig, weil er damit **gegenüber dem Hauptbestandgeber keinen Titel mehr** hat, der ihn zur **weiteren Benützung** des Bestandobjekts berechtigen würde. Es ist zwar **nicht richtig**, dass die Beendigung des Hauptmietverhältnisses auch das Untermietverhältnis zum **Erlöschen** bringt (so aber *Klang* in Klang[2] V 60; *Schimetschek*, ImmZ 1975, 361; *Würth*, wobl 1992, 75 f uam. Aus der Judikatur zuletzt wobl 1996, 29/2 = MietSlg 47.018; MietSlg 51.152 = immolex 1999, 238/137). Die Problematik der Abhängigkeit oder Unabhängigkeit des Untermietverhältnisses vom Bestand des Hauptmietverhältnisses, die nun zu Recht zugunsten der Unabhängigkeit entschieden wurde (vgl nur *Schauer*, wobl 1996, 25 ff; *Hausmann*, wobl 2000, 24 [Urteilsanmerkung]; *Böhm* in Schwimann IV[2] Rz 59 zu § 2 MRG; *Würth* in Rummel I[3] Rz 8 zu § 1112 ABGB. Aus der neueren Jud va MietSlg 51.229/21 = immolex 1999, 330/182 = JBl 1999, 736 [*Apathy*] und wobl 2000, 23/1 [*Hausmann*] = MietSlg 51.154 = immolex 2000, 168/101), hat aber in Wahrheit nichts damit zu tun, dass sich der Untermieter nach dem Wegfall des Hauptmietverhältnisses gegenüber dem Hauptvermieter nicht mehr auf einen Rechtsgrund zur weiteren Innehabung des Bestandobjekts berufen kann und dieses daher **räumen muss** (so richtig *Schauer*, wobl 1996, 27). Um sich auf diesen Umstand vorbereiten und entsprechend disponieren zu können, bedarf er einer Information durch den Hauptmieter.

Der Untervermieter hat den Untermieter **unverzüglich** von der Auflösung des „Benützungsrechts" (soll heißen: des Benützungsverhältnisses) in Kenntnis zu setzen. Für seine Erklärung ist – anders als in § 34a – **keine Form** einzuhalten. Da die Behauptungs- und Beweislast für die Abgabe der Erklärung aber den Untervermieter trifft, ist Schriftlichkeit zu empfehlen. Bei Verletzung dieser gesetzlichen Verpflichtung, deren Einhaltung der Untermieter kraft seines Erfüllungsanspruchs auch erzwingen kann, drohen dem Untervermieter **Schadenersatz-ansprüche** des überraschten Untermieters, zB wegen erhöhter Kosten infolge der Notwendigkeit einer raschen Ersatzbeschaffung.

VI. Umgehungshauptmiete

A. Rechtsentwicklung und intertemporale Rechtsanwendung

37 § 2 Abs 3 ist eine **Neuschöpfung** des MRG. Die von ihm geregelten „Strohmannfälle" waren von der Jud unter dem Regime des **MG** meist durch Anwendung des § 916 ABGB entschieden und somit als Scheingeschäfte behandelt worden (MietSlg 16.492, 17.106, 17.597, 17.718, 19.065/4). Eine nähere Analyse der Entscheidungen zeigt allerdings, dass in Wahrheit Umgehungsgeschäftsregeln angewendet wurden (nur auf diese stützte sich der OGH in MietSlg 17.106 und 19.065/4), sodass die Vermutung nahe liegt, dass es sich bei der Zitierung des § 916 ABGB nur um eine Fehlleistung handelt, die bei älteren Entscheidungen iZm Umgehungsgeschäften nicht selten vorkommt (vgl *Rummel* in Rummel I³ Rz 1 zu § 916 ABGB). Diese Unsicherheit über die Einordnung der „Strohmannfälle" als Scheingeschäfte (§ 916 ABGB) oder Umgehungsgeschäfte (§ 879 ABGB) prägte auch den Gesetzgeber des **MRG**, der in den EB zu § 2 Abs 3 einerseits von der Unterbindung von Umgehungsgeschäften, andererseits aber davon spricht, dass dem Schutzbedürfnis des Mieters durch § 916 ABGB nicht ausreichend Rechnung getragen wird (RV 425 BlgNR XV. GP 36). Das sollte man ihm aber nicht allzu sehr nachtragen, zumal diese Frage nun gelöst ist (Rz 39). Schwerer wiegt, dass auch der Text des § 2 Abs 3 eine Vielzahl von Problemen aufwirft, die von Lehre und Judikatur erst in mühevoller Kleinarbeit geklärt werden mussten.

Der **Stammtext** des § 2 Abs 3 wurde durch das 3. WÄG (Rz 45) und zuletzt durch die MRN 2001 (Rz 45) **geändert**.

38 § 2 Abs 3 hat beträchtliche Unsicherheit über die **intertemporale Rechtsanwendung** ausgelöst. Vgl Rz 11 zu § 43.

B. Tatbestand

39 § 2 Abs 3 setzt daran an, dass ein Hauptmietverhältnis **nur zur Untervermietung** durch den Hauptmieter **und zur Umgehung** der einem Hauptmieter nach diesem Bundesgesetz zustehenden Rechte geschlossen wurde. Nach nunmehr gefestigter Ansicht geht es bei der Bestimmung um die Bekämpfung von **Umgehungsgeschäften**, da Hauptvermieter und Hauptmieter – anders als beim Scheingeschäft – das Erklärte und die damit verbundenen Rechtsfolgen wirklich wollen, allerdings nur, um durch die Art der Gestaltung des Rechtsgeschäfts die Anwendung bestimmter mietrechtsgesetzlicher Regelungen zu vermeiden (vgl va *Tamussino* 28 ff, 36 f, 154 ff; *Würth/Zingher*[20] Rz 14 zu § 2 MRG; *Böhm* in Schwimann IV² Rz 64 zu § 2 MRG; *Koziol/Welser* II¹² 207; aM noch *Fenyves*, wobl 1988, 56. Aus der Judikatur va wobl 1994, 181/40 [*Dirnbacher*] = MietSlg 46.215). § 2 Abs 3 regelt allerdings nur einen **Ausschnitt** der Umgehungsgeschäfte. Andere Umgehungsgeschäfte, aber auch Scheingeschäfte unterliegen den allgemeinen Regeln. Das bedeutet insbesondere, dass der Untermieter in diesen Fällen nicht einen Antrag nach § 37 Abs 1 Z 1 stellen kann, sondern auf das streitige Verfahren verwiesen ist.

40 Während die Jud einer **ausdehnenden Anwendung** des § 2 Abs 3 auf andere als die „Strohmannfälle" **ablehnend** gegenübersteht (wobl 1991, 212/127 = MietSlg 43.296), ist sie einer **Analogie** innerhalb dieses vorgegebenen Rahmens gegenüber **aufgeschlossen**. Sie lässt die Berufung auf § 2 Abs 3 auch zu, wenn der „Untermieter" seinen Vertrag nicht mit einem Hauptmieter, sondern einem **anderen** „**Bestandmittler**" abgeschlossen hat (MietSlg 35.290/18, 48.211, 48.212, 48.213; wobl 1997, 42/4 = MietSlg 48.207/19; MietSlg 48.209 = immolex 1997, 20/13), oder wenn zwischen Umgehungshauptmieter und „Untermieter" ein **weiterer Strohmann** als Untermieter zwischengeschaltet wird (wobl 1995, 232/108 [*Würth*] = MietSlg 47.183; wobl 1998, 137/86 = MietSlg 48.214 = immolex 1997, 197/100; wobl 1997, 189/61 = MietSlg 49.219).

41 Liegt ein Umgehungsgeschäft iSd § 2 Abs 3 vor, so kann der Mieter, mit dem der Untermietvertrag geschlossen wurde, **begehren, als Hauptmieter** des Mietgegenstandes mit den sich aus dem MRG ergebenden Rechten und Pflichten **anerkannt** zu werden. Die Anwendung des § 2 Abs 3 ist daher schon von seinem Wortlaut her **ausgeschlossen**, wenn der Mieter nach dem MRG ohnehin Hauptmieter ist. Das ist zB bei der Miete vom „Mieter oder Pächter eines ganzen Hauses" seit dem 3. WÄG der Fall (vgl *Iro*, wobl 1994, 131; *Würth/Zingher*[20] Rz 13 zu § 2 MRG; *Böhm* in Schwimann IV² Rz 67 zu § 2 MRG; wobl 1995, 232/108 [*Würth*] = MietSlg 47.183). Die Anwendung des § 2 Abs 3 setzt aber **nicht** voraus, dass das Hauptmiet- oder das Untermietverhältnis im Zeitpunkt der Antragstellung durch den „Untermieter" **noch besteht,** außer die angestrebte Entscheidung wäre für den Antragsteller nur noch von theoretischer Bedeutung (MietSlg 35.422/35, 38.271/37, 38.274/38; wobl 1995, 232/108 [*Würth*] = MietSlg 47.183; wobl 1997, 262/106 = MietSlg 48.210). Zur Diskussion um Mietverträge, die im Rahmen des § 29a (idF vor der WRN 2000) bzw des Art IV, Abschnitt I des 2. WÄG geschlossen wurden, vgl *Würth/Zingher*[20] Rz 13 zu § 2 MRG und *Böhm* in Schwimann IV² Rz 67 zu § 2 MRG.

42 § 2 Abs 3 verlangt **Umgehungsabsicht:** Die Parteien des Hauptmietvertrages müssen diesen Vertrag „**nur zur Untervermietung** durch den Hauptmieter **und zur Umgehung** der einem Hauptmieter nach diesem Bundesgesetz zustehenden Rechte geschlossen" haben. Damit hat sich der Gesetzgeber des MRG in der in der Zivilrechtslehre umstrittenen Frage, ob ein Umgehungsgeschäft nur bei Vorliegen einer Umgehungsabsicht gegeben ist oder nicht (subjektive gegen objektive Theorie; Überblick über den Meinungsstand bei *Tamussino* 15 ff und nun bei *Binder* in Schwimann V² Rz 21 ff zu § 916 ABGB), wohl für die **subjektive Theorie** entschieden (wobl 1992, 238/160 = MietSlg 43.148; wobl 1992, 241/161 [*Würth*] = MietSlg 44.279/23; einschränkend *Fenyves*, wobl 1990, 73 [Urteilsanmerkung]). Nachdem zuerst in vereinzelten Entscheidungen die Auffassung vertreten worden war, es genüge, dass **eine** der Parteien das Hauptmietverhältnis in Umgehungsabsicht geschlossen hat (MietSlg 38.271/37, 40.238; wobl 1992, 238/160 = MietSlg 43.148), steht die hM nun zu Recht auf dem Standpunkt, dass die Umgehungsabsicht **sowohl** auf Seiten des **Vermieters als auch** des „**Hauptmieters**" vorliegen muss (grundlegend wobl 1992, 241/161 [zust *Würth*] = MietSlg 44.279/23; ferner MietSlg 45.207; wobl 1994, 181/40 [*Dirnbacher*] = MietSlg 46.215; wobl 1995, 227/106 = MietSlg 46.218/30; wobl 1995, 230/107 =

MietSlg 47.184/6; wobl 1995, 234/109 [*Würth*] = MietSlg 47.185; wobl 1998, 334/ 213 = MietSlg 49.220. Aus der Lehre vgl *Würth/Zingher*[20] Rz 15 zu § 2 MRG; *Böhm* in Schwimann IV[2] Rz 81 zu § 2 MRG). Nach der Jud genügt für die Umgehungsabsicht der Parteien auch **dolus eventualis** (wobl 1994, 181/40 [*Dirnbacher*] = MietSlg 46.215; wobl 1995, 227/106 = MietSlg 46.218/30; wobl 1995, 230/107 = MietSlg 47.184/6; wobl 1997, 188/60 [*Dirnbacher*] = MietSlg 47.192; wobl 1997, 189/61 = MietSlg 49.219; wobl 1998, 273/170 [*Dirnbacher*] = MietSlg 50.267 = immolex 1998, 260/164). Sie kann auch **nach Abschluss** des Hauptmietvertrages gefasst werden, muss aber naturgemäß spätestens bei Abschluss des „Untermietvertrages" gegeben sein (wobl 1992, 241/161 [*Würth*] = MietSlg 44.279/23; wobl 1994, 183/41 [*Dirnbacher*] = MietSlg 46.215; wobl 1995, 234/109 [*Würth*] = MietSlg 47.185; wobl 1997, 188/60 [*Dirnbacher*] = MietSlg 47.192; wobl 1998, 273/170 [*Dirnbacher*] = MietSlg 50.267 = immolex 1998, 260/164). Die Umgehungsabsicht muss sich **nicht** auf die Umgehung **aller Rechte** des nominellen „Untermieters" beziehen, die ihm als Hauptmieter zustünden, wenngleich klar ist, dass es in der Regel darum gehen wird, durch die Untervermietung einen den sonst zulässigen Mietzins übersteigenden Mietzins zu erzielen und/ oder den Kündigungsschutz zu unterlaufen (MietSlg 38.271/37, 39.228/3, 40.238; wobl 1995, 234/109 [*Würth*] = MietSlg 47.185; wobl 2000, 265/141 = MietSlg 52.254). Auch Verträge, an denen ein **Masseverwalter** beteiligt ist, können mit Umgehungsabsicht geschlossen werden und sind in diesem Fall auch nicht dadurch gegen § 2 Abs 3 „immun", dass sie vom **Konkursgericht** genehmigt worden sind (wobl 1995, 227/106 = MietSlg 46.218/30). Ob der Hauptvermieter oder der „Hauptmieter" den **Vorteil** aus der Umgehung zieht, ist gleichgültig (MietSlg 40.238; wobl 1992, 14/8 = MietSlg 42.190; MietSlg 45.207; wobl 1994, 181/40 [*Dirnbacher*] = MietSlg 46.215). Auch der **Rechtsnachfolger** muss sich die Umgehungsabsicht seines Vorgängers zurechnen lassen (wobl 1998, 273/170 [*Dirnbacher*] = MietSlg 50.261 = immolex 1998, 260/164; MietSlg 51.455 = immolex 2000, 6/3).

Gemäß § 2 Abs 3 darf „**bei Überlegung aller Umstände kein vernünftiger** **43** **Grund daran zu zweifeln**" bestehen, dass ein Umgehungsgeschäft vorliegt. Das wurde von der Jud unter dem Eindruck der Lehrmeinung von *Würth/Zingher* (MRG Anm 10 zu § 2; dagegen *Call* 80 FN 245 und *Fenyves*, HBzMRG 297) zuerst als **Verschärfung** gegenüber der Rechtslage nach allgemeinem Zivilrecht verstanden (MietSlg 35.290/18, 38.271/37). Der OGH hat diese strenge Auffassung jedoch zu Recht bald aufgegeben (grundlegend MietSlg 38.274/38). Er vertritt nun in stRspr die Ansicht, dass der Umgehungstatbestand des § 2 Abs 3 auch dann vorliegen kann, wenn die **letzte Gewissheit** über die vom Gesetzgeber verpönte Absicht der Parteien des Hauptmietverhältnisses **fehlt**. Es reiche aus, wenn genügend **Anhaltspunkte** für die Umgehungsabsicht vorlägen. Die Umgehungsabsicht müsse zwar zweifelsfrei feststehen, doch müssten Vermieter und „Hauptmieter" an der Klärung des Sachverhaltes **mitwirken**, indem sie ihre Rechtsbeziehungen offenlegen, widrigenfalls nach dem **äußeren Anschein** entschieden werden könne (MietSlg 38.274/38, 39.228/3, 40.238; wobl 1992, 241/161 [*Würth*] = MietSlg 44.279/23; wobl 1994, 181/40 [*Dirnbacher*] = MietSlg 46.215; wobl 1995, 234/109 [*Würth*] = MietSlg 47.185; wobl 1997, 188/60 [*Dirnbacher*] = MietSlg 47.192; wobl 1998, 271/169 [*Dirnbacher*] = MietSlg 50.266 = immolex

1998, 164/92 [*Pfiel*]; wobl 1998, 273/170 [*Dirnbacher*] = MietSlg 50.267 = immo-lex 1998, 260/164).

44 Als **Anhaltspunkte** für das Vorliegen einer Umgehungsabsicht hat die Jud folgende Umstände angesehen: Die zeitliche Befristung des Hauptmietverhältnisses (wobl 1995, 227/106 = MietSlg 46.218/30), die Einräumung eines unbefristeten Rechts zur gänzlichen Untervermietung (wobl 1998, 273/170 [*Dirnbacher*] = MietSlg 50.267 = immolex 1998, 260/164), die Generalvermietung des Hauses an eine Person zur gewerblichen Untervermietung (wobl 1995, 230/107 = MietSlg 47.184/6; MietSlg 50.268 = immolex 1998, 324/200 [beide Entscheidungen zur Rechtslage vor dem Inkrafttreten des 3. WÄG]), die Verleasung zur gewinnbringenden Weitervermietung (MietSlg 48.209 = immolex 1997, 20/13), die Vermietung von mehr als einer Wohnung im selben Haus an den selben „Hauptmieter" (wobl 1995, 234/109 [*Würth*] = MietSlg 47.185 [zur Rechtslage vor dem 3. WÄG]), den Plan, später eine Pension zu führen (MietSlg 49.221), das Einbringen freiwerdender Wohnungen in eine vom Liegenschaftseigentümer beherrschte Gesellschaft, die das Fremdenbeherbergungsgewerbe betreibt (wobl 1998, 271/169 [*Dirnbacher*] = MietSlg 50.266 = immolex 1998, 164/92 [*Pfiel*]). **Liegen solche Anhaltspunkte** vor, dann muss von den Partnern des Hauptmietverhältnisses der äußere Anschein des Vorliegens einer Umgehungsabsicht durch den Nachweis **entkräftet** werden, dass mit dem Hauptmietvertrag (zumindest auch) ein vom MRG gebilligter Zweck verfolgt wird. Vgl Rz 46.

45 § 2 Abs 3 Satz 2 wurde durch das **3. WÄG** eingefügt. Er soll der Verbesserung des Schutzes des Scheinuntermieters dienen, indem die von der Jud entwickelte Beweislastumkehr übernommen und durch Aufnahme zweier häufiger und anschaulicher Beispielsfälle konkretisiert wird (1268 BlgNR XVIII. GP 2). Der zweite dieser Fälle, nämlich die gänzliche Untervermietung im Falle eines „Dreijahresvertrages" gemäß § 29 Abs 1 Z 3 lit c, ist aufgrund der Neuordnung des Befristungsrechts mittlerweile wieder beseitigt worden, aufgrund eines Redaktionsversehens (vgl dazu *Böhm* in Schwimann IV² Rz 85 zu § 2 MRG) allerdings nicht schon durch die WRN 2000, sondern erst durch die MRN 2001 (Z 2). Auch vor dieser Dezimierung war die **Bedeutung** des Satz 2 **nur gering,** da er ja nach der erklärten Absicht des Gesetzgebers nur die bereits bestehende Jud festschreiben wollte (*Tades/Stabentheiner,* ÖJZ 1994 SNr 21). Die gesetzliche Vermutung ist selbstverständlich **widerlegbar** (*Würth/Zingher*[20] Rz 16 zu § 2 MRG; *Böhm* in Schwimann IV² Rz 85 zu § 2 MRG).

46 An einem Hauptmietvertrag, der nur zur Untervermietung und in Umgehungsabsicht geschlossen wird, fehlt es nach der Jud, wenn **andere anerkennenswerte Interessen** für die Untervermietung vorliegen. Unter diesem Aspekt **akzeptierte** die Jud die Untervermietung (und damit erleichterte Kündbarkeit) in folgenden Fällen: Abschluss des Hauptmietverhältnisses durch den Liegenschaftseigentümer zu dem (später nicht verwirklichten) Zweck, der Tochter eine Ehewohnung zu verschaffen (MietSlg 35.291), Abschluss eines Hauptmietverhältnisses, um dem Hauptmieter eine Wohnung zu verschaffen, in der er nach seiner Rückkehr aus Brasilien sein Wohnbedürfnis befriedigen kann (MietSlg 38.272), Vermietung durch eine Miteigentümergemeinschaft an eine Miteigentümerin, die zu ihrer

Tochter zieht und nicht absehen kann, wie sich das gemeinsame Wohnen mit ihrer Tochter gestaltet (MietSlg 38.274/38), Anmietung einer Wohnung, um sie eigenen Mietern als angemessene Ersatzwohnung (wobl 1991, 138/86 = MietSlg 42.189) oder den Dienstnehmern eines zu eröffnenden Betriebes als Wohnung (MietSlg 47.187) zur Verfügung stellen zu können, Anmietung für Eigenbedarf in absehbarer Zeit (wobl 1996, 29/2 = MietSlg 47.188) bzw für Bedarf von Kindern, wenn diese im Zeitpunkt des Abschlusses des Untermietvertrages 18 Jahre (wobl 1993, 181/122 = MietSlg 44.280/24) bzw 18 und 20 Jahre (MietSlg 50.269) alt sind. **Verneint** hat die Jud das Vorliegen anerkennenswerter Gründe bei Vermietung an ein erst 2-jähriges Kind (wobl 1994, 181/40 [*Dirnbacher*] = MietSlg 46.215) oder bei 4- bzw 7-jährigen Kindern (wobl 1996, 29/2 = MietSlg 47.188), ferner, wenn nur geplant ist, später WE zu begründen (MietSlg 47.186) oder die Wohnung später zu sanieren (wobl 1997, 261/104 = MietSlg 47.190/25).

Eine eigene Fallgruppe stellt die sogenannte „**Sanierungshauptmiete**" dar (vgl **47** *Fenyves*, wobl 1988, 55). Die Rspr verneint die Umgehungsabsicht auch in Fällen, in welchen es dem Hauptmieter ermöglicht werden soll, durch Untervermietung der im Standard angehobenen Wohnung das von ihm aufgewendete Kapital samt angemessener Verzinsung und angemessenem Gewinn während der Bestanddauer der Standardanhebung wieder hereinzubringen. Das aufgewendete Kapital darf aber nicht in Wahrheit vom Hauseigentümer stammen und diesem darf im Ergebnis nicht mehr als der Kategoriemietzins zufließen (grundlegend MietSlg 39.228/3). Das ist oft schwer zu erkennen, insbesondere dann, wenn der Liegenschaftseigentümer eine „Vermietungs-GesmbH" zwischenschaltet, welche die Sanierung durchführt. Ausschlaggebend für die Beurteilung kann eine Reihe von Indizien sein (vgl näher *Fenyves*, wobl 1988, 59). Verkürzend kann gesagt werden, dass **wirtschaftliche Gesichtspunkte** entscheidendes Gewicht haben, die sich am besten mit Hilfe eines komparativen Satzes darstellen lassen: Je deutlicher der Rückfluss an den Hauseigentümer ist und je stärker er die „Vermietungs-GesmbH" beherrscht, desto eher wird die Gefahr bestehen, dass ein Umgehungsgeschäft angenommen wird (*Fenyves*, wobl 1988, 59; diesem folgend MietSlg 47.187; wobl 2000, 265/141 = MietSlg 52.254).

Der **OGH** hat bislang allerdings, soweit ersichtlich, nur zwei Mal eine zulässige Sanierungshauptmiete angenommen (MietSlg 39.228/3, 47.187). In allen anderen Fällen hat er trotz bisweilen trickreicher Konstruktionen § 2 Abs 3 zur Anwendung kommen lassen (wobl 1990, 71/38 [*Fenyves*] = MietSlg 41.182; wobl 1992, 14/8 = MietSlg 42.190; wobl 1992, 244/162 [*Würth*] = MietSlg 44.277/10; wobl 1995, 230/107 = MietSlg 47.184/6; MietSlg 47.187; wobl 1997, 261/104 = MietSlg 47.190/25; wobl 1999, 346/153 = MietSlg 51.236; wobl 2000, 167/91 [*Vonkilch*] = MietSlg 51.237 = immolex 2000, 37/19 [*Pfiel*]; wobl 2000, 265/141 = MietSlg 52.254). Die „Sanierungshauptmiete" dürfte also ihre beste Zeit bereits hinter sich haben.

C. Rechtsfolgen

Die Rechtsfolgen von Umgehungsgeschäften richten sich nach dem **Zweck der** **48** **umgangenen Norm**, sodass es **keine Einheitslösung** für die Behandlung von Umgehungsgeschäften geben kann (*Tamussino* 219 ff). Die Situation, die § 2

Abs 3 bewältigen möchte, ist – anders als bei den „üblichen" Umgehungsgeschäften – dadurch gekennzeichnet, dass die Erreichung des Ziels von Hauptvermieter und „Hauptmieter", die Vermittlung der Hauptmieterposition an den „Untermieter" zu verhindern, nur durch den Abschluss von **zwei Verträgen** möglich ist, nämlich einerseits eines Vertrages des Hauptvermieters mit dem „Hauptmieter" und zum anderen eines Vertrages zwischen „Hauptmieter" und „Untermieter". Will man dem Gesetzeszweck zum Durchbruch verhelfen, den „Untermieter" in den Genuss der einem Hauptmieter zustehenden Rechte zu versetzen, muss man daher den Vertrag, der ihn von der Hauptmieterposition trennt, beseitigen und einen direkten Vertrag zwischen Hauptvermieter und „Untermieter" annehmen, der dann notwendigerweise ein Hauptmietvertrag ist. Weiters ist erforderlich, dass der „Untermieter" aus seiner Bindung an den „Untermietvertrag" mit dem „Hauptmieter" entlassen wird. Angesichts dieser Vorgaben, die sich zwingend aus dem Zweck des § 2 Abs 3 ergeben, ist es mE sekundär, ob man annimmt, dass sowohl das „Haupt-" als auch das „Untermietverhältnis" nichtig ist (*Böhm* in Schwimann IV[2] Rz 64, 92 zu § 2 MRG) oder, dass nur das „Hauptmietverhältnis" nichtig ist und der Hauptvermieter in das „Untermietverhältnis" eintritt (*Würth/ Zingher*[20] Rz 18 zu § 2 MRG) oder, dass das „Hauptmietverhältnis" nichtig ist und anstatt des Untermietverhältnisses zwischen „Haupt- und Untermieter" ein Hauptmietvertrag zwischen Vermieter und „Untermieter" fingiert wird (wobl 1995, 227/106 = MietSlg 46.218/30). Das sind konstruktive Unterschiede im Detail, die eher eine Geschmacksfrage darstellen. Wichtig ist nur, dass sowohl der ursprüngliche **„Hauptmietvertrag"** als auch der **„Untermietvertrag" wegfallen** und dass der **„Untermietvertrag"** den **Rahmen vorgibt**, innerhalb dessen sich der Hauptmietvertrag bewegt, da nur er vom rechtsgeschäftlichen Willen des „Untermieters" gedeckt ist. Der Inhalt des Untermietverhältnisses zwischen „Hauptmieter" und „Untermieter" wird also grundsätzlich zum Inhalt des Hauptmietvertrages zwischen **Hauptvermieter** und „Untermieter" (so auch im Ergebnis die Jud: MietSlg 38.272; wobl 1993, 55/40 [*Würth*] = MietSlg 44.281; wobl 1995, 227/106 = MietSlg 46.218/30; wobl 1995, 232/108 [*Würth*] = MietSlg 47.183), aber natürlich nur insoweit, als sein Inhalt mit dem Wesen eines Hauptmietvertrages vereinbar ist. Diese Einschränkung, die sich wieder aus dem Gesetzeszweck ergibt, ist daher in Lehre (*Würth/Zingher*[20] Rz 18 zu § 2 MRG; *Böhm* in Schwimann IV[2] Rz 94 zu § 2 MRG) und Jud (wobl 1993, 55/40 [*Würth*] = MietSlg 44.281; wobl 1995, 227/106 = MietSlg 46.218/30) zu Recht unbestritten. Das hat insbesondere für vor der WRN 2000 abgeschlossene (vgl § 49c Abs 6) Befristungsvereinbarungen (wobl 1995, 20/7 [*Dirnbacher*] = MietSlg 46.217/26; wobl 1995, 227/106 = MietSlg 46.218/30) und die Mietzinsbildung Bedeutung.

49 Wird dem Feststellungsantrag des „Untermieters" stattgegeben, dann wird er **ex tunc** Hauptmieter des Vermieters (hM. Vgl *Würth/Zingher*[20] Rz 18 zu § 2 MRG; *Böhm* in Schwimann IV[2] Rz 93 zu § 2 MRG; MietSlg 34.312/39, 38.271/37; wobl 1992, 238/160 = MietSlg 43.148; wobl 1993, 55/40 [*Würth*] = MietSlg 44.281; wobl 1995, 227/106 = MietSlg 46.218/30; wobl 1998, 65/35 [*Dirnbacher*] = MietSlg 48.204) und die beiden Umgehungsverträge bzw (bei der Einschaltung eines weiteren Untermieters als Strohmann) die drei Umgehungsverträge **fallen hinweg** (zu Letzterem vgl den Sachverhalt von wobl 1995, 232/108 [*Würth*] = MietSlg 47.183; nach dieser E soll der letzte Untermieter „anstelle" des „Strohmann-Untermieters" den Antrag stellen können). Er erhält rückwirkend die Rechte eines Hauptmieters und kann daher zB die Angemessenheit des Hauptmietzinses oder die Zulässigkeit einer Befristung überprüfen lassen. Aufgrund des Schutzzwecks des § 2 Abs 3 kann ihm dabei nicht entgegengehalten werden, er habe die Rügepflicht gemäß § 16 Abs 1 Z 1 verletzt, die ihn als nominellen Untermieter im Zeitpunkt des Abschlusses des „Untermietvertrages" ja gar nicht getroffen hat (wobl 2000, 167/91 [zust *Vonkilch*] = MietSlg 51.309 = immolex 2000, 37/19 [zust *Pfiel*]), er habe die Präklusivfrist des § 16 Abs 8 nicht eingehalten (vgl dazu näher Rz 81 zu § 16) oder er habe die Befristung nur mit dem „Hauptmieter" und nicht mit dem Hauptvermieter schriftlich vereinbart (zutr *Würth*, wobl 1993, 56 [Urteilsanmerkung]). Andererseits bindet ihn aber ein Räumungsvergleich, der auch im Rahmen eines Hauptmietverhältnisses gültig hätte geschlossen werden können (wobl 1993, 55/40 [zust *Würth*] = MietSlg 44.281). Schließlich ergibt sich aus der ex tunc-Wirkung der Feststellung als Hauptmieter auch, dass die Mietzinszahlungen des „Untermieters" rückwirkend als dem Liegenschaftseigentümer zugeflossen gelten (wobl 1998, 65/35 [*Dirnbacher*] = MietSlg 48.204).

Zu den mit § 2 Abs 3 verbundenen **verfahrensrechtlichen Fragen** siehe Rz 23 zu **50** § 37; zu § 34a vgl die Erl zu dieser Bestimmung.

I. Allgemeines

Die Bestimmung regelt – in teilweiser Verdrängung des (abgesehen vom Zins- **1**
minderungsrecht des Mieters innerhalb der allgemeinen zivilrechtlichen Grenzen
dispositiven) § 1096 ABGB – die **Erhaltungspflichten des Vermieters** bzw aus
anderer Perspektive betrachtet dessen Recht, Erhaltungsarbeiten gegen Verrechnung mit Hauptmietzinseinnahmen durchzuführen. Damit korrespondierend
normiert § 8 Erhaltungs- und Duldungspflichten sowie Entschädigungsrechte
des Mieters für Eingriffe in sein Mietrecht (vgl dazu die Erl zu § 8).

§ 3 ist, mit Ausnahme der mit der WRN 1999 eingefügten Z 6 des Abs 2, seit der **2**
Stammfassung des MRG unverändert und enthält zugunsten des Mieters **relativ**
zwingendes Recht (stRspr und hL, zB *Krejci*, HBzMRG 172; wobl 1991, 10/2 =
MietSlg 41.192; MietSlg 46.224, 51.132), sodass (abgesehen von dem ausdrücklich
geregelten Fall des Abs 2 Z 3) ein Verzicht durch den Mieter im voraus (wobl
1996, 65/16 [zust *Würth*] = MietSlg 46.224; wobl 2000, 307/169 = MietSlg 51.133/
27 = immolex 2000, 107/70), dh bis zum Wegfall seiner sprichwörtlichen „so-
zialen und wirtschaftlichen Drucksituation" (MietSlg 51.132) nicht (wohl aber
danach [wobl 1991, 10/2 = MietSlg 41.192; MietSlg 48.217, 49.224, 51.132])
wirksam erklärt werden kann.

Nach der Rspr zur eher starren und „primitiven" (MietSlg 37.249) **Vorläufer-** **3**
bestimmung des § 6 MG konnte die Erhaltungspflicht des Vermieters dann
vertraglich abbedungen werden, wenn eine freie Mietzinsbildung möglich war
(MietSlg 40.246/3, 40.594/3), was auch weiterhin (etwa im Teilanwendungsbereich des MRG oder wenn eine vorzeitige Darlehensrückzahlung nach § 12 Abs 3
RBG 1971 erfolgte; zur unterlassenen Rüge nach § 16 Abs 1 Z 1 bei Geschäftsräumlichkeiten vgl Rz 31 zu § 16) Geltung behalten sollte (zum damit verbundenen Übergangsproblem bei Änderung der maßgeblichen Mietzinsbildungsvorschriften vgl Rz 13 zu § 43).

Absatz 1 normiert in seinem ersten Satz als Programmnorm generelle Vorgaben **4**
und Grundsätze, welche allerdings im Zusammenhang mit der in Absatz 2
enthaltenen **taxativen Aufzählung** der Erhaltungsarbeiten entsprechend restrik-
tiv gelesen werden müssen. Die in den Z 4 bis 6 des Abs 2 normierten Fälle
betreffen keine Erhaltungsarbeiten im herkömmlichen Sinne, sondern die sogenannten gleichgestellten oder **„fiktiven" Erhaltungsarbeiten**. Gemäß Satz 2 des
Absatz 1 bleibt § 1096 ABGB „im übrigen unberührt". Unstrittig ist, dass damit
jedenfalls die Pflicht des Vermieters, den Mieter nicht zu stören (und vor Störungen Dritter zu schützen) sowie das Mietzinsminderungsrecht des Mieters
(*Würth*, Rummel I³ Rz 10 f zu § 1096 ABGB) gemeint ist.

Hingegen ist das **Zusammenspiel der §§ 3 MRG, 1096 ABGB** hinsichtlich der **5**
Pflichten des Vermieters zur Übergabe des Mietgegenstandes in brauchbarem
Zustand sowie – unter weiterer Berücksichtigung von **§ 8 MRG** – zur Erhaltung
im Inneren desselben zweifelhaft (dazu ausführlich Rz 14 ff zu § 8). Abs 3
behandelt die Kostentragung und Verrechnung der anfallenden Aufwendungen,
während die auf das MRG (im Gegensatz zu allfälligen Ansprüchen nach § 1096
ABGB oder aufgrund einer vertraglichen Zusage) gestützten **Streitigkeiten über**

die **Durchführung von Erhaltungs- (und Verbesserungs-) Arbeiten in § 6 iVm § 37 Abs 1 Z 2** geregelt sind. Die Erhaltungspflicht des Vermieters besteht unabhängig von Fragen der Verursachung des Mangels oder eines Verschuldens, wobei dem Vermieter gegebenenfalls zustehende Schadenersatzansprüche gegen einen Mieter in das streitige Verfahren verwiesen sind (näheres Rz 13 zu § 6).

6 Flankierend dazu enthält § 27 Abs 6 einen **gerichtlich strafbaren Tatbestand** im Fall eines schwerwiegenden Verstoßes des Vermieters gegen seine Erhaltungspflichten. **Abgrenzungsprobleme** können vor allem im Verhältnis zum Begriff der nützlichen Verbesserung (§ 4), der Wiederherstellung (§ 7) sowie dem der Betriebskosten (§§ 21 ff) auftreten.

II. Anwendungsbereich

7 § 3 ist nur auf **Hauptmietverhältnisse im Vollanwendungsbereich** des MRG, also grundsätzlich nicht auf die in § 1 Abs 2, 4 und 5 genannten Mietgegenstände anzuwenden, sofern keine Gegenausnahmen, wie etwa bei Verweisen in Förderungsgesetzen (vgl dazu etwa den Überblick bei *Prader* Anm 22–24 und 26 zu § 1 MRG) oder – bei Einhebung eines erhöhten Mietzinses – gemäß § 45 Abs 3 vorliegen. Im **Gemeinnützigkeitsrecht** ist die Norm gemäß § 20 Abs 1 Z 1 lit a WGG **nicht anwendbar**, da die Erhaltungspflicht des Vermieters in § 14a WGG eigens geregelt ist. Infolge des Verweises in § 28 Abs 1 Z 1 WEG 2002 kommt die Bestimmung **auch im Wohnungseigentumsrecht [sinngemäß und indirekt]**) zum Tragen.

III. Erhaltungsarbeiten

A. Maßstab der Erhaltungspflichten (Abs 1)

8 Vom Wortlaut her und nach dem allgemeinen Sprachgebrauch wird man vorerst den Begriff des „Erhaltens" iS von „dafür Sorge tragen, dass etwas im selben Zustand weiterbesteht" zu verstehen haben, also prinzipiell die Pflege, Wartung und Reparatur des Hauses und seiner Einrichtungen. Davon ausgehend soll durch die weiteren Kautelen in Abs 1 offenbar ein zeitlich und örtlich (*Call*, HBzMRG 627) **flexibler, dynamischer und weitgehend objektiver Standard** (MietSlg 37.249) gebildet werden. Gewisse Schwierigkeiten bereitet jedoch die von *Krejci* (HBzMRG 184) zurecht als „vage" bezeichnete Wendung „nach Maßgabe der rechtlichen, wirtschaftlichen und technischen Gegebenheiten und Möglichkeiten". Letzterer Verweis auf die Möglichkeiten erscheint überflüssig, da es sich von selbst versteht, dass dem Vermieter etwas rechtlich, wirtschaftlich oder technisch Unmögliches nicht aufgezwungen werden kann. Hingegen wird man die Bezugnahme auf die entsprechenden „Gegebenheiten" zusammen bzw als wechselseitige Ergänzung mit dem Erfordernis des „jeweils ortsüblichen Standards" sehen müssen, wodurch auf technische Weiterentwicklungen, die jeweilige wirtschaftliche Situation der Liegenschaft unter Anlegung eines sorgfältigen kaufmännischen Maßstabes, der etwa zur Ablehnung von Luxusaufwendungen führen kann (MietSlg 28.232) sowie die Evolution einschlägiger Normen (womit nach *Krejci* HBzMRG 183 FN 30 und *Call*, HBzMRG 627 FN 93 in erster Linie die Vorschriften des Baurechts gemeint sind; idS auch wobl 1991, 253/154 [*Call*] = MietSlg 42.198 [Sicherung eines von den Mietern benützten ter obliegenden **Erhaltungs- und/oder Verbesserungsarbeiten** gemäß den §§ 3, 4. Zu der in der Praxis kaum relevanten Streitfrage, ob auch Arbeiten nach § 5 Abs 1 gegen den Willen des Vermieters durchsetzbare Verpflichtungen desselben darstellen, siehe Rz 4 zu § 5. Neben obigem gilt § 6 auch zur Durchsetzung des Anspruchs auf Wiederherstellung gemäß § 7 Abs 2 (vgl dazu die dortigen Erl).

Das Gesetz differenziert zwischen dem **Auftragsverfahren** nach Abs 1 iVm **2** Abs 4 zur Schaffung eines Titels sowie dem in Abs 2 und 3 geregelten **Durchsetzungsverfahren**, welches als einziges Exekutionsmittel die Zwangsverwaltung der Liegenschaft kennt. Bei ersterem handelt es sich stets um ein Außerstreitverfahren nach § 37, während letzteres entweder als spezielles außerstreitiges Exekutionsverfahren oder (wenn die Liegenschaft bereits aus anderen Gründen unter Zwangsverwaltung steht) als „normales" Zwangsvollstreckungsverfahren nach den §§ 97 ff EO ausgestaltet ist. Die stRspr verlangt in beiden Verfahren bei sonstiger Nichtigkeit die Beiziehung sämtlicher Mieter der Liegenschaft (neben dem oder den Vermietern) und betrachtet Titel- und Vollstreckungsverfahren in mancherlei Hinsicht als „Einheit" (unten Rz 7 ff und 17 ff).

Ergänzend zu Obigem enthält § 27 **Abs 6** einen mit Freiheitsstrafe bis zu sechs **3** Monaten oder Geldstrafe bis zu 360 Tagsätzen sanktionierten **Straftatbestand** bei grobem Zuwiderhandeln des Vermieters gegen einen vollstreckbaren Auftrag zur Durchführung von Erhaltungs- (nicht aber Verbesserungs-) Arbeiten, sofern dieses Verhalten des Vermieters zu einer erheblichen und nachhaltigen Beeinträchtigung des Gebrauchs des Mietgegenstandes führt (Rz 71 zu § 27).

Aufträge nach Abs 1 können nach zutreffender Rspr (wobl 1990, 163/83 [zust **4** *Call*] = MietSlg 41.611 [Gefahr der Beeinträchtigung der körperlichen Unversehrtheit von Menschen durch unmittelbar drohenden Dacheinsturz]) bei Vorliegen der entsprechenden Voraussetzungen durch **einstweilige Verfügung** gemäß § 381 Z 2 EO gesichert werden.

Hinzuweisen ist auf die Bestimmung des § **45 Abs 3 aF**, wonach EVB für **5** Erhaltungs- und/oder Verbesserungsarbeiten, die **erhebliche Mittel erfordern**, nur dann herangezogen werden durften, wenn der Vermieter diese den Mietern spätestens zwei Monate vor deren Inangriffnahme bekannt gibt.

II. Anwendungsbereich

§ 6 ist, im Einklang mit den §§ 3 und 4, nur auf **Hauptmietverhältnisse** im **6** **Vollanwendungsbereich** des MRG, daher nicht auf die in § 1 Abs 2, 4 und 5 genannten Mietgegenstände bzw Rechtsverhältnisse anwendbar, soweit nicht spezielle Förderungsbestimmungen (siehe dazu etwa den Überblick bei *Prader* Anm 22–24 zu § 1 MRG) oder – bei Einhebung eines erhöhten Mietzinses – § 45 Abs 3 Gegenteiliges anordnen. **Keine Anwendung** findet die Bestimmung gemäß § 20 Abs 1 Z 1 lit a WGG **im Bereich des Gemeinnützigkeitsrechts**, wo die Materie in dessen § 14c eigenständig, wenngleich in ähnlicher Form geregelt ist.

III. Auftragsverfahren

7 Falls der Vermieter die nach den materiellrechtlichen Voraussetzungen der §§ 3, 4 gebotenen Erhaltungs- und/oder Verbesserungsarbeiten nicht durchführt, ist ihm (zur idR seit dem 1. 7. 2002 maßgeblichen [Rz 17 f zu § 56 WEG] Solidarhaftung der Eigentümergemeinschaft für Ansprüche eines „Altmieters" eines Wohnungseigentümers nach den §§ 3, 4 siehe Rz 14 f zu § 4 WEG) vom Gericht bzw der Schlichtungsstelle auf Antrag binnen angemessener, ein Jahr nicht übersteigender Frist die Durchführung der Arbeiten aufzutragen. Als **angemessen wird jene Frist zu betrachten sein, die gewöhnlich für die gewissenhafte und ordentliche Durchführung der Arbeiten erforderlich ist** (*Krejci*, HBzMRG 224; MietSlg 39.245). Im Fall eines laufenden Verfahrens nach den §§ 18 ff ist der Auftrag gemäß § 19 Abs 2 von Amts wegen zu erlassen (Rz 22 zu § 19).

8 Die **Antragslegitimation** richtet sich nach der **Art der betroffenen Arbeiten.** Hinsichtlich der in § 3 Abs 2 Z 1 bis 4 und Z 6 aufgezählten Erhaltungsarbeiten ist sowohl die betreffende Gemeinde (was von *Würth* in Rummel II² Rz 3 zu § 6 MRG zurecht als unpraktisch bezeichnet wird) als auch jeder einzelne Hauptmieter des Hauses zur Antragstellung berechtigt (wobei unter gewissen Umständen ein Widerspruchsrecht der Mehrheit der Hauptmieter gemeinsam mit dem Vermieter besteht – Rz 14 unten), während hinsichtlich der in § 3 Abs 2 Z 5 genannten Erhaltungsarbeiten sowie der nützlichen Verbesserungen gemäß § 4 Abs 1 und 2 nur die Mehrheit der Hauptmieter zur Einbringung des Antrags legitimiert ist. Diese (einfache) Mehrheit berechnet sich nach dem insoweit eindeutigen Gesetzeswortlaut nach der Anzahl der dem Vollanwendungsbereich des MRG unterliegenden Mietobjekte des Hauses (und nicht nach der Anzahl der Mieter), wobei leerstehende Objekte mitzählen (so mit überzeugenden Argumenten MietSlg 45.231/6; ebenso nunmehr – im Gegensatz zur 19. Auflage – *Würth/Zingher*[20] Rz 2 zu § 6 MRG). Die Mehrheit muss auch noch zum Zeitpunkt des Schlusses der Verhandlung erster Instanz (*Krejci*, HBzMRG 224), allerdings nicht notwendigerweise in der ursprünglichen personellen Zusammensetzung (*Würth* in Rummel II² Rz 3 zu § 6 MRG) gegeben sein.

9 Gemäß **§ 37 Abs 1 Z 2** gelten für das Auftragsverfahren die Bestimmungen des **besonderen außerstreitigen** (Schlichtungsstellen- oder Msch-) **Verfahrens,** was im (praktisch wenig relevanten [*Dirnbacher*, MRG 2000 „neu" 62 mit denkbaren Beispielen]) Fall des § 3 Abs 2 Z 6, welcher ja eine vorherige Vereinbarung zwischen Vermieter und einer Zweidrittelmehrheit der Mieter voraussetzt, eine Abkehr von dem ansonsten geltenden Prinzip bedeutet, dass auf Vereinbarungen gestützte Ansprüche der Mieter im streitigen Verfahren geltend zu machen sind.

10 Da ein solches Verfahren infolge der Finanzierung der zugrundeliegenden Arbeiten mittels verrechnungspflichtiger Gelder die **Interessen aller Mieter** der Liegenschaft berührt (MietSlg 40.530 [auch bei privilegierten Arbeiten, wo kein Widerspruch nach Abs 4 möglich ist]; MietSlg 47.204), sind diese **bei sonstiger Nichtigkeit** (eine Heilung durch nachträgliche Zustimmung ist aber möglich [wobl 1990, 163/83 = MietSlg 41.201; MietSlg 36.256/32]; nach MietSlg 40.530 und 40.532 ist es ausreichend, wenn dem Mieter vor Schluss der Verhandlung erster Instanz Gelegenheit zum Sachvorbringen gegeben wurde, ebenso tritt im

Fall der Zustellung des Sachbeschlusses ohne Ergreifen von Rechtsmitteln eine solche Heilung ein [wobl 1990, 165/84 ‹zust *Würth*› = MietSlg 42.377/23; wobl 1993, 77/54 = MietSlg 44.659]) **dem Verfahren beizuziehen** (*Krejci*, HBzMRG 224; MietSlg 35.297, 36.256/32, 44.507; wobl 2001, 213/123 = MietSlg 52.264). Fraglich ist, ob diese (anderen) Mieter auf Seiten des oder der Antragsteller einerseits oder als Antragsgegner andererseits (so *Dirnbacher*, MRG 2000 „neu" 62) beizuziehen sind (ohne ausdrückliche Zuordnung MietSlg 36.256/32 [„Beteiligte"]), was aber letztlich kaum von großer praktischer Relevanz sein wird.

Der Antrag ist auf die Durchführung **bestimmter, konkret beschriebener** Erhal- **11** tungs- bzw Verbesserungsarbeiten zu richten. Nach richtiger Ansicht *Krejcis* (HBzMRG 224) wäre etwa der Antrag, überschüssige Gelder auf irgendeine sinnvolle Art zu verwenden, viel zu unbestimmt. Allerdings brauchen dem Antrag – im Gegensatz zur Rechtslage nach § 8 MG – keine Kostenvoranschläge mehr beigelegt werden (MietSlg 35.297) und sind die Anforderungen an die Bestimmtheit des Begehrens nicht zu überspannen, vielmehr genügt es, dass der Mieter die vorzunehmenden Arbeiten nur nach ihrer Art bezeichnet und die Detaillierung des zu erteilenden Auftrages den Ergebnissen des Beweisverfahrens vorbehält (MietSlg 52.449 = immolex 2001, 133/83).

Im Verfahren nach Abs 1 besteht (selbstverständlich) schon deswegen keine **12** Bindungswirkung an die in den erzwungenen Hauptmietzinsabrechnungen ausgewiesenen Einnahmen und Ausgaben, weil im Verfahren zur Durchsetzung der Pflicht des Vermieters auf Legung einer derartigen Abrechnung keine inhaltliche, sondern nur eine formelle Prüfung derselben stattfindet (wobl 2001, 213/123 = MietSlg 52.264). Dem Vermieter stehen (neben formellen) **sämtliche aus den Tatbestandsmerkmalen der §§ 3, 4 abgeleitete materiellrechtliche Einwendungen**, also etwa die wirtschaftliche Unzumutbarkeit oder bei Verbesserungsarbeiten der Umstand, dass die Kosten anstehender Erhaltungsarbeiten die verrechenbare Hauptmietzinsreserve aufbrauchen würden usw, offen.

Hingegen kommt es nach langjähriger und stRspr für die Frage der Erhaltungs- **13** pflicht **nicht auf die Ursache des Mangels und nicht einmal auf ein allfälliges Verschulden des Mieters an.** Derartige Einwendungen des Vermieters wären daher im Auftragsverfahren unbeachtlich und es verbliebe dem Vermieter lediglich die Möglichkeit, seinen Schadenersatzanspruch gegen den Mieter im streitigen Verfahren geltend zu machen (zB wobl 1991, 76/61 = MietSlg 42.200; MietSlg 48.200; wobl 2000, 105/47 = MietSlg 51.242 [Durchführung eines Dachbodenausbaus durch den Mieter trotz fehlender, vom Vermieter nicht erwirkter Benützungsbewilligung für das Haus]). Nach der zuletzt zitierten E trifft den Vermieter ganz allgemein für Fragen der Erhaltungspflicht die Beweislast, alle ihm zu Gebote stehenden Mittel ausgeschöpft zu haben, um dem Mieter den bedungenen Gebrauch zu verschaffen.

Das schon erwähnte, zur Antragsabweisung führende **Widerspruchsrecht** ge- **14** mäß Abs 4 Satz 1 bezieht sich auf die in § 3 Abs 2 Z 1 bis 4 und Z 6 genannten Erhaltungsarbeiten (mit Ausnahme „privilegierter Arbeiten" – siehe dazu sogleich) und kann von der (wieder nach Mietgegenständen berechneten, allerdings auf den Zeitpunkt des Widerspruchs bezogenen) **Mehrheit der Hauptmieter,** deren Mietverhältnisse dem Vollanwendungsbereich des MRG unterliegen **zusammen mit dem Vermieter** – in Bezug auf alle oder (kraft Größenschlusses) auf Teile der beantragten Arbeiten – dann ausgeübt werden, wenn zur Finanzierung derselben eine Erhöhung der Hauptmietzinse nach den §§ 18 ff nötig wäre. Wird kein Widerspruch erhoben, verbleibt dem Vermieter als einzige Möglichkeit zur Abwendung der Finanzierung der Arbeiten aus verrechnungsfreien Geldern die Antragstellung nach den §§ 18 ff (wobl 2001, 214/124 = MietSlg 52.263 = immolex 2001, 71/42 [näheres dazu Rz 15 zu § 18]), wobei diesfalls die Verfahren zu verbinden sind (MietSlg 36.258) und auch noch weitere Erhaltungsarbeiten miteinbezogen werden können. Es ist ihm aber verwehrt, ohne ein solches Vorgehen die Abweisung des Antrages nach Abs 1 mit dem Argument, dass noch weitere Arbeiten erforderlich wären, zu erwirken (MietSlg 36.252, 36.257/60).

15 Besonderes gilt für den Fall der sogenannten „privilegierten" Erhaltungsarbeiten (Rz 36 zu § 3). Diese sind zum einen vorweg, dh ohne Rücksicht auf deren Finanzierbarkeit mit gesondert anfechtbarem Teilsachbeschluss (*Krejci*, HBzMRG 223; *Würth* in Rummel II² Rz 4 zu § 6 MRG) aufzutragen, sodass seitens des Vermieters praktisch keinerlei Einwendungen gegen einen solchen Auftrag denkbar sind (MietSlg 37.255/28; wobl 1991, 76/61 = MietSlg 42.200; MietSlg 38.279; MietSlg 41.205 [Abbruchhaus]), zum anderen besteht hinsichtlich dieser Arbeiten das Widerspruchsrecht gemäß Abs 4 Satz 1 nicht.

16 Nach zutreffender Rspr (zB MietSlg 46.231, 47.203) und L (*Krejci*, HBzMRG 224; *Würth* in Rummel II² Rz 5 zu § 6 MRG) **wirken rechtskräftige Aufträge nach Abs 1 gegen den/die jeweiligen Miteigentümer als Vermieter sowie für den/die jeweiligen Mieter,** was mit der ansonsten gegebenen Umgehungsgefahr bzw den dadurch möglichen, einer Durchsetzung entgegenstehenden unabsehbaren Verwicklungen begründet wird. In ähnlicher Weise gelangen MietSlg 40.261 und 41.203 zu dem Schluss, dass ein im Verfahren nach Abs 1 geschlossener Vergleich wie ein gerichtlicher Auftrag zu behandeln und nach Abs 2 zu vollstrecken ist. Gleiches gilt für außerhalb eines gerichtlichen Verfahrens – etwa in Form eines vollstreckbaren Notariatsaktes oder eines prätorischen Vergleiches – geschaffene Titel.

IV. Zwangsvollstreckung/Zwangsverwaltung

17 Zur Antragstellung zwecks exekutiver Durchsetzung eines gemäß Abs 1 ergangenen rechtskräftigen Auftrages ist sowohl die Gemeinde, in welcher das Haus liegt, als auch jeder (Haupt-) Mieter berechtigt. Ziel des Antrages ist die **Durchführung der aufgetragenen Arbeiten im Wege der Zwangsverwaltung der Liegenschaft,** welche bis zur Tilgung des allenfalls aufgenommenen Kapitals andauern kann.

18 Über die **Modalitäten und Kriterien dieser Zwangsvollstreckung** bestanden – insbesondere auf der Ebene der Rekursgerichte – längere Zeit gewisse Divergenzen, was ein beträchtliches Maß an Rechtsunsicherheit nach sich zog, zumal einschlägige oberstgerichtliche Entscheidungen nur spärlich vorhanden waren, wobei allerdings **in jüngster Zeit eine Konsolidierung und Vereinheitlichung** zu beobachten ist. Strittig waren (und sind zum Teil noch) vor allem die Themenkreise der Zuständigkeit für das Durchsetzungsverfahren sowie der Verfahrensart (hier insbesondere wieder die Fragen der Kognitionsbefugnis der Gemeinde bzw des Gerichts und der Parteistellung der möglichen Beteiligten).

Nach dem Gesetzestext ist **vorerst danach zu unterscheiden, ob für das Haus bereits** (aus anderen Gründen wie etwa im Zuge der exekutiven Durchsetzung eines gegen den Vermieter erwirkten Titels auf Geldleistungen) **ein Zwangsverwalter bestellt** ist, in welchem Fall der Antrag beim Exekutionsgericht einzubringen und das Verfahren mittels vordringlicher Durchführung der Arbeiten durch diesen Verwalter nach den Bestimmungen der §§ 97 ff EO abzuwickeln ist. Sofern diese einfach gelagerte Konstellation nicht vorliegt, ordnet das Gesetz an, dass über den Antrag das im § 37 Abs 1 genannte (= Sprengel-) Gericht im Verfahren außer Streitsachen (auch) unter sinngemäßer Anwendung der §§ 98, 99, 103, 108–121, 130 und 132 EO zu entscheiden hat. Zu den Einzelheiten dieser Durchsetzungsvariante war (und ist zum Teil immer noch) wie erwähnt einiges strittig. Obwohl sich ein Großteil der einschlägigen Entscheidungen während der vergangenen knapp zwei Jahrzehnte auf eine (meist recht nebulos definierte) „Einheit" oder „Kontinuität" („Fortsetzung") zwischen Titel- und Durchsetzungsverfahren berief, wurden daraus von den befassten (zumeist in zweiter Instanz tätigen) Gerichten recht unterschiedliche Schlussfolgerungen gezogen.

19

Während etwa zur **Zuständigkeit** für das Verfahren häufig judiziert wurde, dass der Durchsetzungsantrag bei derjenigen Behörde, welche den zugrundeliegenden Titel geschaffen hatte, also je nachdem bei der Schlichtungsstelle oder bei Gericht einzubringen sei (MietSlg 36.260 [LGZ Wien]; MietSlg 38.281 [LGZ Wien]; MietSlg 40.262 [LGZ Graz]; MietSlg 41.202 [LGZ Linz]; MietSlg 41.206 [LGZ Wien]; MietSlg 44.293 [LGZ Graz]; vgl dazu auch *Würth*, Ergebnisse des Bestandrichterseminars 1996, wobl 1996, 173), ergingen auch vereinzelt davon abweichende Entscheidungen, welche entweder die Position einnahmen, dass der Durchsetzungsantrag in jedem Fall bei Gericht einzubringen ist (so MietSlg 45.235 [LGZ Wien]), oder aber eine „vermittelnde Lösung" darboten (MietSlg 50.274 [LGZ Wien]; MietSlg 50.643 [LGZ Wien, ergangen zur Parallelbestimmung des § 14c WGG]).

20

Zur **Art des Durchsetzungsverfahrens** wurden lange Zeit **zwei einander diametral entgegenstehende Positionen** vertreten, nämlich einerseits diejenige eines kontradiktorischen, mit Sachbeschluss abzuschliessenden Verfahrens unter Berücksichtigung aller Ergebnisse (insbesondere auch allfälliger dann vorliegender Einstellungsgründe) bis zum Schluss der Verhandlung erster Instanz sowie einer vierwöchigen Rechtsmittelfrist und andererseits eines einseitigen, mit Beschluss zu beendenden Verfahrens auf der Basis der Ergebnisse zum Zeitpunkt des Antrages und einer Rechtsmittelfrist von 14 Tagen. Diesbezüglich wurde insbesondere vom LGZ Wien lange Zeit der zweitgenannte Standpunkt eingenommen, wonach im „Exekutionsverfahren" lediglich zu prüfen wäre, ob die im Titel nach Abs 1 festgesetzte Leistungsfrist fruchtlos verstrichen war und ob das Begehren durch diesen Titel gedeckt war, hingegen wären insbesondere allfällig vorliegende Einstellungsgründe nicht (sondern erst später aufgrund eines separaten Einstellungsantrages) zu berücksichtigen (zB MietSlg 37.257/58; MietSlg 38.280 [Fragen der Finanzierung nicht mehr aufzurollen]; MietSlg 42.205 [mit guter Darstellung

21

des Meinungsstandes]; MietSlg 45.236, 46.232, 47.203; unklar MietSlg 49.230 [Einstellungsgründe nicht zu prüfen, aber Entscheidung mit Sachbeschluss]; MietSlg 49.231/46 [Bestellung des Zwangsverwalters mit Beschluss, Verfahren einseitig, Rekursfrist 14 Tage]). In der Lehre finden sich hierzu – mit Ausnahme der Darstellung von *Krejci* in HBzMRG 25 sowie gelegentlicher Glossen von *Würth* (etwa zu wobl 1997, 189/62) beide im Sinne der erstgenannten Position – soweit überblickbar keinerlei sonstige einschlägige Stellungnahmen.

22 Weitgehende **Übereinstimmung herrscht(e) lediglich darüber, dass** (wie auch im Fall des Auftragsverfahrens) dem Verfahren bei sonstiger Nichtigkeit (MietSlg 47.204 ua) aufgrund deren Interessenslage **sämtliche Mieter des Hauses** (in einer „Doppelfunktion" [MietSlg 45.232]) **ebenso beizuziehen sind** (zB MietSlg 36.256/32, 37.258; wobl 1990, 163/83 = MietSlg 41.201 [Heilung der Nichtigkeit möglich durch Gelegenheit zu Sachvorbringen vor Schluss der Verhandlung erster Instanz]; MietSlg 47.204) **wie sämtliche Vermieter** bei Wechsel derselben während des Verfahrens (MietSlg 37.258; MietSlg 49.423 = immolex 1998, 72/41 [Eigentümerwechsel während des Verfahrens, neuer Eigentümer kann erstmals bei Gericht nach „Abziehen" von der Schlichtungsstelle beigezogen werden]).

23 Nach einigen spärlichen früheren, nicht unbedingt in allen Details aussagekräftigen höchstgerichtlichen Entscheidungen (wobl 1992, 148/105 [*Würth*] = MietSlg 43.301 [Außerstreitverfahren bei beantragtem Behindertenaufzug]; MietSlg 38.278 [Sachlage im Zeitpunkt der Entscheidung maßgebend]) wurde **in jüngerer Vergangenheit eine klare und eindeutige Linie** vom OGH vorgegeben (typisch MietSlg 48.223; wobl 1997, 189/62 [zust *Würth*] = MietSlg 48.222 = immolex 1997, 198/101; MietSlg 50.272), welcher ohne jeden Vorbehalt beizupflichten ist und wonach zusammenfassend

– das Verfahren als eine **Fortsetzung des Titelverfahrens** zu betrachten ist,
– der **Antrag immer bei Gericht** einzubringen ist,
– das Verfahren selbst **zweiseitig/kontradiktorisch** als **spezielles Außerstreitverfahren** ausgebildet ist,
– dem **alle Mieter und Vermieter beizuziehen** sind und wobei
– die **Sachlage im Zeitpunkt der Entscheidung erster Instanz maßgebend** ist, sodass insbesondere **auch allfällige Einstellungsgründe zu prüfen** sind und
– die Bestellung des Verwalters durch **Sachbeschluss** erfolgt und die **Rechtsmittelfrist vier Wochen** beträgt.

24 Als **Verwalter** kann entweder die Gemeinde, in der das Haus liegt, eine von dieser vorgeschlagene Person oder ein hiezu sonst geeigneter Dritter vom Gericht bestellt werden. In den beiden ersten Fällen ist im Gegensatz zu letzterem die Eignung der oder des Betreffenden vom Gericht keiner gesonderten Prüfung zu unterziehen (*Würth* in Rummel II² Rz 7 zu § 6 MRG). Die im Gesetz enthaltene Wortfolge, wonach sich der oder die Betreffende „dazu bereit erklären" muss, spricht Selbstverständliches aus und ist daher als überflüssig zu betrachten.

25 Im Falle eines bereits anhängigen Exekutionsverfahrens nach den §§ 97 ff EO sind dem bereits bestellten Verwalter auch die Agenden nach § 6 (vordringlich) zu übertragen. Fraglich könnte es sein, wie im umgekehrten Fall vorzugehen ist. Zweckmäßigerweise sollte dann, wenn das Verfahren nach § 6 schon vor dem „normalen" Exekutionsverfahren anhängig ist, ein **Wechsel der Verfahrensart** zu letzterem eintreten, um die Rechte des „normalen" betreibenden Gläubigers ausreichend zu wahren.

Die **Aufgaben des Verwalters** bestehen neben den sonstigen Aufgaben eines **26** Hausverwalters in der Organisation und Durchführung der aufgetragenen Arbeiten und umfassen jedwede durch Art und Umfang des angestrebten Zwecks definierte notwendige Tätigkeiten faktischer und rechtlicher Natur, wie zB die Stellung von Anträgen an die Baubehörde (MietSlg 38.282). Ausdrücklich nennt das Gesetz in Form einer demonstrativen Aufzählung als Legalermächtigung (*Würth* in Rummel II² Rz 6 zu § 6 MRG) die Aufnahme von auf inländische Währung lautenden Hypothekardarlehen gegen angemessene Verzinsung und Abtretung der Hauptmietzinse (vgl die Erl zu § 42), das Anstreben der Übernahme einer entsprechenden Bürgschaft durch eine Gebietskörperschaft (die Wortfolge „zu Bedingungen" ist infolge eines Redaktionsversehens [*Würth* in Rummel II² Rz 1a zu § 6 MRG] derzeit noch im Gesetz „stehengeblieben" und besitzt keinerlei normative Bedeutung), die Fertigung der erforderlichen Urkunden und die Durchführung von grundbücherlichen Sicherstellungen auf der jeweiligen Liegenschaft.

Auf Antrag (welcher vom Verwalter selbst oder von einer anderen Verfahrens- **27** partei gestellt werden kann) ist ihm auch die **Befugnis zur Verwaltung der Mietzinsreserven der vergangenen zehn Kalenderjahre** zu erteilen und dem Vermieter (oder demjenigen, welcher über diese Reserven verfügt, was sich wohl nur auf den [zuvor] vom Vermieter bestellten Verwalter beziehen kann [*Würth* in Rummel II² Rz 6 zu § 6 MRG]) aufzutragen, den noch nicht verbrauchten Teil dieser Reserven an den Zwangsverwalter insoweit auszufolgen, als dies zur Deckung der Kosten der Arbeiten nötig ist. Dieser gerichtliche Auftrag erfolgt mit (einfachem) Beschluss nach Durchführung eines allfälligen Zwischenverfahrens. Nach wobl 1995, 28/12 = MietSlg 45.232 können die Mieter ab Kenntnis von der Zwangsverwaltung Zahlungen mit schuldbefreiender Wirkung nur mehr an den bestellten Verwalter leisten. Bei **Eröffnung des Konkurses über den (Mehrheits-) Eigentümer** ist das **Verfahren über die Zwangsverwalterbestellung nicht zu unterbrechen** (wobl 1998, 187/125 [*Oberhammer*] = MietSlg 49.692 = immolex 1998, 107/63).

V. Einstellung der Zwangsverwaltung

Dem Verfahren über die Einstellung der Exekution sind im Einklang mit den **28** oben geschilderten Grundsätzen prinzipiell nur solche Umstände vorbehalten, die nach dem für die Entscheidung über den Exekutionsantrag maßgeblichen Zeitpunkt (Rz 23 oben) eintreten. Die **Einstellungsgründe** sind **in Abs 3 taxativ aufgezählt** (*Würth* in Rummel II² Rz 6 zu § 6 MRG). Daraus folgert *Würth* (aaO) zutreffend, dass die Einstellung der Zwangsverwaltung nach den §§ 97 ff EO die Verwaltung nach § 6 Abs 2 trotz Identität des Verwalters ebenso unberührt lässt wie im umgekehrten Fall die Einstellung nach Abs 3 keinen Einfluss auf ein laufendes „normales" Exekutionsverfahren hat, wobei aber diese Konsequenz auch und vor allem aus dem Umstand folgt, dass die beiden Verfahren eben einen anderen, völlig verschiedenen Zweck verfolgen. In jedem Fall einer ins Auge gefassten Einstellungsmöglichkeit ist eine solche aufgrund des kontradiktorischen Verfahrenscharakters und nach dem eindeutigen Gesetzestext erst **nach Einvernehmung aller Parteien** zulässig.

29 Zu beachten ist, dass nach **Z 1 die Einstellung** nicht schon nach Beendigung der Arbeiten, sondern **erst nach Tilgung des hiezu aufgenommenen Kapitals** erfolgen darf. Richtigerweise sieht die Rspr diesen Einstellungsgrund auch dann als verwirklicht an, wenn sich im Zuge der Zwangsverwaltung erweist, dass der Zweck der Arbeiten auf andere Weise als im Titel nach Abs 1 beschrieben erreicht werden kann (MietSlg 41.204 [Reinigung der verstopften Abflussleitung statt Erneuerung derselben ausreichend]).

30 Neben dem ersten, nicht näher erörterungsbedürftigen Fall der beiden in der **Z 2** geregelten Einstellungsgründe (mangelnde Finanzierbarkeit) wäre ein denkbares Beispiel für den 2. Fall (unüberwindbare Hindernisse) **technische Schwierigkeiten, welche nur mit wirtschaftlich unvertretbarem Aufwand zu überkommen sind.**

31 Bei der in **Z 3** genannten Möglichkeit, wonach der Vermieter vor der Kapitalaufnahme und vor Inangriffnahme der Arbeiten durch den Zwangsverwalter **erweist, dass er die aufgetragenen Arbeiten selbst durchführen und finanzieren wird**, wird man zwecks Verhinderung von Verzögerungen durch den Vermieter wohl eine Beweisführung mittels liquider Beweismittel fordern müssen. Als einschlägiges Beispiel nennt *Krejci* (HBzMRG 226) den Fall, dass der Auftrag bereits durch den Vermieter in Angriff genommen wurde und nur aus Gründen, die dem Vermieter nicht zuzurechnen sind, noch nicht zu Ende geführt werden konnte, etwa weil trotz ordnungsgemäßer Durchführung der aufgetragenen Tätigkeiten die Einjahresfrist nicht eingehalten werden kann.

32 Der in der **Z 4** geregelte Fall der Zustimmung des Kreditgebers und der als Bürgen auftretenden Gebietskörperschaft stellt sich als **Ausnahme der Regelung der Z 1** dar, welche gesetzestechnisch weit einfacher in letztere integriert werden hätte können.

fenen Mieter § 8 Abs 2 Z 2 für maßgeblich erachtet (wobl 1991, 60/49 = MietSlg 41.209).

Fällt eine beabsichtigte Maßnahme (bloß) in den Anwendungsbereich von § 8 **39** Abs 2 Z 2, setzt das Bestehen einer entsprechenden Duldungspflicht des betroffenen Mieters im Unterschied zu § 8 Abs 1 Z 1 nicht bloß die **Notwendigkeit oder** (zutr *Krejci*, HBzMRG 241; aA *Prader* Anm zu wobl 2001, 43/24, der im Fall der Z 2 in der Notwendigkeit eine eigenständige, unabdingbare Eingriffsvoraussetzung sehen möchte) **Zweckmäßigkeit** des Eingriffs (sehr unklar allerdings wobl 2001, 43/24, wo diese Kriterien auf die Verbesserungs- bzw Veränderungsmaßnahme bezogen wurden) voraus, sondern **zusätzlich** auch dessen **Zumutbarkeit**.

Diese Zumutbarkeit ist im Rahmen einer umfassenden **Interessenabwägung** zu beurteilen (grundsätzlich dazu schon *Krejci*, HBzMRG 242; unklar wobl 1999, 398/163 = MietSlg 51.249 = immolex 1999, 294/163, wo die Interessenabwägung und die Zumutbarkeit als zwei unterschiedliche Aspekte behandelt werden). Als (widerlegliche) Vermutung für das Vorliegen von Zumutbarkeit nennt das Gesetz ausdrücklich den Fall, dass die Veränderung keine wesentliche oder keine dauernde Beeinträchtigung des Mietrechts zur Folge hat. Daraus darf jedoch nicht e contrario der Schluss gezogen werden, dass wesentliche Eingriffe durchwegs unzumutbar sind, da in diesem Fall die Entschädigungspflicht nach § 8 Abs 3, die ja erst bei wesentlichen Eingriffen anwendbar ist, völlig ihren Anwendungsbereich verlieren würde (zutr *Krejci*, HBzMRG 234).

Nach der **Rspr** zählen zu den bei der **Ermittlung der Zumutbarkeit** zu berücksichtigenden Interessen auch subjektive Komponenten (wobl 1991, 167/102 = MietSlg 43.157/9 [hohes Alter des betroffenen Mieters]), das wirtschaftliche Interesse des Vermieters an einer besseren Vermietbarkeit der Bestandobjekte (wobl 1999, 398/163 = MietSlg 51.249 = immolex 1999, 294/163; wobl 2001, 276/173 = immolex 2001, 260/144 [*Iby*]) ebenso wie jenes des Mieters an dem Unterbleiben schwerer Störungen seines Geschäftsbetriebes (wobl 1999, 398/163 = MietSlg 51.249 = immolex 1999, 294/163), nicht aber ein niedriger Mietzins des betroffenen Mieters (wobl 1991, 167/102 = MietSlg 43.157/9). Wenn dies die Interessenabwägung ergibt, kann auch eine dauernde Veränderung des Bestandgegenstandes zumutbar sein (wobl 1991, 167/102 = MietSlg 43.157/9; wobl 1999, 398/163 = MietSlg 51.249 = immolex 1999, 294/163), wobei in diesem Fall auch der Größe des Bestandgegenstandes eine maßgebliche Rolle zukommt (MietSlg 51.251, 51.252; wobl 2001, 276/173 = immolex 2001, 260/144 [*Iby*]). Im Wertungsspielraum der Z 2 findet es Deckung, wenn das Angebot einer um $^1/_3$ kleineren Ersatzfläche zu Abstellzwecken als unzumutbar betrachtet wird (MietSlg 45.237).

D. Durchsetzung der Duldungspflicht

Weigert sich der Mieter, von ihm nach § 8 Abs 2 Z 1 oder 2 zu duldende Eingriffe **40** in sein Mietrecht zuzulassen, hat der Vermieter – will er keine Besitzstörung begehen (zum Verhältnis eines vom Mieter im Besitzstörungsverfahren erwirkten Rechtsschutzes zum Sachbeschluss im AußStrVerf siehe MietSlg 52.827; immolex 2001, 242/136; immolex 2001, 231/131) – diese im **AußStrVerf** gemäß § 37 Abs 1

Z 5 **durchzusetzen** (anders, wenn er sich auf eine vertragliche Regelung stützt [MietSlg 40.508; wobl 1999, 245/125 = MietSlg 50.277], was aber nicht schon bei floskelhafter Übernahme des Wortlauts von § 8 Abs 2 in den Mietvertrag anzunehmen ist [MietSlg 52.440 = immolex 2001, 5/2]; siehe zur Abgrenzung auch Rz 14, 28 zu § 37). Ab WE-Begründung ist dafür allein der Wohnungseigentümer aktiv legitimiert (idS schon bislang die Rspr [wobl 1998, 179/122 = MietSlg 50.262 = immolex 1998, 199/121] bzw seit 1. 7. 2002 zweifelsfrei aufgrund von § 4 Abs 1 WEG 2002 [Rz 9 zu § 4 WEG]). In diesem Verfahren herrscht volle Bindung an den Sachantrag (wobl 1991, 167/102 = MietSlg 43.302; wobl 2001, 276/173 = immolex 2001, 260/144 [*Iby*]; dazu allgemein Rz 47 ff zu § 37). Die Baubehörde ist zu Anträgen betreffend die Duldung von Eingriffen in das Mietrecht zur Durchführung von Erhaltungs- und Verbesserungsarbeiten ebenso wenig zu hören (MietSlg 47.439) wie die öffentlich-rechtliche Bewilligungsfähigkeit der beabsichtigten Bauführung im Verfahren nach § 37 Abs 1 Z 5 zu klären ist (wobl 2001, 276/173 = immolex 2001, 260/144 [*Iby*]). Mit Ausnahme von Ansprüchen, die auf Besitzstörung gestützt werden, wird auch über Ansprüche des Mieters auf Unterlassung der Eingriffe bzw Wiederherstellung des vorigen Zustandes im AußStr-Verf entschieden (MietSlg 40.013, 40.509; wobl 1992, 297/140 = MietSlg 44.509).

VII. Schonungsprinzip (§ 8 Abs 3, 1. Hs)

41 § 8 Abs 3 Hs 1 normiert für die Vornahme der vom Mieter gemäß § 8 Abs 2 Z 1 und 2 zu duldenden Arbeiten ausdrücklich ein **Schonungsprinzip**. Dieses legt allerdings nur fest, in welcher Art und Weise die Eingriffe in das Mietrecht vorzunehmen sind, nicht aber, welche Eingriffe zu dulden sind (zutr wobl 1992, 200/132 = MietSlg 44.291/13). Bezüglich des Vermieters stellt das Schonungsprinzip lediglich eine spezielle Ausprägung der ihn gemäß § 1096 ABGB ohnedies allgemein treffenden Verpflichtung dar, den Mieter im bedungenen Gebrauch des Mietgegenstandes nicht – bzw bei zulässigen Eingriffen eben so wenig wie möglich – zu stören (*Krejci*, HBzMRG 232). Es ist aber auch von anderen Mietern, deren Eingriffe gemäß § 8 Abs 2 Z 2 zu dulden sind, zu berücksichtigen. Hinzuweisen ist schließlich darauf, dass qualifizierte Verletzungen des Schonungsprinzips seit dem 3. WÄG mit einer erhöhten Ersatzpflicht sanktioniert (siehe unten Rz 47) sowie nach § 27 Abs 7 gerichtlich strafbar (näher dazu Rz 72 zu § 27) sind.

VIII. Entschädigung (§ 8 Abs 3, 2. Hs)

A. Allgemeines

42 Der 2. Hs von § 8 Abs 3 enthält eine Pflicht zur Entschädigung des in seinem Mietrecht durch Erhaltungs-, Verbesserungs-, Änderungs- und Errichtungsarbeiten beeinträchtigten Mieters, die als **Eingriffshaftung**, dh rechtswidrigkeits- und verschuldensunabhängig, konzipiert ist. Sie bildet den Ausgleich für die durch § 8 Abs 2 gegenüber dem ABGB wesentlich erweiterte (oben Rz 3) Pflicht des Mieters zur Duldung von (demnach rechtmäßigen) Eingriffen in sein Mietrecht. Dementsprechend ist die Entschädigungspflicht des 2. Hs von § 8 Abs 3 im Zusammenhang mit den Duldungspflichten des Abs 2 zu sehen, was auch im Gesetzestext zum Ausdruck kommt (arg „hiedurch in seinen Rechten beeinträchtigt"). Dieser Konnex ist vor allem bei der näheren Ermittlung der eine Haftung nach § 8 Abs 3 begründenden Tatbestände zu berücksichtigen (deutlich idS etwa wobl 1993, 169/112 = MietSlg 44.300/61; zum Umfang der Duldungspflichten nach § 8 Abs 2 ausführlich oben Rz 24 ff; zur Frage einer analogen Anwendung von § 8 Abs 3 auch bei nicht zu duldenden Eingriffen siehe unten Rz 51).

B. Wesentliche Beeinträchtigung

Die Entschädigungspflicht nach § 8 Abs 3 greift nach dem Wortlaut des Gesetzes erst ab einem „Schwellenwert", nämlich dann, wenn es zu einer **„wesentlichen"** **43** **Beeinträchtigung** des Mietrechts kommt. Darunter ist nicht schon jede Beeinträchtigung zu verstehen, die den ordentlichen Gebrauch des Mietgegenstandes bloß in irgendeiner Form tangiert (idS aber wohl *Krejci*, HBzMRG 245). Vielmehr muss diese Haftungsbeschränkung im Zusammenhang mit der zu § 1118 ABGB aE entwickelten Rspr (dazu oben Rz 3) gesehen werden: Nach dieser Rspr waren schon vor dem Inkrafttreten des MRG *un*wesentliche Beeinträchtigungen des Bestandrechts vom Mieter *entschädigungslos* zu dulden. Durch die nunmehr im MRG in § 8 Abs 3 angeordnete Eingriffshaftung sollte dementsprechend dem Mieter lediglich in jenem Umfang ein spezieller Ersatzanspruch zugebilligt werden, in dem durch § 8 Abs 2 seine Duldungspflichten gegenüber der früheren Rechtslage erweitert wurden. Die nähere Konkretisierung des Kriteriums der „Wesentlichkeit" hat daher systematisch unter Berücksichtigung der vor dem Inkrafttreten des MRG entwickelten Rspr zu erfolgen, und zwar insofern, als jene Eingriffe, die danach als „unwesentlich" gewertet wurden, nunmehr auch (noch) keinen Fall der Eingriffshaftung nach § 8 Abs 3 darstellen.

C. Passivlegitimation

Ersatzpflichtig ist im Fall der Eingriffshaftung des § 8 Abs 3 derjenige, dem die Erhaltungs, Verbesserungs-, Änderungs- oder Errichtungsarbeiten zuzurechnen **44** sind, also entweder der Vermieter oder ein bzw mehrere andere Mieter. Bei kumulativer Kausalität ist § 1302 analog anzuwenden (wobl 1995, 164/75 = MietSlg 46.236/21; wobl 2000, 340/187 [ohne diesen Entscheidungsteil] = MietSlg 51.246). Nicht relevant ist hingegen, wem der Vorteil aus den Arbeiten zukommt (*Krejci*, HBzMRG 244; MietSlg 47.206). Bei nachträglicher WE-Begründung passiv legitimiert ist ab 1. 7. 2002 grundsätzlich der Wohnungseigentümer als Vermieter bzw subsidiär die Eigentümergemeinschaft (vgl § 4 Abs 1 und 2 WEG 2002 sowie dazu Rz 9, 12 zu § 4 WEG; zur Rechtslage davor zB wobl 1998, 179/ 122 = MietSlg 50.262 = immolex 1998, 199/121).

D. Umfang des Ersatzes

Der Umfang des Ersatzes ist auf **volle Genugtuung** gerichtet (wobl 1992, 188/ **45** 122 [*Würth*] = MietSlg 44.295; *Krejci*, HBzMRG 245; *Würth/Zingher*[20] Rz 12 zu § 8 MRG). Da § 8 Abs 3 neben dem ex lege eintretenden Zinsminderungsrecht des § 1096 ABGB besteht, kann er aber nach hA nur jene Nachteile erfassen, die nicht durch das Zinsminderungsrecht abgegolten werden (*Krejci*, HBzMRG 245; MietSlg 47.206; aA aber offenbar – insoweit unveröffentlicht – wobl 2000, 340/ 187 = MietSlg 51.246 [Ersatz „frustrierter Mietzinsaufwendungen"]).

Im Detail vgl zu den **ersatzfähigen Aufwendungen** MietSlg 47.206; wobl 2000, **46** 230/116 = MietSlg 50.276 = immolex 1998, 292/186; MietSlg 51.254 (Eigenleis-

tungen des Mieters zur Wiederherstellung des vorigen Zustandes sind zu berücksichtigen), wobl 1993, 169/112 = MietSlg 44.300/61 (bei Entfernung von Außenjalousien im Zuge der Vornahme der Arbeiten hat der Mieter grundsätzlich
Anspruch auf die Montagekosten, werden die Sachen hingegen unbrauchbar, auf
·Wertersatz unter Berücksichtigung des Grundsatzes „neu für alt") und (insoweit
unveröffentlicht) wobl 2000, 340/87 = MietSlg 51.246 (Verdienstentgang, erhöhter Werbeaufwand, Renovierungs- und Instandsetzungskosten), zu den **nicht
ersatzfähigen Aufwendungen** wobl 2000, 230/116 = MietSlg 50.276 = immolex
1998, 292/186 (Detektivkosten für die Überwachung der Arbeiten; Kosten für
Fertigstellung der Arbeiten).

47 Im Rahmen des 3. WÄG wurde vom Gesetzgeber bei grob fahrlässiger Verletzung des Schonungsprinzips zusätzlich ein **Ersatz ideeller Schäden** ausdrücklich
angeordnet, der zuvor für den Fall der Eingriffshaftung nach § 8 Abs 3 von der
Rspr [wobl 1992, 188/122 (*Würth*) = MietSlg 44.295] mit überzeugender systema-
tischer Argumentation abgelehnt wurde. Diese Haftungserweiterung ist nach
allgemeinen intertemporalen Grundsätzen (ausführlich *Vonkilch* 205 ff) auf alle
Handlungen anzuwenden, die ab dem 1.3.1994 gesetzt wurden.

48 Der Umfang sämtlichen Ersatzes ist nach § 8 Abs 3 allerdings mit seiner „**Angemessenheit**" begrenzt. Dieser äußerst unbestimmte Gesetzesbegriff wird von
wobl 1995, 164/75 = MietSlg 46.236/21 zutreffend dahingehend konkretisiert,
dass diesem Kriterium vor allem auch der Aspekt inhärent ist, dass dadurch ein
Ausgleich widerstreitender Interessen stattzufinden hat und die Durchführung
notwendiger oder zweckmäßiger Erhaltungs-, Änderungs- und Verbesserungsarbeiten durch drohende Ersatzansprüche nicht ungebührlich erschwert werden
soll.

E. Verjährung

49 Für die **Verjährung** des Anspruches nach § 8 Abs 3 wendet wobl 1998, 210/129
(*Mader*) = MietSlg 49.234 = immolex 1998, 164/93 zu Recht die 3-jährige Frist des
§ 1489 ABGB analog an. Die Verjährungsfrist soll demnach spätestens mit der
Ausstellung der Reparaturrechnungen für die Behebung des Schadens an den
Mieter zu laufen beginnen, während das bloße Vorliegen einer „wesentlichen
Beeinträchtigung" als Anspruchsvoraussetzung nach § 8 Abs 3 noch nicht unbedingt mit Kenntnis von „Schaden und Schädiger" iS des § 1489 ABGB gleichzusetzen sei. Der Verzicht auf den Einwand der Verjährung des Anspruches nach
§ 8 Abs 3 und dessen Rücknahme sind nach allgemeinen Grundsätzen zu beurteilen (vgl § 1502 ABGB).

F. Geltendmachung/Abgrenzung zu Schadenersatzansprüchen nach §§ 1295 ff ABGB / analoge Anwendung von § 8 Abs 3

50 Auch die Durchsetzung von Ersatzansprüchen nach § 8 Abs 3 ist gemäß § 37
Abs 1 Z 5 in das **AußStrVerf** verwiesen.

51 Als nicht ausreichend geklärt erweist sich allerdings die **Abgrenzung** zwischen
Ersatzansprüchen aus der Eingriffshaftung nach § 8 Abs 3 und den allenfalls
daneben – etwa wegen vorwerfbarer Verletzung des Schonungsprinzips – be-

[*Call*] = MietSlg 44.304). Ebenfalls zu Recht und im Einklang mit allgemeinen Grundsätzen (zu diesen unten Rz 39 f) wurde weiters davon ausgegangen, dass bei der Beurteilung der Beeinträchtigung des äußeren Erscheinungsbildes im Verfahren nach § 37 Abs 1 Z 6 die gegenwärtige Sachlage maßgeblich ist, daher auf allfällige zukünftige Wünsche anderer Mieter nicht Bedacht zu nehmen ist, sowie, dass die Frage der Erteilung der baubehördlichen Bewilligung nicht Gegenstand dieses Verfahrens ist, sofern deren Erlangung nicht gänzlich ausgeschlossenen ist (wobl 1995, 136/59 [*Dirnbacher*] = MietSlg 46.240/19).

7. Keine Gefahr für die Sicherheit von Personen oder Sachen (Z 7)

Der in § 9 Abs 1 Z 7 für das Vorliegen einer Zustimmungspflicht des Vermieters **36** schließlich genannten Voraussetzung, wonach durch die vom Mieter beabsichtigte **Veränderung keine Gefahr für die Sicherheit von Personen und Sachen** bewirkt wird, kam bislang in der Rspr keinerlei selbständige Bedeutung zu. Dies resultiert wohl zum einen daher, dass bei Nichterfüllung dieser selbstverständlichen Voraussetzung offenbar Verfahren nach § 37 Abs 1 Z 6 gar nicht angestrengt werden, zum anderen sich diese Voraussetzungen inhaltlich mit anderen, etwa jenen der Z 1, 2 und 3 überschneiden dürften.

C. Durchsetzung der Zustimmungspflicht

Verweigert der Vermieter trotz Vorliegens einer Zustimmungspflicht fristgerecht **37** gegenüber dem Mieter die Zustimmung zur Vornahme einer nach § 9 Abs 1 S 1 anzeigepflichtigen Maßnahme, sodass die Zustimmungsfiktion des § 9 Abs 1 S 2 nicht eingreift, liegt es am Mieter, zur Vermeidung einer Besitzstörung die **Zustimmung des Vermieters** zur geplanten Maßnahme bzw die Duldung der Durchführung der Maßnahme **im AußStrVerf** gemäß § 37 Abs 1 Z 6 **durchzusetzen** (zur Antragstellung durch Mitmieter MietSlg 35.425/24, zur Passivlegitimation der Eigentümergemeinschaft bei nachträglicher WE-Begründung ab 1. 7. 2002 Rz 17 zu § 4 WEG). Zur Sicherung des Anspruchs auf Zustimmung durch den Vermieter steht dem Mieter jedoch eine einstweilige Verfügung zu Gebote (wobl 1988, 66/33 = MietSlg 39.265/43; siehe dazu auch § 37 Abs 3 Z 22 und dazu Rz 106 zu § 37).

Es ist dem Mieter aber auch möglich, die **Duldungspflicht gegen** ein – ebenfalls **38** ins AußStrVerf nach § 37 Abs 1 Z 6 verwiesenes – **Beseitigungsbegehren des Vermieters** gegen eine bereits durchgeführte Maßnahme **einzuwenden** (MietSlg 38.283/13; wobl 1991, 78/67 = MietSlg 42.210; wobl 1995, 110/49 [abl *Dirnbacher*] = MietSlg 47.438), **nicht** aber in einem vom Vermieter angestrengten **Besitzstörungsverfahren**.

Nicht beachtlich ist bei der Prüfung einer Zustimmungspflicht des Vermieters **39** nach § 9 Abs 1 im Verfahren nach § 37 Abs 1 Z 6 eine allfällige **öffentlichrechtliche Anzeige- bzw Bewilligungspflicht** der Maßnahme, etwa nach den Bauvorschriften, zumindest soweit es sich nicht um eine eindeutig rechtswidrige Maßnahme handelt (wobl 1995, 136/59 [*Dirnbacher*] = MietSlg 46.240/19; dazu auch *Koch* 201 f).

Für die Entscheidung in diesem Verfahren ist nach allgemeinen Grundsätzen die **40** **Sachlage zum Zeitpunkt des Ergehens der Entscheidung erster Instanz maß-**

geblich (siehe dazu bereits oben Rz 26 im Zusammenhang mit dem Vorliegen eines wichtigen Interesses iS von § 9 Abs 1 Z 2 und Rz 35 zur Irrelevanz von uU zu erwartenden Wünschen der übrigen Mieter bei der Beurteilung der Beeinträchtigung der äußeren Erscheinung des Gebäudes iS von § 9 Abs 1 Z 6).

41 Der das Bestehen der Zustimmungspflicht aussprechende **Sachbeschluss ersetzt** auch die – von dieser Pflicht grundsätzlich umfasste (oben Rz 23) – **Unterfertigung von Anträgen** durch den Vermieter gegenüber Dritten (MietSlg 37.265).

42 Stützt sich der Mieter allerdings ausschließlich auf eine – uU über § 9 hinausgehende – **vertragliche Pflicht** des Vermieters zur Duldung einer gewissen Maßnahme am Bestandgegenstand, zu der nach der Rspr auch eine auf der Zustimmungsfiktion des § 9 Abs 1 S 2 aufbauende Pflicht des Vermieters gehört, ist diese im **ordentlichen Rechtsweg** durchzusetzen (wobl 1994, 183/42 = MietSlg 45.463 mwN aus der Rspr; vgl dazu auch Rz 31 zu § 37). Zu Recht hat es die Rspr aber in jüngerer Zeit abgelehnt, jede formelhafte Klausel im Mietvertrag (wie etwa, dass Veränderungen im Mietgegenstand nur mit Zustimmung des Vermieters erfolgen dürfen) zum Anlass zu nehmen, dem Mieter die Durchsetzung seines Änderungsanspruches im AußStrVerf zu versagen (wobl 1998, 378/239 [*Dirnbacher*] = MietSlg 50.280 = immolex 1998, 200/122; ggt noch wobl 1995, 110/49 [abl *Dirnbacher*] = MietSlg 47.438). Auch bei Vorliegen einer „grundsätzlichen Zustimmung" bleibt dem Mieter die Antragstellung nach § 37 Abs 1 Z 6 möglich, im daran anschließenden Verfahren ist auf diese Zustimmung allerdings nicht Bedacht zu nehmen (wobl 1992, 31/25 = MietSlg 42.212).

VI. Privilegierte Arbeiten (§ 9 Abs 2)

A. Allgemeines

43 Wie bereits angedeutet, wird die Anwendung der unbestimmten Gesetzesbegriffe von § 9 Abs 1 Z 2 („Übung des Verkehrs", „wichtiges Interesse") durch den Gesetzgeber selbst insoferne wesentlich erleichtert, als in Anlehnung an die zu § 18 MG ergangene Rspr (vgl die Nw bei *Krejci*, HBzMRG 260) in den Z 1–5 von § 9 Abs 2 konkrete **Maßnahmen** aufgezählt werden, bei denen die **Erfüllung der Voraussetzung des Abs 1 Z 2 unwiderlegbar vermutet** wird (sog „privilegierte Arbeiten").

B. Wasserleitungs-, Lichtleitungs-, Gasleitungs-, Beheizungs- und sanitäre Anlagen (Z 1)

44 Zu diesen privilegierten Arbeiten zählt zunächst die in Z 1 von § 9 Abs 2 genannte **Errichtung oder die den Erfordernissen der Haushaltsführung dienende Umgestaltung von Wasserleitungs-, Lichtleitungs-, Gasleitungs-, Beheizungs- (einschließlich der Errichtung von zentralen Wärmeversorgungsanlagen) oder sanitären Anlagen.**

45 Bei der Anwendung von § 9 Abs 2 Z 1 hat die **Rspr** allerdings insofern eine **gewisse Restriktivität** an den Tag gelegt, als sie die **Errichtung einer eigenen Beheizungsanlage unter Abkoppelung von der funktionierenden Zentralheizung im Haus** (MietSlg 39.261) und die völlig **atypische Art der Errichtung einer Sanitäranlage** (siehe etwa MietSlg 47.216 [21 m² großes Bad in einer 2-

Zimmer-Wohnung] und wobl 1994, 150/26 = MietSlg 46.239 [Verlegung des Badezimmers derart, dass von vier Zimmern drei nur mehr über das Badezimmer betreten werden können]) als nicht den Erfordernissen der Haushaltsführung dienend erachtet hat. Zu Recht wurde in diesem Zusammenhang von *Dirnbacher*, Anm zu wobl 1994, 150/26 darauf hingewiesen, dass durch derartige Maßnahmen wohl idR auch schutzwürdige Interessen des Vermieters beeinträchtigt würden, sodass es ohnedies an der Duldungsvoraussetzung des Abs 1 Z 5 mangelt. Als eher skeptisch erweist sich weiters die höchstgerichtliche Rspr (MietSlg 45.239/18 unter Ablehnung von MietSlg 41.216; ebenso auch wobl 2001, 140/82 = MietSlg 52.276) selbst bei einer Großwohnung mit ca 200 m² Nutzfläche gegenüber **der Errichtung eines zweiten selbständigen Baderaumes**; ohne eine genaue Prüfung der Umstände des Einzelfalles wird hier allerdings nicht das Auslangen zu finden sein.

46 Aus der Erwähnung der „Erfordernisse der Haushaltsführung" in § 9 Abs 2 Z 1 wurde schließlich von der Rspr – wohl zu Recht – geschlossen, dass diese Bestimmung auf **Geschäftsräume nicht anwendbar** ist, was dazu führt, dass bei diesen die Erfüllung der Voraussetzungen von § 9 Abs 1 Z 2 immer im Einzelfall vom Mieter bewiesen werden muss (MietSlg 43.166; speziell zur Verkehrsüblichkeit einer zeitgemäßen WC-Anlage bei einer Buschenschank siehe MietSlg 42.218).

C. Energiesparende Maßnahmen (Z 2)

47 Gemäß § 9 Abs 2 Z 2 zählt weiters zu den privilegierten Arbeiten **die der Senkung des Energieverbrauches dienende Ausgestaltung eines Mietgegenstandes.** Zu dieser zählte die Rspr etwa – freilich im Zusammenhang mit der Prüfung eines Ersatzanspruches nach § 10 – das Tapezieren unter Aufbringung von Isoliermaterial (MietSlg 37.272; fraglich, ob in diesem Fall allerdings nicht bloß eine iS des § 9 Abs 1 unwesentliche Maßnahme vorlag, die der Mieter jedenfalls vornehmen kann: dazu oben Rz 5 ff) und den Einbau wärmedämmender Kunststoffenster (wobl 1991, 253/155 (*Call*) = MietSlg 42.213). Zu beachten ist aber gerade beim letztgenannten Fall, dass für das Bestehen einer Zustimmungspflicht auch die übrigen Voraussetzungen von § 9 Abs 1 erfüllt sein müssen, also etwa durch die geplanten Fenster keine Beeinträchtigung des äußeren Erscheinungsbildes des Hauses erfolgt, aber auch sonst keine Schädigung des Hauses eintreten darf (zu bautechnischen Details siehe *Geuder*, ÖGZ 1984, 422 ff). Nicht unter § 9 Abs 2 Z 2 subsumiert wurde hingegen die Errichtung einer eigenen Beheizungsanlage für den Mietgegenstand (MietSlg 39.261) sowie die Installation eines eigenen Stromzählers in einem Geschäftslokal (MietSlg 46.241 – im konkreten Fall wurde allerdings dennoch die Voraussetzung von § 9 Abs 1 Z 2 als erfüllt angesehen). Zur (praktisch freilich kaum relevanten) Pflicht des Vermieters zur Vornahme von energiesparenden Maßnahmen gemäß § 3 Abs 2 Z 5, bei deren Vorliegen der Mieter die Arbeiten wohl auch ohne Erfüllung der Voraussetzungen von § 9 Abs 1 vornehmen könnte (oben Rz 10), siehe Rz 29 f zu § 3.

D. Geförderte Maßnahmen (Z 3)

48 Ebenfalls zu privilegierten Maßnahmen erklärt § 9 Abs 2 Z 3 **Verbesserungen, die von einer Gebietskörperschaft aus öffentlichen Mitteln gefördert werden.**

Siehe zu diesen Maßnahmen, bei denen gemäß § 10 Abs 3 Z 4 bei Beendigung des Mietverhältnisses grundsätzlich auch ein Investitionsersatzanspruch des Mieters besteht (Rz 27 zu § 10), im Detail etwa den Überblick bei *Ostermayer*, Investitionsersatz Rz 137 ff.

E. Fernsprechanschluss (Z 4)

49 Gemäß § 9 Abs 2 Z 4 stellt auch die **Einleitung eines Fernsprechanschlusses** eine privilegierte Maßnahme dar. Dies wird – nicht zuletzt aufgrund einer systematischen Rücksichtnahme auf die durch die MRN 2001 in § 9 Abs 2 Z 5 eingefügte, auf die Nutzung von „Multimediadiensten" gerichtete Wertung (Rz 50 ff) – auch für die Adaption bestehender Anlagen im Hinblick auf moderne Telekommunikationsformen zu gelten haben (vgl *Vonkilch*, immolex 2002, 47 ff).

F. Errichtung von Hörfunk- und Fernsehempfangsantennen (Z 5)

50 Schließlich zählt gemäß § 9 Abs 2 Z 5 zu den privilegierten Arbeiten noch die **Anbringung der nach dem Stand der Technik notwendigen Antennen und sonstigen Einrichtungen für den Hörfunk- und Fernsehempfang, sowie** – seit der MRN 2001 – **für Multimediadienste,** allerdings nur, **sofern der Anschluss an eine bestehende Einrichtung nicht möglich oder nicht zumutbar ist.**

51 Geklärt scheint, dass von diesen Maßnahmen nicht bloß die Errichtung von herkömmlichen Radio- und Fernsehantennen umfasst ist, sondern **auch** jene von **Satellitenempfangsantennen** (vgl etwa aus der Rspr wobl 1993, 80/59 [*Call*] = MietSlg 44.304; wobl 1995, 136/59 [*Dirnbacher*] = MietSlg 46.240/19, sowie *Dirnbacher*, ImmZ 1993, 199 ff; *Panosch*, ÖJZ 1994, 18 ff und *Koch* 185 ff) und die Herstellung eines **Kabelfernsehanschlusses** (MietSlg 38.284). Im Hinblick auf die für die Nutzung von Multimediadiensten notwendigen Maßnahmen erscheint eine nähere Charakterisierung angesichts der Unschärfe dieses Begriffes nicht eben unproblematisch (vgl *Vonkilch*, immolex 2002, 47 ff). Nach den Begründungen zum IA 533/A XXI. GP soll die Nutzung von Breitbandtechnologie und Bewegtbildkommunikation einschließlich damit uU verbundener Kabelverlegungsarbeiten im Vordergrund stehen. Im Detail wird sich die Ermittlung der damit verbundenen Veränderungen des Bestandgegenstandes am jeweiligen Stand der Technik orientieren müssen.

52 Eine noch der ausreichenden höchstgerichtlichen Klärung harrende Frage besteht aber darin, ob bei Wunsch nach einer **Satellitenempfangsantenne** der **Anschluss an das Kabelfernsehen** eine **zumutbare Alternative** darstellt oder nicht (und vice versa). Während die Rspr dies zum vergleichbaren § 16 Abs 2 Z 2 WEG idR ebenso verneinte wie generell die hL (siehe etwa *Dirnbacher*, ImmZ 1993, 199 ff und *Koch* 204), hat die Rspr unmittelbar zu § 9 Abs 2 Z 5 noch nicht eindeutig Stellung bezogen: Während in der E LGZ Wien 48 R 113/91 (abgedruckt bei *Koch* 204 [FN 194]) davon ausgegangen wurde, dass der Anschluss an eine vom Vermieter angebotene Parabolantenne keine zumutbare Alternative zu dem vom Mieter begehrten Kabelfernsehanschluss darstelle, soll dies nach MietSlg 50.279 = immolex 1998, 231/146 und MietSlg 52.273 bei gewünschter Parabolantennenmontage und bestehendem Kabelfernsehanschluss grundsätzlich sehr wohl der Fall sein. Richtigerweise spricht aber schon ganz generell gegen die Zumutbarkeit des Verweises auf die jeweilige Alternative, dass Kabelfernsehanschluss und Satellitenempfangsantenne ein nicht unbeträchtlich abweichendes Programmangebot aufweisen (im Ergebnis zutr in Rechnung gestellt im Hinblick auf die Möglichkeit zum Empfang mehrerer türkischer Programme in MietSlg 52.273). Bei der Prüfung der Zumutbarkeit des Verweises auf einen Kabelfernsehanschluss bei beabsichtigter Errichtung einer Parabolantenne wird zusätzlich noch zu berücksichtigen sein, dass langfristig betrachtet die Kosten eines Kabelfernsehanschlusses jene einer einmal erworbenen Satellitenempfangsantenne bei weitem überschreiten, sodass auch aus dieser Warte die Bejahung der Zumutbarkeit eines Verweises allenfalls bei kurzfristig befristeten Mietverhältnissen möglich erschiene.

Die **Zumutbarkeit** des **Verweises** auf **bestehende Einrichtungen** im Zusammenhang mit der Nutzung von **Multimediadiensten** wird massiv vom jeweiligen Stand der Telekommunikationstechnologie, sohin einer spezifisch außerrechtlichen Kategorie, beeinflusst werden. Allgemeine Kriterien werden aber auch hier vor allem die konkreten Leistungsangebote der jeweiligen Alternativen sowie ein Vergleich der mit ihrer Nutzung verbundenen Kosten sein. **53**

Jedenfalls müssen **Alternativanlagen,** auf die ein Mieter verwiesen werden soll, **bereits bestehen,** um das Vorliegen einer Zustimmungspflicht des Vermieters zu der vom Mieter begehrten Maßnahme ausschließen zu können (so – zum verwandten § 16 Abs 2 Z 2 WEG und daher auch für § 9 Abs 2 Z 5 sinngemäß anwendbar – wobl 1991, 196/119 [*Call*] = MietSlg 43.384).

VII. *Ausschluss der Wiederherstellungspflicht (§ 9 Abs 3)*

Durch § 9 Abs 3 wird **§ 1109 ABGB in mehrfacher Hinsicht partiell derogiert.** Zwar steht es dem Vermieter grundsätzlich auch bei Vorliegen der Voraussetzungen von § 9 Abs 1 Z 1–7 frei, seine Zustimmung zu einer bestimmten Veränderung bzw Verbesserung des Mietgegenstandes von der Verpflichtung zur Wiederherstellung des früheren Zustandes bei der Zurückstellung des Mietgegenstandes abhängig zu machen. Ohne einen derartigen Vorbehalt sowie im Fall des Vorliegens einer Zustimmungsfiktion iS des § 9 Abs 1 S 2 ist der Mieter jedoch nicht zur Wiederherstellung verpflichtet. Bei den in § 9 Abs 2 genannten privilegierten Arbeiten wird ein derartiger Vorbehalt zudem für unwirksam erklärt (siehe aber die beachtliche Kritik an dieser zwingenden Bestimmung im Zusammenhang mit den § 9 Abs 2 Z 5 unterfallenden Satellitenempfangsanlagen von *Dirnbacher,* ImmZ 1993, 201 sowie den Hinweis auf die sich im Zusammenhang mit Multimediadiensten uU ergebenden Probleme und den Vorschlag zu ihrer Lösung von *Vonkilch,* immolex 2002, 48 f). Nach MietSlg 47.115 müsse dies kraft Größenschlusses um so mehr bei Maßnahmen gelten, die als nicht wesentlich iS des § 9 Abs 1 nicht einmal vom Anwendungsbereich des § 9 umfasst sind (dazu oben Rz 5 ff). Dies erscheint allerdings insoferne fragwürdig, als die Ratio der Unzulässigkeit des Wiederherstellungsvorbehaltes, die ja für einen derartigen Größenschluss den Maßstab abgeben muss, wohl in der (typisierten) Verkehrsüblichkeit der in § 9 Abs 2 aufgezählten Maßnahmen liegt, was bei anderen Maßnahmen – mögen sie auch unwesentlich sein – keineswegs in dieser Allgemeinheit gesagt werden kann. **54**

Diesem Anspruchsberechtigten war stets **gleichgestellt,** wer diesem **bei auf- 40 rechtem Vertragsverhältnis,** also im Wege der Einzelrechtsnachfolge (§§ 12–14; vertragliches Weitergaberecht [MietSlg 38.288/48]) oder – subsidiär bei Fehlen von Eintrittsberechtigten (MietSlg 36.268; für die gesetzliche Sondererbfolge des Eintretenden bezüglich des Investitionsersatzes nach § 10 unter Ausschluss der sonstigen Erben spricht in der Tat deutlich der AB zum MRG 880 BlgNR XV. GP S 3) – durch Gesamtrechtsnachfolge von Todes wegen **in der Mieterstellung nachgefolgt** ist.

Erst **seit der WRN 1997** ist weiters anspruchsberechtigt, wer den (berechtigten) 41 **Ersatzanspruch seines Vormieters befriedigt** hat (dazu und zum zeitlichen Anwendungsbereich der Neuregelung oben Rz 9).

Bei Vorliegen von **Mitmieterschaft** stellt der Ersatzanspruch nach § 10 nach der 42 Rspr eine Gesamthandforderung dar (MietSlg 41.049). Diese Auffassung steht zwar im Einklang mit der hL (*Koziol/Welser* II¹² 132) zur Gläubigerstellung bei Forderungen einer Rechtsgemeinschaft, doch sollte nicht übersehen werden, dass diese hL Einwände erfahren hat (vgl *Riedler*, Gesamt- und Teilgläubigerschaft im österreichischen Recht [1998] 249 ff).

Zur (nach allgemeinen Grundsätzen ohne weiteres vorhandenen) Möglichkeit 43 einer **Abtretung des Ersatzanspruches** durch den formal Anspruchsberechtig- ten, etwa an den Untermieter, der den Aufwand wirtschaftlich getragen hat, siehe bereits oben Rz 4.

B. Passivlegitimation

Passivlegitimiert für Ansprüche nach § 10 ist nach zutr hA ausschließlich der- 44 jenige, dem zum **Zeitpunkt der Beendigung des Mietverhältnisses** – somit im Zeitpunkt des Entstehens des Ersatzanspruches nach § 10 – die Stellung als **Ver- mieter** zukommt (MietSlg 43.169; wobl 2001, 165/103 [*Palten*] = MietSlg 52.279 = immolex 2001, 81/52; ebenso *Würth/Zingher*²⁰ Rz 8 zu § 10 MRG), also uU abweichend von der Person des ursprünglichen Vertragspartners des Mieters auch dessen Einzelrechtsnachfolger (zB Fruchtgenussberechtigter [MietSlg 40.272] oder – ab 1. 7. 2002 – der Wohnungseigentümer gemäß § 4 Abs 1 WEG 2002 [Rz 9 zu § 4 WEG; zur subsidiären Haftung der Eigentümergemeinschaft in diesem Fall Rz 11 ff zu § 4 WEG]). Die ggt Ansicht von *Ostermayer*, Investitionsersatz Rz 309, der für die Passivlegitimation beim Ersatzanspruch nach § 10 davon abweichend und ohne nähere Begründung auf den Zeitpunkt der Fälligkeit des Ersatzanspruches (zu diesem unten Rz 66 ff) abstellen möchte, dürfte offenbar völlig übersehen, dass es – wegen bereits erfolgter Beendigung des Mietverhältnisses – zum Zeitpunkt der Fälligkeit des Ersatzanspruches idR keinen „Vermieter" mehr gibt. Da es aber auch aus diesem Grund, va wegen der aus der Beendigung des Mietverhältnisses resul- tierenden Nichtanwendbarkeit von § 1120 ABGB bzw § 2 MRG, im Zeitraum von der Beendigung des Mietverhältnisses bis zur Fälligkeit des Ersatzanspruches auch zu keiner Veränderung in der „Vermieterstellung" mehr kommen kann, wird sich die Ansicht *Ostermayers* im Ergebnis mit jener der hA wohl decken.

Mehrere Vermieter haften nach der Rspr für den Ersatzanspruch des Mieters 45 nach § 10 gemäß § 889 ABGB nicht solidarisch, sondern lediglich entsprechend

ihren Anteilen (MietSlg 38.289; wobl 2001, 165/103 [*Palten*] = MietSlg 52.279 =
immolex 2001, 81/52).

VII. Anspruchsentfall (§ 10 Abs 2)

46 Gemäß § 10 Abs 2 besteht dann **kein Ersatzanspruch** nach § 10, wenn der
Vermieter berechtigterweise seine Zustimmung zur Vornahme der Maßnahme
verweigert hat oder an die Verpflichtung zur Wiederherstellung des früheren
Zustandes gebunden hat oder wegen Unterlassung der dem Mieter gemäß § 9
Abs 1 S 1 obliegenden Anzeige der geplanten Maßnahme (dazu Rz 14 ff zu § 9)
verhindert war, dieses oder jenes zu tun.

47 Unstrittig ist in diesem Zusammenhang, dass es **nicht** schon dann zum **Verlust
des Anspruches** nach § 10 kommen soll, wenn der Mieter **bloß** die ihm nach § 9
Abs 1 S 1 obliegende **Anzeige unterlassen** hat. Vielmehr ist in diesem Fall – im
Verfahren über den Ersatzanspruch nach § 10 als Vorfrage – noch zu prüfen, ob
der Vermieter überhaupt gemessen an den Maßstäben des § 9 Abs 1 S 3 (dazu
ausführlich Rz 20 ff zu § 9) die Zustimmung zur Maßnahme hätte verweigern
oder zumindest gemäß § 9 Abs 3 (dazu Rz 55 zu § 9) mit einer Wiederherstel-
lungpflicht hätte verbinden können (deutlich idS schon der AB zum MRG 880
BlgNR XV. GP S 3; insoweit zutr auch MietSlg 39.273). Dementsprechend hätte
es zur Bejahung des Anspruchs nach § 10 nicht der in MietSlg 36.267 vertretenen,
im Lichte von § 9 höchst fragwürdigen (vgl Rz 6 zu § 9) Ansicht bedurft, dass die
Unterlassung der Anzeige durch den Mieter für den Ersatzanspruch deswegen
nicht schädlich sei, weil die Verlegung von elektrischen Leitungen, Wasser-,
Abwasser- und Gasrohrleitungen in der Wohnung eine so geringfügige Änderung darstelle, dass eine Zustimmung des Vermieters zu diesen Aufwendungen
gar nicht erforderlich gewesen wäre. Vielmehr wäre trotz Eingeständnis einer
Verletzung der Anzeigepflicht des Mieters ein Ersatzanspruch nach § 10 damit zu
begründen gewesen, dass selbst bei erfolgter Anzeige angesichts der Regelung des
§ 9 Abs 1 S 3 der Vermieter seine Zustimmung nicht hätte verweigern und diese
gemäß § 9 Abs 2 Z 1 iVm Abs 3 auch nicht an eine Wiederherstellungspflicht hätte
koppeln können.

48 Abgesehen von der unstrittigen Irrelevanz der bloßen Verletzung der Anzeigepflicht nach § 9 Abs 1 S 1 wird man aber **bei unterlassener Anzeige** sehr wohl
danach zu trachten haben, den vom Gesetzgeber durch § 10 Abs 2 ganz bewusst
(vgl den AB zum MRG 880 BlgNR XV. GP S 3) geschaffenen **materiellen
Konnex** des Anspruches nach § 10 **mit dem Regelungsgefüge des § 9** ausreichende Beachtung zu schenken. Äußerst fragwürdig erscheint es dementsprechend,
wenn es MietSlg 39.273 nicht als Voraussetzung für den Ersatzanspruch nach § 10
ansieht, dass die Ausführung der Arbeiten durch einen befugten Gewerbsmann
erfolgt ist, obwohl nach hA die für das Vorliegen einer Duldungspflicht des
Vermieters notwendige Voraussetzung des § 9 Abs 1 Z 3 auch die Betrauung
befugter Gewerbsleute umfasst hätte (dazu Rz 28 zu § 9).

49 Bei **ausdrücklicher und vorbehaltsloser Zustimmung des Vermieters** zur Vornahme einer ihm angezeigten Veränderung, der das Eingreifen der Zustimmungsfiktion iS des § 9 Abs 1 S 2 gleichzuhalten ist, bedarf es freilich auch angesichts der

weniger deutlich abweichen. Dies resultiert zunächst schon aus der Tatsache, dass von § 12a – ebenso wie schon von § 12 Abs 3 aF – keine umfassende Anpassung des bisherigen Mietzinses an das im jeweils maßgeblichen Zeitpunkt höchstzulässige Niveau normiert wird, sondern diese Bestimmung lediglich ein **einseitiges Anhebungsrecht** des Vermieters vorsieht, das naturgemäß dann nicht schlagend werden wird, wenn der bislang zulässigerweise vereinbarte Mietzins höher war, als der nunmehr zulässigerweise erzielbare. Mit dieser Konzeption von § 12a als Einräumung spezieller Gestaltungsrechte des Vermieters bei Erfüllung der maßgeblichen Tatbestände steht im Einklang, dass es nach der Rspr ebenso im Belieben des Vermieters steht, bei mehrfacher Verwirklichung von anhebungsrelevanten Tatbeständen lediglich die für ihn günstigste Anhebungsmöglichkeit zu ergreifen (wobl 1998, 170/114 [*Grünwald*] = MietSlg 49.471 = immolex 1998, 76/45 [*Pfiel*] = ecolex 1998, 310 [*Hausmann*]; MietSlg 51.276 = immolex 2000, 101/61), wie die ihm eingeräumte Anhebungsmöglichkeit nicht zur Gänze auszuschöpfen (wobl 1999, 159/71 [*Vonkilch*] = MietSlg 50.523 = immolex 1998, 263/167) und sich damit idR – sei es wegen Präklusion (unten Rz 86 f), sei es wegen konkludenten teilweisen Verzichts – einer weitergehenden Anhebungsmöglichkeit zu begeben (vgl wobl 2001, 110/65 = MietSlg 52.510 = immolex 2000, 328/198 [Geltendmachung bloß einer Fünfzehntelanhebung statt der möglichen vollen Mietzinsanhebung]).

Darüber hinaus beinhaltet § 12a seit dem 3. WÄG vier weitere Besonderheiten, **66** die zugunsten des Mieters die Anhebung des Mietzinses durch den Vermieter nach § 12a von einer „echten" Neuvermietung und dem dafür mietzinsrechtlich ausschließlich maßgeblichen § 16 Abs 1 unterscheiden. Es ist dies zunächst das **ausschließliche Abstellen auf die tatsächlichen Umstände im maßgeblichen Zeitpunkt**, dh ohne Berücksichtigung verbesserter Neuvermietungsmöglichkeiten durch mögliche Adaptionen des Bestandgegenstandes, die mietzinsrechtliche **Unmaßgeblichkeit von Investitionen des bisherigen Mieters** (beides geregelt in § 12a Abs 7; dazu Rz 72 ff), die mietzinsrechtliche **Berücksichtigung der „Art der im Mietgegenstand ausgeübten Geschäftstätigkeit"** (§ 12a Abs 2; dazu Rz 76 ff) sowie schließlich die Schaffung des sog **„Erbenprivilegs"** (§ 12a Abs 4; Rz 83 f).

Die Geltendmachung des Anhebungsrechts nach §12a wird durch die ursprüng- **67** liche Vereinbarung eines **Pauschalmietzinses** nach zutr hA nicht behindert (ausführlich *Böhm*, immolex 1998, 138 ff mwN). Es ist aber zu berücksichtigen, dass die Anhebungsmöglichkeit nur die **Hauptmietzinskomponente** erfasst, sodass etwa die Erhöhung eines Entgelts nach § 25 nicht in Frage kommt (MietSlg 45.326/13). Auch kommt es dementsprechend für die Berücksichtigung von Leistungen, die vom Mieter zusätzlich zum Hauptmietzins zu erbringen sind, bei der Anhebung des Hauptmietzinses darauf an, ob diese tatsächlich eine Komponente des Hauptmietzinses darstellen oder nicht eher die Funktion eines Äquivalentes für die Verrechnung von Betriebskosten haben (wobl 1993, 31/23 [*Würth*] = MietSlg 44.515/47).

Selbst wenn der ursprüngliche Hauptmietzins nicht wertgesichert war, kann im **68** Rahmen der Anhebung auf den angemessenen Mietzins nach § 12a auch dessen künftige **Wertsicherung** begehrt werden. War hingegen schon bislang eine Wertsicherung vereinbart, bleibt diese – als Konsequenz der mit dem Vertragsübergang nach § 12a Abs 1 verbundenen umfassenden Einzelrechtsnachfolge (oben Rz 30) – auch dann maßgeblich, wenn im Anhebungsbegehren nicht ausdrücklich (neuerlich) eine Wertsicherung begehrt wird (wobl 1993, 170/113 = MietSlg 45.252 mwN; zu Detailfragen in diesem Zusammenhang siehe auch *Reich-Rohrwig* 177 ff).

69 Bei schlichtem **Miteigentum** am Bestandgegenstand stellt die Anhebung eine Maßnahme der ordentlichen Verwaltung der Liegenschaft dar (MietSlg 47.230; MietSlg 50.064/15 = immolex 1998, 201/123; zur Zustimmung zum rechtsgeschäftlichen Vertragsübergang auf den Unternehmenserwerber unter Verzicht auf das Anhebungsrecht als demgegenüber Maßnahme der außerordentlichen Verwaltung vgl aber wobl 1996, 31/4 = MietSlg 47.228/17 sowie *Iro*, RdW 1995, 338 ff). Bei einem **übernommenen „Altmietvertrag"** ist ab WE-Begründung ausschließlich der Wohnungseigentümer zur Mietzinsanhebung berechtigt (idS schon bislang die Rspr [wobl 1998, 178/121 = MietSlg 49.216 = immolex 1998, 238/155 ‹*Pfiel*›] bzw seit 1. 7. 2002 zweifelsfrei aufgrund von § 4 Abs 1 WEG 2002 [Rz 9 zu § 4 WEG]).

70 Jedenfalls bis zur MRN 2001 war davon auszugehen, dass das Recht zur Überprüfung des einseitig angehobenen Mietzinses in Analogie zu § 16 Abs 8 grundsätzlich einer **3-jährigen Präklusivfrist** unterliegt (*Vonkilch*, RdW 1999, 395 ff; zur Auswirkung der MRN 2001 auf diese Frage Rz 79 zu § 16 mwN).

B. Maßgeblicher Zeitpunkt für die Ermittlung der zulässigen Mietzinserhöhung

71 Der für das Ausmaß der Mietzinsanhebung maßgebliche Zeitpunkt wird durch § 12a Abs 7 eindeutig festgelegt und ist – wie von der Rspr mittlerweile klargestellt – aufgrund des Verweises in § 46a Abs 6 auf diese Regelung auch im Falle einer Mietzinsanhebung nach § 46a entscheidend (ausführlich Rz 8 zu § 46a). Demnach kommt es im Fall des § 12a Abs 1 auf die Verhältnisse im **Zeitpunkt der Unternehmensveräußerung** an (zu diesem oben Rz 13), im Falle des § 12a Abs 3 auf jene im **Zeitpunkt der entscheidenden Änderung der rechtlichen und wirtschaftlichen Einflussmöglichkeiten** und im Fall des § 12a Abs 5 auf jene bei **Beginn des Pachtverhältnisses.**

C. Maßgebliche Verhältnisse für die Ermittlung der zulässigen Mietzinserhöhung

72 In Abkehr von der Rspr zu § 12 Abs 3 aF, bei der unter weitgehender Berücksichtigung des Aspekts des „Neuvermietungsäquivalents" (oben Rz 64) und aufgrund des ausschließlichen Verweises auf § 16 Abs 1 teilweise auch verbesserte Neuvermietungsmöglichkeiten aufgrund von Adaptionen des Bestandgegenstandes für das Ausmaß der Mietzinsanhebung mitberücksichtigt wurden (etwa in wobl 1992, 81/64 = MietSlg 44.322 = ecolex 1992, 556 [krit *Hausmann*] im Zusammenhang mit der möglichen Aufteilung des Bestandgegenstandes zur besseren Neuvermietung), wird von der Rspr nunmehr unter Berufung auf die ausdrückliche

Ausstattungskategorie und Kategoriebeträge

§ 15a.   (1) Eine Wohnung hat die Ausstattungskategorie

1. A, wenn sie in brauchbarem Zustand ist, ihre Nutzfläche mindestens 30 m^2 beträgt, die Wohnung zumindest aus Zimmer, Küche (Kochnische), Vorraum, Klosett und einer dem zeitgemäßen Standard entsprechenden Badegelegenheit (Baderaum oder Badenische) besteht und über eine gemeinsame Wärmeversorgungsanlage oder eine Etagenheizung oder eine gleichwertige stationäre Heizung und über eine Warmwasseraufbereitung verfügt;

2. B, wenn sie in brauchbarem Zustand ist, zumindest aus Zimmer, Küche (Kochnische), Vorraum, Klosett und einer dem zeitgemäßen Standard entsprechenden Badegelegenheit (Baderaum oder Badenische) besteht;

3. C, wenn sie in brauchbarem Zustand ist und zumindest über eine Wasserentnahmestelle und ein Klosett im Inneren verfügt;

4. D, wenn sie entweder über keine Wasserentnahmestelle oder über kein Klosett im Inneren verfügt oder wenn bei ihr eine dieser beiden Einrichtungen nicht brauchbar ist und auch nicht innerhalb angemessener Frist nach Anzeige durch den Mieter vom Vermieter brauchbar gemacht wird.

(2) Die Ausstattungskategorie nach Abs. 1 richtet sich nach dem Ausstattungszustand der Wohnung im Zeitpunkt des Abschlusses des Mietvertrags. Eine Wohnung ist in eine Ausstattungskategorie auch bei Fehlen eines Ausstattungsmerkmals einzuordnen, wenn das fehlende Ausstattungsmerkmal, nicht jedoch eine Badegelegenheit, durch ein oder mehrere Ausstattungsmerkmale einer höheren Ausstattungskategorie aufgewogen wird.

(3) Der Kategoriebetrag je Quadratmeter der Nutzfläche und Monat wird für die Ausstattungskategorie

1. A mit 2,64 Euro,
2. B mit 1,98 Euro,
3. C mit 1,32 Euro,
4. D mit 0,66 Euro

festgesetzt und entsprechend der Regelung des § 16 Abs. 6 valorisiert.

(4) Der Bundesminister für Justiz hat die durch die Valorisierung geänderten Beträge und den Zeitpunkt, in dem deren Änderung mietrechtlich wirksam wird, im Bundesgesetzblatt kundzumachen. Die Kundmachung hat auch einen Hinweis auf die in § 16 Abs. 9 zweiter Satz angeführten weiteren Voraussetzungen für eine Erhöhung des Hauptmietzinses zu enthalten.

Literatur: *Fenyves*, Zwei Probleme der Mietzinsbildung nach dem MRG, ImmZ 1983, 179, 203; *Schimetschek*, Die dem zeitgemäßen Standard entsprechende Badegelegenheit, ImmZ 1983, 423; *Würth*, Der maßgebliche Zeitpunkt für die Prüfung des Hauptmietzinses nach dem MRG, ImmZ 1983, 206; *Iro*, Erhaltungsbeitrag und Mietzinsherabsetzung bei unterbliebener Anzeige der Unbrauchbarkeit (§ 16 Abs 2 Z 4 MRG), RdW 1986, 199; *Marinovic*, Die Ausstattungskategorie im Mietrechtsgesetz, ÖHB 1986/9, 1; 1986/10, 1 und 1986/11, 5; *Meinhart*, Kategorieeinstufung des von einem Wohnungseigentümer ausgebauten Dachbodens, ImmZ 1987, 187, 215, 235; *Assem*, Erhöhung der Kategoriebeträge gem § 16 Abs 4

MRG, ImmZ 1988, 331; *Würth*, Mietzinsbildung nach dem MRG idF des 3. WÄG, wobl 1993, 193; *Würth*, Indexsprung 1994, wobl 1994, 165; *Lenk*, Sprachschwierigkeiten zwischen Juristen und Technikern, immolex 2001, 82.

Inhaltsübersicht

I. Allgemeines

1 Abgesehen von den **zwischen dem 1.1.1982 und dem 28.2.1994 geschlossenen Mietzinsvereinbarungen**, für welche die sogenannten **Kategoriemietzinse** den **Regelfall** darstellten, sind die seit dem 3. WÄG in § 15a enthaltenen Regelungen über die Ausstattungskategorien von Wohnungen noch **für eine Vielzahl anderer Bestimmungen des MRG**, so etwa die §§ 1 Abs 2 Z 3 lit b), 16 Abs 1 Z 4, Abs 2 Z 6 und Abs 5, 18 ff, 20, 22, 45, 46c sowie auch solcher des WGG **als Hilfsbzw „Rechnungsgrößen"** (AB 1268 BlgNR XVIII. GP zu Art II Abschn I Z 14 des 3. WÄG) **von Bedeutung**. Mit Ausnahme einiger inhaltlich unbedeutender sprachlicher Anpassungen samt Erweiterung der Kundmachungsvorschrift des Abs 4 sowie (naturgemäß) der Höhe der Kategoriesätze entspricht der **zwingende** § 15a weitgehend den Abs 2 bis 4 des § 16 MRG in dessen Urfassung.

II. Anwendungsbereich

2 § 15a kommt nur auf zu **Wohnzwecken** geschlossene **Hauptmietverträge** im **Vollanwendungsbereich des MRG**, daher nicht auf die in § 1 Abs 2, 4 und 5 genannten Objekte bzw Rechtsverhältnisse zur Anwendung, soweit nicht durch spezielle Regelungen in Förderungsgesetzen (siehe dazu etwa den Überblick bei *Prader* Anm 22–24 zu § 1 MRG) und – bei Einhebung eines erhöhten Mietzinses – durch § 45 Abs 3 (dazu Rz 30 ff zu § 45) Gegenteiliges normiert wird. Darüber hinaus ist die Bestimmung durch die Vorschriften über die Mietzinsbildung gemäß § 26 **indirekt auch für Untermietverhältnisse relevant**. Hingegen ist die Norm **im Bereich des WGG** gemäß dessen § 20 Abs 1 Z 1 lit a **nicht anwendbar**.

III. Ausstattungskategorien

A. Grundsätzliches

3 Die Ausstattungskategorie einer Wohnung ist, wie bereits erwähnt, in erster Linie für die Mietzinsbildung der zwischen dem 1.1.1982 und dem 28.2.1994 geschlossenen Verträge von Bedeutung. Durch die Einteilung in die vier Kategorien A bis D mit jeweils einigen wenigen Merkmalen wurden **grobe, schematische Gruppen mit leicht fassbaren Obergrenzen** geschaffen, welche zwar Anlass zu viel Kasuistik gaben und nach wie vor geben, letztlich aber – abgesehen ergibt, wobei Änderungen so lange nicht zu berücksichtigen sind, als sie 5 vH dieser Indexzahl und in der Folge 5 vH der zuletzt für die Valorisierung maßgebenden Indexzahl nicht übersteigen. Bei der Berechnung der neuen Beträge sind Beträge, die einen halben Cent nicht übersteigen, auf den nächstniedrigeren ganzen Cent abzurunden und Beträge, die einen halben Cent übersteigen, auf den nächsthöheren ganzen Cent aufzurunden. Die neuen Beträge gelten ab dem der Verlautbarung der Indexveränderung durch die Bundesanstalt Statistik Österreich folgenden übernächsten Monatsersten. Der Bundesminister für Justiz hat die durch die Valorisierung geänderten Beträge und den Zeitpunkt, in dem deren Änderung mietrechtlich wirksam wird, im Bundesgesetzblatt kundzumachen; die Kundmachung hat in den Fällen einer Erhöhung auch einen Hinweis auf die in Abs. 9 zweiter Satz angeführten weiteren Voraussetzungen für eine Erhöhung des Hauptmietzinses zu enthalten.

(7) Der nach Abs. 1 bis 6 höchstzulässige Hauptmietzins vermindert sich im Fall eines befristeten Hauptmietvertrags (§ 29 Abs. 1 Z 3) um 25 vH. Wird der befristete Hauptmietvertrag in einen Mietvertrag auf unbestimmte Zeit umgewandelt, so gilt die Verminderung des nach Abs. 1 bis 6 höchstzulässigen Hauptmietzinses ab dem Zeitpunkt der Umwandlung nicht mehr, sofern sie im Hauptmietvertrag ziffernmäßig durch Gegenüberstellung des für ein unbefristetes Mietverhältnis zulässigen und des tatsächlich vereinbarten Hauptmietzinses schriftlich ausgewiesen wurde.

(8) Mietzinsvereinbarungen sind insoweit unwirksam, als der vereinbarte Hauptmietzins den nach Abs. 1 bis 7 zulässigen Höchstbetrag überschreitet. Die Unwirksamkeit ist binnen drei Jahren gerichtlich (bei der Gemeinde, § 39) geltend zu machen. Bei befristeten Hauptmietverhältnissen (§ 29 Abs. 1 Z 3) endet diese Frist frühestens sechs Monate nach Auflösung des Mietverhältnisses oder nach seiner Umwandlung in ein unbefristetes Mietverhältnis; die Verjährungsfrist beträgt in diesem Fall zehn Jahre.

(9) Ergibt sich durch die Anwendung einer Wertsicherungsvereinbarung ein höherer Hauptmietzins als nach Abs. 1 bis 7 zu diesem Zeitpunkt zulässig ist, so ist der übersteigende Teil unwirksam. Berechtigt eine Wertsicherungsvereinbarung den Vermieter zu einer Erhöhung des Hauptmietzinses, so hat der Hauptmieter dem Vermieter den erhöhten Hauptmietzins von dem auf das Wirksamwerden der Indexveränderung (Abs. 6 dritter Satz) folgenden Zinstermin an zu entrichten, wenn der Vermieter dem Hauptmieter in einem nach Wirksamwerden der Indexveränderung ergehenden Schreiben, jedoch spätestens 14 Tage vor dem Termin, sein darauf gerichtetes Erhöhungsbegehren bekanntgibt.

(10) Die Beschränkungen der Abs. 2 bis 7 gelten nicht für Vereinbarungen über die zeitlich begrenzte Erhöhung des Hauptmietzinses zur Deckung der Kosten der Erhaltung und von nützlichen Verbesserungen im Sinn der §§ 3 und 4 sowie zur Deckung der Kosten von geförderten Sanierungsmaßnahmen. Solche Vereinbarungen sind nur in Schriftform und frühestens ein halbes Jahr nach Abschluß des Mietvertrags zulässig; das Ausmaß der Erhöhung und der Erhöhungszeitraum sind ausdrücklich zu vereinba-

ren. Bei befristeten Mietverträgen sind solche Vereinbarungen überdies nur zulässig, sofern der Erhöhungszeitraum vor dem Ablauf des Mietverhältnisses endet.

(11) Vereinbarungen gemäß Abs. 10 sind auch für spätere Mieter rechtswirksam, sofern ihnen bei Abschluß des Mietvertrages das Ausmaß der Erhöhung und der Erhöhungszeitraum schriftlich bekanntgegeben wurde und bei einem befristeten Mietvertrag der Erhöhungszeitraum vor dem Ablauf des Mietverhältnisses endet.

(12) Mietzinsvorschriften in förderungsrechtlichen Bestimmungen bleiben unberührt.

Abs 1 Z 4 idF vor der Novelle 1985 (in Kraft von 1.1.1982 bis 31.12.1985):

(1) [...]

4. der Mietgegenstand eine Wohnung der Ausstattungskategorie A, deren Nutzfläche 90 m² übersteigt, oder eine Wohnung der Ausstattungskategorie B, deren Nutzfläche 130 m² übersteigt, ist, sofern der Vermieter eine solche Wohnung innerhalb von sechs Monaten nach der Räumung durch den früheren Mieter oder Inhaber an einen nicht zum Eintritt in die Mietrechte des früheren Mieters Berechtigten vermietet;

[...]

Abs 1 idF vor dem 3. WÄG (in Kraft von 1.1.1986 bis 28.2.1994):

§ 16. (1) Vereinbarungen zwischen dem Vermieter und dem Mieter über die Höhe des Hauptmietzinses für einen in Hauptmiete gemieteten Mietgegenstand sind ohne die Beschränkungen des Abs. 2 bis zu dem für den Mietgegenstand nach Größe, Art, Beschaffenheit, Lage, Ausstattungs- und Erhaltungszustand angemessenen Betrag zulässig, wenn

1. der Mietgegenstand nicht zu Wohnzwecken dient; wird ein Mietgegenstand teils als Wohnung, teils als Geschäftsräumlichkeit verwendet, so darf nur der für Wohnungen zulässige Hauptmietzins angerechnet werden, es sei denn, daß die Verwendung zu Geschäftszwecken die Verwendung zu Wohnzwecken bedeutend überwiegt;

2. der Mietgegenstand in einem Gebäude gelegen ist, das auf Grund einer nach dem 8. Mai 1945 erteilten Baubewilligung neu errichtet worden ist, oder der Mietgegenstand auf Grund einer nach dem 8. Mai 1945 erteilten Baubewilligung durch Um-, Auf-, Ein- oder Zubau neu geschaffen worden ist; Mietzinsvorschriften in förderungsrechtlichen Bestimmungen werden hiedurch nicht berührt;

3. der Mietgegenstand in einem Gebäude gelegen ist, an dessen Erhaltung aus Gründen des Denkmalschutzes, der Stadt- oder Ortsbildpflege oder aus sonst vergleichbaren Gründen öffentliches Interesse besteht, sofern der Vermieter unbeschadet der Gewährung öffentlicher Mittel zu dessen Erhaltung nach dem 8. Mai 1945 erhebliche Eigenmittel aufgewendet hat;

Ausnahmetatbestände oder aus anderen Gründen vereinbart werden darf und wenn auch keine sonstigen, etwa auf förderungsrechtlichen Vorschriften beruhende Mietzinsvorschriften als leges speciales anderes gebieten und auch kein freier Mietzins (etwa infolge begünstigter Rückzahlung nach dem RBG 1971 [vgl die Erl zu § 53]) vereinbart werden darf. Die Unter- und Obergrenze für den Richtwertmietzins bildet der Kategoriemietzins einerseits sowie der angemessene Mietzins andererseits (wobl 1996, 147/45 = MietSlg 47.267).

B. Richtwert

Ausgangspunkt für dessen **in zwei Schritten erfolgende Berechnung,** welche **58** nur teilweise als Rechnung im mathematischen Sinn bezeichnet werden kann und zum Teil große Ähnlichkeiten zu einem Nutzwertfestsetzungsverfahren nach § 5 Abs 1 WEG 1975 besitzt, ist der aufgrund des RichtWG für jedes der neun Bundesländer gesondert festzusetzende, in Form eines Schillingbetrages pro Quadratmeter und Monat auszudrückende **Richtwert** für die „mietrechtliche Normwohnung" (§ 2 RichtWG), welche als fiktives Gebilde und gedanklicher Bezugspunkt für die Beurteilung der jeweiligen Wohnung (*Stabentheiner,* wobl 1994, 86) im nachfolgenden zweiten Schritt anzusehen ist. Die Festsetzung des Richtwertes erfolgt durch Verordnung des BM für Justiz unter Bedachtnahme auf die im RichtWG enthaltenen Grundsätze sowie (idR, aber nicht notwendigerweise) auf die Empfehlungen eines im BM für Justiz eingerichteten Beirates, dem verschiedene funktionale und regionale Interessenvertretungen angehören. Die Richtwerte sind im BGBl kundzumachen und unterliegen sowohl einer jährlichen Wertsicherung nach § 5 RichtWG als auch einer völligen Neufestsetzung unter bestimmten, in § 6 RichtWG enthaltenen Bedingungen.

Die seit 1994 kundgemachten Richtwerte stellen sich wie folgt dar: **59**

Bundesland	ab 1.4.01 (€)	ab 1.4.01 (S)	1.4.00 bis 31.3.01	1.4.99 bis 31.3.00	1.4.98 bis 31.3.99
Burgenland	3,79	52,20	50,90	50,20	49,90
Kärnten	4,86	66,90	65,20	64,30	63,90
Niederösterreich	4,26	58,70	57,20	56,50	56,10
Oberösterreich	4,50	62,00	60,40	59,60	59,20
Salzburg	5,74	79,00	77,00	76,00	75,50
Steiermark	5,73	78,90	76,90	75,90	75,40
Tirol	5,07	69,80	68,10	67,20	66,70
Vorarlberg	6,39	87,90	85,70	84,50	84,00
Wien	4,16	57,20	55,80	55,00	54,70

Bundesland	1.4.97 bis 31.3.98	1.4.96 bis 31.3.97	1.4.95 bis 31.3.96	1.3.94 bis 31.3.95
Burgenland	49,20	48,10	47,20	46,00
Kärnten	63,00	61,50	60,40	58,90
Niederösterreich	55,30	54,00	53,00	51,70

Bundesland	1.4.97 bis 31.3.98	1.4.96 bis 31.3.97	1.4.95 bis 31.3.96	1.3.94 bis 31.3.95
Oberösterreich	58,40	57,00	56,00	54,60
Salzburg	74,40	72,70	71,40	69,60
Steiermark	74,30	72,60	71,30	69,50
Tirol	65,80	64,30	63,10	61,50
Vorarlberg	82,80	80,90	79,40	77,40
Wien	53,90	52,70	51,70	50,40

C. Vergleich mit mietrechtlicher Normwohnung (Lagezuschlag ua)

60 Als nächster Schritt ist das betreffende Bestandobjekt **mit der mietrechtlichen Normwohnung zu vergleichen.** Diese besitzt die Kategorie A mit einer Nutzfläche zwischen 30 m² und 130 m² und liegt in einem Gebäude mit ordnungsgemäßem Erhaltungszustand und durchschnittlicher Wohnlage. Bei dem Vergleich mit der konkreten Wohnung ist deren Richtwertmietzins durch der allgemeinen Verkehrsauffassung und der Erfahrung des täglichen Lebens entsprechende, im Gesetz enthaltener Kriterien durch eine Reihe **prozentueller Zuschläge und/ oder Abstriche** vom Richtwert unter Zugrundelegung der allgemeinen Verkehrsauffassung und den Erfahrungen des täglichen Lebens zu bestimmen. Die im Gesetz in sechs Ziffern enthaltene Aufzählung dieser Kriterien, unter denen keine Hierarchie besteht (*Würth*, wobl 1994, 93; *Schuster*, wobl 1996, 93 f), ist als eine taxative zu verstehen, sodass keine anderen als die dort enthaltenen herangezogen werden können, wobei allerdings einige derselben, wie die beispielhafte Aufzählung der „anderen Teile der Liegenschaft" in Abs 2 Z 1 zeigt, einen sehr weiten Begriffsinhalt haben. Für diese Zuschläge und Abstriche kann der gemäß § 7 RichtwertG eingerichtete Beirat Empfehlungen abgeben, welche im Amtsblatt der Wiener Zeitung kundzumachen sind und welche die Kalkulation der Richtwertmietzinse erleichtern sollen, letztlich aber unverbindlich sind und daher die Gerichte nicht binden können. Derartige, oben nach dem Text des RichtwertG abgedruckte Empfehlungen wurden bis dato allerdings nur vereinzelt für einige Bundesländer erlassen. Deren praktisch wichtigste ist die Empfehlung, ausgehend vom Richtwert für eine Wohnung der Kategorie B einen Abschlag von 25% und für eine solche der Kategorie C einen Abschlag von 50% vorzunehmen (Kundmachung des BM für Justiz, Zl 7127/53-I/7/94).

61 Abs 2 Z 1 zählt die Zweckbestimmung der Wohnung, ihre Stockwerkslage, ihre Lage innerhalb eines Stockwerks, ihre über oder unter dem Durchschnitt liegende Ausstattung mit anderen, demonstrativ aufgezählten Teilen der Liegenschaft wie Balkone, Terrassen usw, ihre sonstige Ausstattung oder Grundrissgestaltung, dies jedoch nur, wenn sie nicht allein auf Kosten des Hauptmieters vorgenommen wurde, auf. Diese **Aufzählung entspricht beinahe wortwörtlich § 8 Abs 1, Satz 2 WEG 2002,** weshalb die Auslegung der verwendeten Begriffe im selben Sinn wie dort, freilich unter Bedachtnahme auf den Umstand, dass es hier nicht um einen Vergleich der einzelnen Objekte untereinander, sondern um einen solchen mit dem abstrakten Vergleichsmaßstab der in § 2 RichtWG beschriebenen und (wie sich aus Abs 1 Z 2 ergibt) gedanklich in einem Althaus gelegenen

Anteil an den Gesamtkosten; Nutzfläche

§ 17. (1) Insoweit nicht zwischen dem Vermieter und allen Mietern des Hauses für einzelne Aufwendungen des Hauses schriftlich ein anderer Verteilungsschlüssel vereinbart worden ist oder sich aus den folgenden Bestimmungen ein solcher Verteilungsschlüssel ergibt, bestimmt sich der Anteil eines Mietgegenstandes an den Gesamtkosten des Hauses nach dem Verhältnis der Nutzfläche des Mietgegenstandes zur Nutzfläche aller vermieteten, vom Vermieter benutzten oder trotz ihrer Vermietbarkeit nicht vermieteten Wohnungen oder sonstigen Mietgegenstände des Hauses.

(1a) Wenn einzelne Aufwendungen vom Verbrauch abhängig sind und die Anteile der Wohnungen oder sonstigen Mietgegenstände des Hauses am Gesamtverbrauch mit wirtschaftlich vernünftigem Kostenaufwand durch Messvorrichtungen ermittelt werden können, kann durch schriftliche Vereinbarung zwischen dem Vermieter und einer Mehrheit von mindestens zwei Dritteln der Mieter – berechnet nach der Anzahl der vermieteten Mietgegenstände – des Hauses eine Aufteilung dieser Aufwendungen nach den Verbrauchsanteilen festgelegt werden. Bei Vorliegen einer solchen Vereinbarung hat jeder Mieter die Erfassung der Verbrauchsanteile in seinem Mietgegenstand zu dulden. Konnten trotz zumutbarer Bemühungen Verbrauchsanteile nicht erfaßt werden, so sind sie, sofern dies dem Stand der Technik entspricht, durch rechnerische Verfahren zu ermitteln; die Nutzfläche, für die auf diese Weise die Verbrauchsanteile ermittelt werden, darf 20 vH nicht übersteigen. Der Teil der Aufwendungen, der dem auf die allgemeinen Teile des Hauses entfallenden Verbrauchsanteil zuzuordnen ist, ist nach dem Verhältnis der Nutzflächen im Sinn des Abs. 1 aufzuteilen. Der Vermieter kann für diese Aufwendungen eine vom Kalenderjahr abweichende Abrechnungsperiode in der Dauer von zwölf Monaten vorsehen.

(2) Die Nutzfläche, die in Quadratmetern auszudrücken ist, ist die gesamte Bodenfläche einer Wohnung oder eines sonstigen Mietgegenstandes abzüglich der Wandstärken und der im Verlauf der Wände befindlichen Durchbrechungen (Ausnehmungen). Keller- und Dachbodenräume, soweit sie ihrer Ausstattung nach nicht für Wohn- oder Geschäftszwecke geeignet sind, sowie Treppen, offene Balkone und Terrassen sind bei der Berechnung der Nutzfläche nicht zu berücksichtigen. Veränderungen der Nutzfläche auf Grund baulicher Maßnahmen des Mieters oder sonstigen Nutzers im Inneren der Wohnung oder des sonstigen Mietgegenstandes einschließlich der Verglasung von Balkonen bleiben bis zur Beendigung seines Miet- oder sonstigen Nutzungsverhältnisses unberücksichtigt.

(3) Die Nutzfläche ist nach dem Naturmaß zu berechnen. Bei Gebäuden, für die die Baubewilligung nach dem 1. Jänner 1985 erteilt wurde, ist sie jedoch auf Grund des behördlich genehmigten Bauplans zu berechnen, es sei denn, daß dies nicht möglich ist oder eine Abweichung vom behördlich genehmigten Bauplan um mehr als 3 vH erwiesen wird.

Literatur: *Meinhart,* Nutzfläche nach Plan- oder Naturmaßen (§ 6 WEG 1975), ImmZ 1979, 19; *Eckharter/Hauswirth/Meinhart/Rollwagen,* Die Nutzfläche im Wohnrecht

(1983); *Meinhart,* Sonderschlüssel für unverhältnismäßigen Wasserverbrauch nach § 17 MRG und § 19 WEG 1975, ImmZ 1986, 431, 455; *Pacher,* Der Instandsetzungs- und Erhaltungsbeitrag im Dienstbarkeitsrecht, ÖJZ 1993, 300; *Garai,* Unterschiedliche Anträge zur Überprüfung der Betriebskosten; unter anderem der Wassergebühren, wobl 1996, 188; *Palten,* Wohnungseigentum, Mietrechtsgesetz, Betriebskostenschlüssel und anderes, wobl 1997, 35; *Stabentheiner/Wais,* Die Wohnrechtsnovelle 1997, ÖJZ 1997, SNr 13; *Hausmann,* Wohnrechtsnovelle 1999 – Änderungen des MRG und WEG, ecolex 1999, 674; *Kothbauer,* Wohnrechtsnovelle 1999, ImmZ 1999, 296, 311; *Stabentheiner,* Die MRG-Novelle zum Schlichtungsverfahren und der Ministerialentwurf einer Wohnrechtsnovelle 1999, immolex 1999, 16; *Stabentheiner,* Die miet- und wohnungseigentumsrechtlichen Teile der Wohnrechtsnovelle 1999, wobl 1999, 285; *Stabentheiner,* Die miet- und wohnungseigentumsrechtlichen Teile der Wohnrechtsnovelle 2000, wobl 2000, 197; *Würth,* Die Wohnrechtsnovelle 1999 (Allgemeiner Teil und MRG) – kritisch betrachtet, wobl 2000, 101; *Vonkilch,* Die Neuerungen der MRG-Novelle 2001 und ihr Beitrag zur Konsolidierung des Wohnrechts, immolex 2002, 39.

Inhaltsübersicht

I. Allgemeines

1 Die Bestimmung regelt die **Verteilung der Gesamtkosten** auf die einzelnen Mietgegenstände des Hauses und die Möglichkeit von **Vereinbarungen über den Aufteilungsschlüssel** entweder für jegliche Art von Aufwendungen zwischen Vermieter und allen Mietern oder – für verbrauchsabhängige Aufwendungen – zwischen Vermieter und zwei Dritteln der Hauptmieter. Unter „Mieter" sind hier immer nur solche zu verstehen, deren Mietverhältnisse dem Vollanwendungsbereich des MRG unterliegen. Während die Kostenverteilung nach dem

MG entsprechend dem Verhältnis der Friedenszinse erfolgte und die Nutzfläche nur für die Berechung der Verwaltungskosten und des höchstzulässigen Mietzinses für Substandardwohnungen herangezogen wurde, führte das MRG generell den Nutzflächenschlüssel ein, wodurch Wertunterschiede, die aufgrund der Berechnungsart des Friedenskronenzinses in den früheren Verteilungsschlüssel einflossen, nicht mehr berücksichtigt werden.

Seit Inkrafttreten des MRG blieben der **Inhalt des Nutzflächenbegriffes und die** **2**
Verteilungsgrundsätze im Wesentlichen unverändert. Mit der WRN 1985 (Novellierung durch das WFG 1984) wurde der 3. Absatz eingefügt, der eine Berechnung der Nutzfläche nach den behördlich genehmigten Bauplänen für Neubauten (Baubewilligung nach dem 1.1.1985) vorschreibt, sofern dies möglich ist und nicht eine Abweichung von zunächst mehr als 2%, seit der WRN 1997 mehr als 3% erwiesen wird. Die **WRN 1999** brachte die Möglichkeit, durch qualifizierte Mehrheitsvereinbarungen **unter bestimmten Voraussetzungen** eine **verbrauchsabhängige Verteilung** einzelner Aufwendungen festzulegen. Weiters sind Nutzflächenänderungen durch bauliche Maßnahmen des Mieters oder sonstigen Nutzers seit Inkrafttreten dieser Bestimmungen am 1.1.2000 erst nach Beendigung des Miet- oder Nutzungsverhältnisses zu berücksichtigen (zum Übergangsrecht siehe Rz 3 zu Art IX der WRN 1999). Mit Inkrafttreten der **WRN 2000** am 1.7.2000 ist die **Sonderbehandlung der Hausbesorgerwohnung in der Nutzfläche weggefallen,** allerdings nur sofern nicht ein „altes" (dh vor dem 1.7.2000 eingegangenes) Hausbesorgerdienstverhältnis fortbesteht. Diesfalls zählt die Hausbesorgerdienstwohnung weiterhin zu den allgemeinen Teilen des Hauses und bleibt bei der Berechnung der Nutzfläche außer Betracht (zum Übergangsrecht siehe Rz 2 zu § 49c). Mit der MRN 2001 wurde § 17 zwar nicht unmittelbar geändert, allerdings bringt es die Schaffung der neuen Teilausnahme für nachträgliche Dachbodenausbauten (§ 1 Abs 4 Z 2 idF der MRN 2001), für die die Baubewilligung nach dem 31.12.2001 erteilt wurde, mit sich, dass auch im Miethausbereich neue sog horizontale Mischhäuser entstehen (*Vonkilch*, immolex 2002, 46).

II. Anwendungsbereich

Der (sachliche) Geltungsbereich der Bestimmung erstreckt sich **nur auf Haupt** **3**
mietverhältnisse im Vollanwendungsbereich des MRG, die Norm findet demnach keine Anwendung auf die in § 1 Abs 2, 4 und 5 genannten Objekte bzw Rechtsverhältnisse, sofern nicht Verweise in förderungsrechtlichen Bestimmungen (siehe dazu etwa die Übersicht bei *Prader* Anm 22–24 zu § 1 MRG) oder – bei Einhebung eines erhöhten Mietzinses – § 45 Abs 3 Gegenteiliges anordnen. Abgesehen davon kann § 17 im Rahmen einer allfälligen Angemessenheitsüberprüfung des Untermietzinses, wenn verteilungsschlüsselabhängige Mietzinsbestandteile wie zB Betriebskosten oder besondere Aufwendungen auf den Untermieter überwälzt werden, mittelbar auch für Untermietverträge Bedeutung erlangen.

Im **Gemeinnützigkeitsbereich** kommt der sowohl hinsichtlich der Verteilungs **4**
grundsätze wie auch bezüglich der Definition der Nutzfläche **im Wesentlichen** **inhaltsgleiche § 16 WGG** zum Tragen. Formal unanwendbar ist die Bestimmung auch für nach **WFG 1968** geförderte Objekte, da aufgrund dessen § 32 Abs 1 und

4 die gegenständliche Norm verdrängt wird, wenngleich das WFG 1968 den nämlichen Nutzflächenbegriff zugrundelegt, es lässt allerdings davon abweichende Vereinbarungen nicht zu (*Würth* in Rummel II² Rz 7 zu § 16 MRG). Auch der wohnungseigentumsrechtliche Nutzflächenbegriff gemäß §§ 2 Abs 7, 7 WEG entspricht inhaltlich der mietrechtlichen Nutzflächendefinition.

III. Prinzipien der Kostenverteilung

A. Grundsätzliches

5 **Maßgebliche gesetzliche Parameter für die Kostenverteilung** sind **entweder die Nutzfläche oder der Verbrauch.** Vereinbarungen über den Aufteilungsschlüssel sind unter bestimmten Voraussetzungen zulässig. In Ermangelung einer solchen Vereinbarung hat der Grundsatz der Verrechnungsvereinfachung vor dem der Verteilungsgerechtigkeit Vorrang (wobl 1998, 24/7 = MietSlg 49.298 = immolex 1997, 295/166; wobl 1999, 348/157 = MietSlg 50.344) und hat die Kostenverteilung prinzipiell gleichförmig nach dem Verhältnis der Nutzflächen zu erfolgen (*Würth* in Rummel II² Rz 2 zu § 17 MRG). Auch wenn das Mietrecht die Rechte des Eigentümers in weiten Bereichen einschränkt, sodass etwa *Klang* (in Klang² II 132) den Eigentümer beinahe in die Stellung eines Verwalters zurückgedrängt sieht, ist dieser bei der Kostenverteilung, soweit er sich im Rahmen des Gesetzes bewegt, nicht an die Wünsche der Mieter oder an einen einmal angewandten anderen Aufteilungsschlüssel gebunden. Dies betrifft insbesondere Grenzfälle, in denen sich mehrere Baulichkeiten auf einem Grundbuchskörper befinden (dazu unten Rz 9 f). Daher hat der Mieter grundsätzlich keinen Anspruch auf Wiedereinführung eines früher gehandhabten Verteilungsschlüssels (MietSlg 51.124 [Wiedereinführung gemeinsamer Abrechnung zweier auf der Liegenschaft errichteter Häuser, die keine bauliche und wirtschaftliche Einheit darstellen]), wenn der nunmehr vom Vermieter angewendete dem Gesetz entspricht. Andernfalls steht es dem Mieter lediglich frei, die Anwendung des gesetzlichen Verteilungsschlüssels zu verlangen.

6 Der **Grundsatz der Verteilung nach Nutzflächen** wird nach Lehre und Rspr insofern **durchbrochen**, als demjenigen **Mieter, der unverhältnismäßig hohe Betriebskosten verursacht, allein das Übermaß** auferlegt werden kann (*Würth* in Rummel II² Rz 5 zu § 17 MRG; MietSlg 25.208 [zur gleichgelagerten Problematik bei Anwendung des § 4 Abs 1 MG]; MietSlg 38.370 [Weiterführung der der Entscheidung MietSlg 25.208 zugrundeliegenden Gedanken auf den Anwendungsbereich des § 17 MRG]; MietSlg 31.290, 33.268, 44.366). Dieser Judikatur liegt der Gedanke zugrunde, dass das Übermaß der verursachten Betriebskosten idR ein gewerblicher Aufwand des Mieters ist, der aus **Billigkeitsgründen** nicht auf die übrigen Mieter überwälzt werden kann. Einschlägige Anwendungsfälle sind zB der unverhältnismäßig hohe Wasserverbrauch durch einen Gewerbebetrieb (MietSlg 27.272, 38.371), vermehrte Senkgrubenentleerung (MietSlg 27.271), die Erhöhung des Feuerversicherungsrisikos (MietSlg 25.208) oder die Verursachung überdurchschnittlicher Müllmengen (MietSlg 31.290; wobl 1988, 118/70 = MietSlg 39.352). Demgegenüber schließt die Rspr eine (unmittelbare) Berücksichtigung eines Minderverbrauches aus (wobl 1998, 24/7 = MietSlg 49.298 = immolex 1997, 295/166 [kein Abweichen vom Nutzflächenschlüssel,

Bei Vorliegen einer wirksamen Aufteilungsvereinbarung ist der Vermieter be- **21**
rechtigt und verhalten, **auch neue Mieter in die bestehende Aufteilungsvereinbarung einzubinden,** da die abweichende Aufteilungsregel Bestandteil auch der
einzelnen Mietverträge wird und daher vom Vermieter nicht einseitig widerrufen
werden oder durch Neuabschluss eines Vertrages ohne Einbeziehung der abweichenden Kostentragungsregel außer Kraft gesetzt werden kann. Bezieht der
Vermieter einen Neumieter nicht in den vereinbarten Verteilungsschlüssel ein,
berührt dies einerseits sein Verhältnis zu den übrigen Mietern nicht. Er hat diesen
gegenüber den vereinbarten Aufteilungsschlüssel anzuwenden. Anderseits hat
aber der Neumieter mangels Einbeziehung in die Vereinbarung Anspruch auf
Anwendung des gesetzlichen Aufteilungsschlüssels, da § 17 Abs 1 mangels anderslautender Vereinbarung, die bei nicht erfolgter Einbeziehung gerade nicht
vorliegt, zum Tragen kommt. Eine allfällige Differenz hat der Vermieter aus
Eigenem zu tragen.

Kostenaufteilungsvereinbarungen nach § 17 Abs 1 in Anlehnung an das Woh- **22**
nungseigentumsrecht (zu § 19 WEG 1975) „quasidingliche" Wirkung zuzu-
sinnen käme nämlich schon deswegen **nicht in Frage,** weil hier andernfalls keine
unübersehbaren Verwicklungen iSd Rspr zu § 6 [etwa MietSlg 47.203; Näheres
Rz 16 zu § 6]) drohen und daher kein Grund besteht, vom fundamentalen
Grundsatz, dass Verträge nur inter partes wirken, abzugehen. Die von den
einzelnen Mietern aufzubringenden Kostenanteile für überwälzbare Aufwendungen des Hauses sind ungeachtet der Zulässigkeit von Aufteilungsverein-
barungen Mietzinsbestandteile iSd § 15 (siehe die dortigen Erl), also Entgelt im
Verhältnis zwischen Vermieter und einzelnem Mieter, welches Entgelt den gesetzlichen Beschränkungen auch unabhängig von abweichenden Vereinbarungen mit Dritten unterliegt. Dazu kommt, dass Vereinbarungen nach Abs 1 nicht
unter der Anforderung der Verteilungsgerechtigkeit oder auch nur der Sachlich-
keit stehen.

E. Wohnungseigentum – Altmietverhältnis

Solange an einer Liegenschaft, an welcher Wohnungseigentum begründet wurde, **23**
noch ein **Altmietverhältnis** (worunter zu verstehen ist, dass der Mietvertrag
noch vor Begründung von Wohnungseigentum am betreffenden Objekt abgeschlossen wurde) besteht, sind gemäß § 32 Abs 1 WEG 2002 die für dieses
Mietverhältnis anzuwendenden Aufteilungsgrundsätze, meist also jene des
MRG, dh gegebenenfalls auch der Nutzflächenschlüssel des § 17 anzuwenden
(wobl 1994, 214/58 [zust *Call*] = MietSlg 45.294/34). Da durch die
Wohnungseigentumsbegründung in die Rechtsposition des Altmieters nicht ein-
gegriffen werden kann, gilt auch hier die Notwendigkeit der Einbeziehung aller
Altmieter in eine allfällige Vereinbarung nach § 17 Abs 1.

Grundsätzlich ist auch gegenüber dem Mieter eines Wohnungseigentümers **24**
ohne Rücksicht auf den Aufteilungsschlüssel, der gegenüber dem Wohnungseigentümer durch die Wohnungseigentümergemeinschaft zur Anwendung
kommt, der Nutzflächenschlüssel des MRG anzuwenden (*Würth* in Rummel
II² Rz 2 zu § 17 MRG; wobl 1990, 75/40 [auf die unbefriedigende Gesetzeslage
hinweisend *Würth*] = MietSlg 42.270/11). **Ein Wohnungseigentümer** kann

aber **mit seinem Mieter** einen **abweichenden Aufteilungsschlüssel** hinsichtlich der Betriebskosten **vereinbaren** (wobl 1994, 214/58 [zust *Call*] = MietSlg 45.294/34). Zwar ist das Rechtsverhältnis zwischen den Eigentümern des Hauses für das Verhältnis des Wohnungseigentümers zu seinem Mieter grundsätzlich irrelevant (wobl 1990, 75/40 [*Würth*] = MietSlg 42.270/11; wobl 1992, 203/135 = MietSlg 43.243) und kommt mangels anderslautender Vereinbarung der Nutzflächenschlüssel auch im Verhältnis zwischen einem Wohnungseigentümer und seinem Mieter zum Tragen, jedoch sind die Worte „aller Mieter" des Abs 1 bei einem Mietvertrag über eine Eigentumswohnung in Ermangelung anderer Mieter gleich wie bei einem Einfamilienhaus zu verstehen (wobl 1994, 214/58 [zust *Call*] = MietSlg 45.294/34; wobl 2000, 49/22 [zust *Call*] = MietSlg 51.327).

IV. Aufteilung nach dem Verbrauch gemäß Abs 1 a

A. Verbrauchsabhängige Aufwendungen

25 Vereinbarungen über die Verteilung von Aufwendungen zwischen dem Vermieter und einer Zweidrittelmehrheit der Mieter nach Abs 1a sind nur für solche Aufwendungen zulässig, die sich – soweit nicht das HeizKG anwendbar ist – auf einen Verbrauch gründen. Der Ausdruck **„Verbrauch"** ist in diesem Zusammenhang nicht wörtlich, sondern **im Sinne von** (in gewissen Grenzen steuerbarer) **„Verursachung" zu verstehen.** Der Gesetzgeber hatte wohl primär die Kaltwasserkosten im Auge, sein Anliegen war aber – wie durch die abstrakte Formulierung zum Ausdruck kommt – nicht nur die Verteilung dieser Kaltwasserkosten, sondern die Ermöglichung von mehr **Verteilungsgerechtigkeit,** die darüber hinaus an objektive Kriterien anknüpfen sollte. Bei Vorliegen der sonstigen Voraussetzungen, also insbesondere der Messbarkeit, können also auch Vereinbarungen nach Abs 1a über solche Kosten getroffen werden, die sich nicht im engsten Wortsinne auf einen Verbrauch gründen, sondern vom Mieter in gewissen Grenzen beeinflussbar verursacht werden, wie zB Müllbeseitigungskosten.

26 Im Falle der verbrauchsabhängigen Verteilung sind allerdings auch **nicht vom Verbrauch abhängige Kostenbestandteile** der betreffenden Aufwendungen, wie etwa Grundgebühren, nach dem Verbrauchsschlüssel aufzuteilen (aA *Würth/ Zingher*, WohnR 2000 Anm 4 zu § 17 MRG), weil das Gesetz die Aufsplittung von verbrauchsabhängigen Aufwendungen in verschiedene, unterschiedlich zu behandelnde Kostenbestandteile nicht vorsieht. Eine solche Aufsplittung würde überdies sowohl dem Grundsatz der Verrechnungsvereinfachung als auch dem Regelungszweck, in einem Teilbereich durch vertragliche Vereinbarung ein Mehr an Verteilungsgerechtigkeit zu erreichen, widersprechen.

B. Bestimmung des Verbrauchsanteils

27 Die Verbrauchsmenge bzw „Verursachungsmenge" muss darüber hinaus durch **Messvorrichtungen im weitesten Sinne** ermittelt, also gemessen werden können. Messvorrichtung ist jede Einrichtung, die zum Erfassen und zur Auswertung von Daten geeignet ist, dass es sich dabei um ein mehr oder weniger kompliziertes technisches Gerät handelt, ist hingegen nicht erforderlich. Es kommen also keineswegs ausschließlich Wasserzähler zur Feststellung des Kaltwas-

Abrechungsperiode ergibt, wobei im Rahmen der an eine übersichtliche Abrechnungsmodalität zu stellenden Anforderungen dem Vermieter mangels gesetzlicher Regelung die Wahl bleibt, die dem Übergang vorhergehende Abrechnungsperiode oder die erste abweichende Abrechnungsperiode durch Hinzunahme der Rumpfperiode zu verlängern oder aber für den Rumpfzeitraum gesondert Rechnung zu legen. Einer Vereinbarung oder der Zustimmung der Mieter bedarf es zur Festlegung einer abweichenden Abrechnungsperiode nicht.

V. *Nutzfläche*

A. Bedeutung der Nutzfläche im Mietrecht

Die **Größe der Nutzfläche** entscheidet unter anderem darüber, ob den Vermieter **34** hinsichtlich einer Wohnung der Ausstattungskategorie D die Anbotspflicht des § 5 trifft, weiters darüber, ob eine Kleinwohnung der Ausstattungskategorie A iSd § 15a entspricht und ob für Wohnungen der Ausstattungskategorie A oder B ein angemessener Mietzins nach § 16 Abs 1 zulässig ist. Da die höchstzulässigen Mietzinse sowohl im Bereich der Kategoriemietzinse nach § 15a wie auch im Bereich der Richtwertmietzinse gemäß § 16 Abs 2–4 auf den Quadratmeter bezogen sind, dient die Nutzfläche als Berechnungsgrundlage für deren Höhe sowie für den erhöhten Mietzins (§ 45) sowie weiters zur Ermittlung des erhöhten Hauptmietzinses gemäß den §§ 18 ff und der fiktiven Einnahmen des § 20.

Im Bereich der Bewirtschaftungskosten bestimmt die Nutzfläche den **Vertei-** **35** **lungsschlüssel** für die Bewirtschaftungskosten und die Höhe des Verwaltungskostenpauschales gemäß § 22. Mitbestimmt durch die Nutzfläche wird schließlich auch die Höhe des Hausbesorgerentgelts für Hausbesorgerdienstverhältnisse nach dem HausbesorgerG (strittig ist allerdings, ob der Nutzflächenbegriff des HausbesorgerG identisch mit demjenigen des MRG ist [*Palten*, Betriebskosten[2] Rz 127; *Würth* in Rummel II[2] Rz 8 zu § 17 MRG]).

B. Definition der Nutzfläche

Die mit der der §§ 2 Abs 7, 7 WEG idente Definition des Nutzflächenbegriffs ist **36** **zwingender Natur** (wobl 1989, 120/62 [zust *Würth, Call*] = MietSlg 41.283/11; *Würth* in Rummel II[2] Rz 7 zu § 17 MRG; *Palten*, HBzMRG 399 und Betriebskosten[2] Rz 127). Dies ergibt sich einerseits aus dem Wesen der Legaldefinition, die eben zum Ausdruck bringt, was im Sinne des MRG unter Nutzfläche zu verstehen ist, andererseits aber auch aus dem Umstand, dass die Mietzinsbeschränkungen durch „Umdeutung" des gesetzlichen Begriffs allzu leicht unterlaufen werden könnten. Parteiendispositionen über die Einbeziehung von Flächen in die Nutzfläche sind daher ebenso wenig möglich, wie die Festlegung der Nutzfläche durch Vereinbarung. Die Größe der Nutzfläche ist vielmehr je nach Alter des Gebäudes (unten Rz 45 ff) zwingend nach dem Natur- oder Planmaß zu ermitteln.

In die Nutzflächenberechnung sind **nur solche Räume** einzubeziehen, die **objek-** **37** **tiv zu Wohn- oder Geschäftszwecken nutzbar** sind (MietSlg 45.297; *Dirnbacher*, MRG 2000 „neu" 194; vgl auch unten Rz 41). Treppen, offene Balkone und Terrassen sind bei der Berechnung der Nutzfläche daher nicht einzubeziehen, was das Gesetz selbst klarstellend zum Ausdruck bringt. Die Nennung von **Treppen** bezieht sich nur auf innerhalb von Mietgegenständen gelegene Treppen (MietSlg 36.353), da sie, soweit sie zu den allgemeinen Teilen gehören, schon aus diesem Grund von der Nutzflächenberechnung ausgenommen sind. Die in Mietgegenständen gelegene Bodenfläche unterhalb von Treppen ist nicht Treppe und gehört daher zur Nutzfläche (so zutreffend *Eckharter et al* 15; aA *Würth/ Zingher*[20] Rz 8 zu § 17 MRG). Bedeutungslos ist, ob die Fläche der Treppe selbst zu Wohn- oder Geschäftszwecken genutzt wird (MietSlg 36.353). Auch Rampen, Ausfahrts- und Rangierflächen einer Sammelgarage (wohl aber die Stellflächen für die Fahrzeuge) sind bei der Berechnung der Nutzfläche nach § 17 Abs 2 MRG nicht zu berücksichtigen, da sie den vom Nutzflächenbegriff ausgenommenen Treppen gleichzuhalten sind (wobl 2000, 109/51 = MietSlg 52.333 = immolex 2000, 70/44).

38 Eine **Loggia**, worunter ein nach vorne offener, dort mit einem Geländer abgeschlossener und von seitlichen Wänden, einem Fußboden und einer Decke begrenzter Raum zu verstehen ist (MietSlg 38.374/12), ist hingegen, im Gegensatz zu einem **offenen Balkon** bzw einer **Terrasse** (wobl 2001, 115/69 = MietSlg 52.334 = immolex 2001, 72/44 [krit *Kovanyi*]) bei der Berechnung der Nutzfläche voll zu berücksichtigen. Geht eine Loggia in einen offenen Balkon über, so ist der Teil der wie eben beschrieben von Wänden begrenzt wird, nutzflächenrelevant, jener Teil, der für sich allein als offener Balkon anzusehen wäre, aber nicht (MietSlg 36.352).

39 Die Nutzfläche ist die in Quadratmetern auszudrückende **gesamte Bodenfläche** eines nutzflächenrelevanten Objektes, wobei die Wandstärken und die im Verlauf der Wände befindlichen Durchbrechungen (Ausnehmungen) abzuziehen sind. Unter „Durchbrechungen" sind vornehmlich Öffnungen wie Türen und Fenster zu verstehen. Mit „Ausnehmungen" sind Nischen, welche nicht bis zur Decke reichen, gemeint (MietSlg 38.375; wobl 1990, 13/6 [zust *Würth*] = MietSlg 41.284 [Nische, die 5 cm unterhalb des Deckenniveaus endet, gehört nicht zur Nutzfläche]). Anderes hingegen gilt für die Verjüngung einer Wand, wenn diese vom Boden bis zur Decke in verringerter Stärke fortgeführt wird (wobl 1990, 13/6 [zust *Würth*] = MietSlg 41.284), diesfalls zählt die Aussparung sehr wohl zur Nutzfläche.

40 Da im Gesetz ausdrücklich auf die Bodenfläche Bezug genommen ist, sind vom Fußboden aufragende gemauerte Sockel in die Nutzfläche nicht einzubeziehen, ebenso ist die **Verputzstärke samt allfälliger Verfliesung** Bestandteil der Wand und gehört daher die so eingenommene Fläche nicht zur Nutzfläche (wobl 1988, 22/6 [zust *Würth*] = MietSlg 39.354). Die Rspr behandelt auch bei Planmaßen Abweichungen vom Bauplan, welche aus der Aufbringung des Verputzes oder von Fliesen resultieren, nicht als „planwidrig" (MietSlg 30.557/60, 32.480, 33.460/ 15). Die Querschnittsfläche eines durch den Vorraum mehrerer Wohnungen gehenden (baulich abgetrennten) Aufzugs zählt nicht zur Nutzfläche (MietSlg 38.375), weil sie nicht Teil einer selbständigen Räumlichkeit ist, hingegen ist ein Lift in einem mehrstöckigen Objekt insoweit in die Nutzfläche mit einzubeziehen, als dessen (Innen-)Fläche unter Abzug der Wandstärken zu berücksichtigen ist (MietSlg 40.376, 41.282).

Mietgegenstände und -verhältnisse anwendbar, soweit nicht spezielle Förderungsbestimmungen (siehe dazu etwa den Überblick bei *Prader* Anm 22–24 zu
§ 1 MRG) oder – bei Einhebung eines erhöhten Mietzinses – § 45 Abs 3 Gegenteiliges anordnen. Demnach kann die Anwendbarkeit der §§ 18 ff für den Teilanwendungsbereich nach § 1 Abs 4 Z 1 durch Einhebung gemäß § 45 Abs 3 erreicht
werden (MietSlg 48.445), was allerdings nur dann möglich ist, wenn zumindest
bei einem Mieter, dessen Mietvertrag vor dem 1.3.1994 geschlossen wurde, der
Hauptmietzins niedriger ist als die im § 45 Abs 1 und 2 angeführten Beträge (vgl
dazu Rz 30 zu § 45).

Eine **analoge Anwendung** der Mietzinserhöhungsbestimmungen außerhalb des   **7**
Vollanwendungsbereiches des MRG sollte mangels Gleichartigkeit des Rechtsgrundes nicht in Betracht kommen (zutreffend *Würth/Zingher*[20] Rz 1 zu § 18
MRG; diesen folgend *Prader,* wobl 2001, 169). Sofern außerhalb des Vollanwendungsbereiches der Erhaltungsaufwand eines Hauses durch die laufenden Mietzinseinnahmen nicht finanzierbar ist, wurde der Standpunkt vertreten, dass die
von der Rspr zu § 19 MG entwickelte Änderungskündigung zuzulassen wäre
(*Derbolav*, HBzMRG 440; *Würth/Zingher*[20] Rz 11 zu § 30 MRG; wobl 1990,
160/81 = MietSlg 41.428; aA MietSlg 39.413), wenn durch Einhebung von EVB
gemäß § 45 Abs 5 aF die unmittelbare Anwendbarkeit der §§ 18 ff nicht herbeigeführt werden kann. Demgegenüber sieht MietSlg 45.301 die analoge Anwendung
der §§ 18, 19 für näherliegend und systemgerechter an als die vom MRG nicht
übernommene **Änderungskündigung**, weil dem Vermieter der Anspruch auf
Mietzinserhöhung für nicht gedeckte Erhaltungsarbeiten zuzubilligen und die
gerichtliche Erhöhung der Hauptmietzinse im Außerstreitverfahren kündigungsrechtlichen Folgen vorzuziehen wäre.

III. Grundsätzliches zur Mietzinserhöhung nach den §§ 18 ff

Im Mietzinserhöhungsverfahren gilt der Grundsatz, dass die durch das Verfahren   **8**
erwirkte Mietzinserhöhung unter Ausschöpfung aller dem Vermieter zumutbaren Möglichkeiten (wie insbesondere Inanspruchnahme von Förderungsmitteln)
so hoch wie nötig, aber auch so gering wie möglich auszufallen hat. Dem
Vermieter bleibt es zwar unbenommen, die ihm zukommenden Verfahrensrechte
in vollem Umfang zu nützen und steht es ihm frei, Erhaltungsarbeiten an der in
seinem Eigentum stehenden Liegenschaft nach Gutdünken zu den ihm passend
scheinenden Bedingungen und Zeiten vornehmen zu lassen und überhaupt seine
Rechtsbeziehungen im Rahmen der Rechtsordnung nach Belieben zu gestalten,
insbesondere auch Räumlichkeiten unentgeltlich oder gegen nicht mehr als Mietzins zu bezeichnendes Entgelt zu überlassen (MietSlg 48.079; MietSlg 52.341)
oder Werklöhne in beliebiger Höhe zu vereinbaren, er muss sich aber im Mietzinserhöhungsverfahren jedenfalls so behandeln lassen, dass für die betroffenen
Mieter die Belastung durch die Überwälzung möglichst gering ausfällt (MietSlg
10.938, 28.237, 36.581/56; wobl 2001, 280/177). Daher sind mit Dritten getroffene
Vereinbarungen einerseits für das Mietzinserhöhungsverfahren ohne Belang (zur
Berücksichtigung nicht mehr als Entgelt anzusehender Mietzinse im Sinne eines
Missbrauchskorrektivs vgl Rz 23 zu § 20); andererseits können, was in der Praxis
gerne übersehen wird, dem Dritten (etwa einem Werkunternehmer) auch die
Verfahrensergebnisse (betreffend die Notwendigkeit der Arbeiten oder die An

E. M. Hausmann

gemessenheit des Werklohnes) nicht ohne ausdrückliche Vereinbarung entgegengehalten werden.

9 Daneben gilt der **Untersuchungsgrundsatz** in seiner strengsten Ausprägung: Die der Mietzinserhöhung zugrundezulegenden Tatsachen sind von Amts wegen zu überprüfen und über die Mietzinserhöhung ist jedenfalls zu entscheiden. Ein Vergleich über das Ausmaß der Mietzinserhöhung kommt nicht in Betracht. Außerstreitstellungen und Zugeständnisse sind wegen der erweiterten Rechtsgestaltungswirkung der Entscheidung (Rz 12 zu § 19) nur eingeschränkt zulässig. Dies bedeutet aber nicht, dass der Sachverhalt in jede nur denkbare Richtung zu ermitteln wäre, auch hier müssen nur die Tatsachen zugrundegelegt werden, für die sich im Verfahren objektive Anhaltspunkte ergaben. Umgekehrt darf aber übereinstimmendes Vorbringen – ja sogar eine Allparteieneinigung – nicht zugrundegelegt werden, wenn sich aus den Verfahrensergebnissen ihre objektive Unrichtigkeit ergibt (MietSlg 51.330 = immolex 2000, 7/5).

10 Das Mietzinserhöhungsverfahren ist schon definitionsgemäß eine rein mietrechtliche Erscheinung. Historisch hatte der Gesetzgeber den typischen Fall eines Hauseigentümers als Vermieter vor Augen, der einer Mehrheit von Mietern gegenüberstand. Seit der Schaffung des Wohnungseigentums und der damit einhergehenden Zersplitterung des Volleigentums an einer Liegenschaft ergeben sich in der Praxis infolge der durchaus häufigen nachträglichen Wohnungseigentumsbegründungen in Altmiethäusern eine Reihe von **Problemen im Zusammenhang mit Wohnungseigentümern und Wohnungseigentumsbewerbern.** Dabei decken sich häufig die wirtschaftlichen Interessen der Wohnungseigentümer und Wohnungseigentumsbewerber mit jenen der Mieter. Dem wird in Anbetracht der Tatsache, dass das MRG nur die mietrechtlichen Beziehungen zwischen Mieter und Vermieter zu regeln vermag, durch die Bestimmungen über das Mietzinserhöhungsverfahren nicht Rechnung getragen. Auch haben die Wohnungseigentümer und Wohnungseigentumsbewerber im Verfahren keine Parteistellung (wobl 1994, 27/4 = MietSlg 45.304/31; näheres dazu Rz 13 ff zu § 19). Eine Entscheidung gemäß den §§ 18 ff ist daher gegenüber Wohnungseigentümern (MietSlg 37.355) oder Wohnungseigentumsbewerbern (wobl 1994, 27/4 = MietSlg 45.304/31) im Verhältnis zum Wohnungseigentumsorganisator oder verwaltendem Mehrheitseigentümer ohne Belang, wenn sie nicht durch vertragliche Vereinbarung in das Verhältnis unter den Miteigentümern einbezogen wird. Mangels Vereinbarung sind die Kosten von Erhaltungsarbeiten für Wohnungs- und Miteigentümer nach den Bestimmungen des § 32 WEG 2002 bzw § 839 ABGB zu tragen. Die Begründung von Wohnungseigentum hindert die Einleitung eines Mietzinserhöhungsverfahren nach den §§ 18 ff nicht.

11 Umgekehrt hat das Mietzinserhöhungsverfahren **auf andere Verfahren jedweder Art keinen unmittelbaren Einfluss,** insbesondere hindert ein solches anhängiges Verfahren nicht die Vollstreckung eines Bauauftrages durch Ersatzvornahme in einem baurechtlichen Verfahren (bbl 1998/65 = BauSlg 1997/215). Auch kann die Unterbrechung eines Rechtsstreits über Mietzinsrückstände gemäß § 41 nicht auf die Anhängigkeit eines Mietzinserhöhungsverfahrens gestützt werden, da erst eine rechtskräftige Entscheidung gemäß § 18a Abs 2 oder § 19

Wohnrecht

ins Gesetz übernommen wurde, setzt sich zusammen aus einem **nach freier Überzeugung (273 ZPO)** festzusetzenden Betrag, aus welchem **zunächst laufend wiederkehrende (kleinere) Erhaltungsarbeiten** zu decken sind. Damit sind Erhaltungsarbeiten angesprochen, die zwar im Entscheidungszeitpunkt absehbar sind, etwa weil regelmäßig solche Arbeiten anfallen oder sich dies aus den Hauptmietzinsabrechnungen der vorangegangenen Kalenderjahre ergibt, die aber nicht unmittelbar heranstehen (diesfalls wären sie ja bereits bei der Berechnung des Deckungsfehlbetrages zu berücksichtigen). Aufwendungen für die Vermögensteuer samt Zuschlägen fallen derzeit, da keine derartige Steuer eingehoben wird, nicht an.

Hat der Vermieter in den der Antragstellung vorausgegangenen zehn Kalenderjahren Erhaltungsarbeiten durchgeführt und hiefür eigene oder fremde Mittel verwendet und haben diese zum Zeitpunkt der Durchführung in den Mietzinsreserven der damals vorangegangenen zehn Kalenderjahre keine Deckung gefunden, so waren sie aus den Mietzinseingängen der darauffolgenden Jahre zu decken (Rz 34 f zu § 3). Dies bewirkt, dass zwar kein Negativsaldo einer Jahresabrechnung vorgetragen werden kann, weil dies zu einer unzulässigen Verlängerung des Verrechnungszeitraumes führen würde, der Vermieter kann aber solche **(restliche) Kosten von Erhaltungsarbeiten** samt allfälligen Finanzierungskosten auch im Verfahren nach den §§ 18 ff auf den Verteilungszeitraum dieser Arbeiten (Bestanddauer der Arbeiten vom Zeitpunkt der Durchführung aus gesehen) aufteilen (MietSlg 49.304 = immolex 1998, 71/39). Demnach sind Tilgungsraten für frühere Erhaltungsarbeiten samt Verzinsung, wenngleich nicht im Rahmen der Hauptmietzinsabrechnung, so doch in demjenigen des Pauschalbetrages zu berücksichtigen und zwar sowohl dann, wenn Fremdkapital zurückzuzahlen ist, wie auch dann, wenn der Vermieter hiefür Eigenkapital verwendet hat. Jedenfalls einzurechnen sind die Tilgungsraten geförderter Darlehen, sodass der Pauschalbetrag so anzusetzen ist, dass alle diese Tilgungsraten samt Verzinsung sowie die laufende Instandhaltung mit Ausnahme größerer Erhaltungsarbeiten darin Deckung finden.

Größere Erhaltungsarbeiten (Rz 16) müssen, auch wenn sie absehbar sind (aber noch nicht heranstehen), außer Betracht bleiben, da sich die Deckungslage (zB durch Neuvermietungen bis zu ihrem tatsächlichen Heranstehen) grundlegend geändert haben kann. Unter laufend wiederkehrenden Erhaltungsarbeiten sind im Sinne einer Abgrenzung von größeren Erhaltungsarbeiten, die die Einleitung eines Mietzinserhöhungsverfahrens zu rechtfertigen vermögen, solche Erhaltungsarbeiten zu verstehen, auf die allein sich ein Mietzinserhöhungsantrag nicht stützen könnte, weil sie nicht einmal ein Jahresmietzinsaufkommen erreichen. Stehen größere Erhaltungsarbeiten heran, ist mangels hinreichender Hauptmietzinsreserve und ausreichender Mietzinseinnahmen ein neues Verfahren einzuleiten.

F. Anrechenbare monatliche Hauptmietzinse (Abs 1 Z 6)

Eine Aufstellung der nach § 18 Abs 1 Z 6 anrechenbaren Hauptmietzinse ist gemäß § 19 Abs 1 Z 3 bereits mit der Antragstellung vorzulegen. Die anrechenbaren monatlichen Hauptmietzinse sind infolge des Verweises in § 18 Abs 1 Z 6 nach § 20 Abs 1 Z 1 lit b bis d zu ermitteln. Somit entsprechen die anrechenbaren monatlichen Hauptmietzinse den für die einzelnen Mietobjekte nach der Ausstattungs- (= Ur-) Kategorie jeweils gültigen Richtwerten gemäß §§ 3,5 und 6 RichtWG (nicht den Richtwertmietzinsen!). Wenngleich der Gesetzeswortlaut, der vor dem 3. WÄG eine eigene Berechnungsvorschrift für die anrechenbaren Hauptmietzins enthielt, durch die hier gebrauchte Verweisung eine deutliche Entlastung erfahren hat (vgl oben Rz 4), ist *Würth/Zingher*[20] (Rz 9 zu § 18 MRG) zumindest teilweise darin zu folgen, dass die Formulierung so unglücklich ist, dass sie jedenfalls einer **berichtigenden Auslegung** (dazu sogleich Rz 39) bedarf. Entgegen der Auffassung von *Würth/Zingher* (aaO) kann aber nicht gesagt werden, dass die vermieteten Mietgegenstände von der Formulierung nicht erfasst wären, da diese ausdrücklich erwähnt sind. Nicht erwähnt sind hingegen die von einem Wohnungseigentümer benützten Objekte, welche aber offensichtlich – wie sich auch aus dem Zitat ergibt – bei der Ermittlung der anrechenbaren Hauptmietzinse nicht außer Betracht bleiben sollen, wobei hier anstelle des Richtwerts der Kategoriebetrag zum Ansatz kommt (zur Problematik der unterschiedlichen Behandlung der vom schlichten Eigentümer und von einem Wohnungseigentümer benutzten Objekte vgl Rz 21 zu § 20). § 18 Abs 1 Z 6 ist daher berichtigend so auszulegen, dass die anrechenbaren Mietzinse **für alle Mietgegenstände** zu ermitteln und der Entscheidung zugrunde zu legen sind, die der Legaldefinition des § 1 Abs 1 entsprechen bzw gemäß § 17 in die Nutzflächenberechnung einzubeziehen sind. Unvermietbare Objekte (Rz 17 zu § 17) bleiben daher außer Betracht, ebenso scheidet ein Vorgriff auf künftige Nutzungsmöglichkeiten aus. Dachbodenräume, die erst zu einer Wohnung oder Geschäftsräumlichkeit ausgebaut werden, sind daher keine vermietbaren Objekte iSd § 18 Abs 1 Z 6 (wobl 1996, 60/13 = MietSlg 46.286). Fließen hingegen in das Mietzinserhöhungsverfahren auch Kosten der Brauchbarmachung von Mietgegenständen ein, so ist die Vermietbarkeit der betreffenden Mietobjekte zu unterstellen. Insbesondere ist – bei geplanter Generalsanierung – der Aufwand für die Sanierung allgemeiner Teile des Hauses nicht derart von den Kosten der Brauchbarmachung leerstehender Objekte unterscheidbar, dass die Kosten den verbliebenen Mietern alleine auferlegt werden könnten (wobl 2001, 280/177).

39 Was schließlich die **leerstehenden Objekte** anbelangt, ist *Würth/Zingher*[20] (Rz 9 zu § 18 MRG) beizupflichten, dass die Berechnung des anrechenbaren Mietzinses hier nicht nach § 20 Abs 1 lit d erfolgen kann. Wäre dies nämlich der Fall, so wäre in den ersten sechs bzw 18 Monaten des Leerstehens überhaupt kein anrechenbarer Mietzins anzusetzen, darüber hinaus aber das „strafweise Eineinhalbfache" des Richtwerts. Je nach dem, wie lange ein Objekt zum Zeitpunkt der Entscheidung leer stünde, würden demnach die übrigen Mieter des Hauses durch Nichteinbeziehung des leerstehenden Objektes höher belastet oder es würde für ein zufällig mehr als sechs bzw 18 Monate leerstehendes Objekt das Eineinhalbfache des Richtwerts zugrundegelegt, was infolge der erweiterten Rechtsgestaltungswirkung der Entscheidung einem künftigen Mieter zur Last fiele. Der Vermieter hätte es dann – entgegen dem Gesetzeszweck, der darauf gerichtet ist, den Vermieter durch die Sanktion eines wirtschaftlichen Nachteiles zur raschen Wiedervermietung zu bewegen – sogar in der Hand, durch gezieltes längeres Leerstehenlassen von Mietobjekten ihm vorteilhafte Verschiebungen in der Verteilung schaliert als Ausgabe in der Mietzinsreserve anzusetzen. Für die Zeiträume davor gilt eine in ihren Auswirkungen unklare Übergangsregelung (dazu unten Rz 50). Die Änderung der **Novelle 1999** betraf im wesentlichen die **Anpassung der Abrechnungsvorschrift des Abs 3 an den technischen Fortschritt**, indem die für Belege auf Datenträgern bei der Belegeinsicht einzuhaltende Vorgangsweise ausdrücklich in das Gesetz aufgenommen wurde. Schließlich wurde infolge **Änderung des Hausbesorgerrechts** mit der **Novelle 2000** der Gesetzestext hinsichtlich der Auflegung der Abrechnung beim Hausbesorger bereinigt, indem dessen Erwähnung entfiel. Mit der MRN 2001 entfiel in Anbetracht der Neufassung des § 45 in Abs 1 Z 1 lit a die Wendung „Erhaltungs- und Verbesserungsbeitrag". Eine inhaltliche Änderung ist damit nicht verbunden. Allerdings werden durch die neugeschaffene Teilausnahme des § 1 Abs 4 Z 2 (Rz 94 ff zu § 1) horizontale Mischhäuser geschaffen, die eine Fülle abrechnungstechnischer Probleme mit sich bringen (vgl *Vonkilch*, immolex 2002, 46 sowie unten Rz 19)

II. Anwendungsbereich

§ 20 ist nur im **Vollanwendungsbereich** des MRG und **nur für Hauptmietver-** **7** **hältnisse**, daher nicht auf die in § 1 Abs 2, 4 und 5 genannten Mietgegenstände bzw -verhältnisse anwendbar, soweit nicht spezielle Förderungsbestimmungen (siehe dazu etwa den Überblick bei *Prader* Anm 22–24 zu § 1 MRG) oder – bei Einhebung eines erhöhten Mietzinses – § 45 Abs 3 Gegenteiliges anordnen. Eine solche Einhebung führt zur Unterstellung der Mietgegenstände des gesamten Hauses unter den Vollanwendungsbereich des MRG mit Ausnahme der Abs 2 bis 7 und 10 des § 16 (MietSlg 48.445), soweit es sich nicht um Mietverhältnisse nach § 1 Abs 2 handelt; sie macht daher den Vermieter ab dem Zeitpunkt der erstmaligen Einhebung des Erhaltung- und Verbesserungsbeitrages gemäß § 20 abrechnungspflichtig. Im **Gemeinnützigkeitsrecht** ist die Bestimmung gemäß § 20 Abs 1 Z 1 lit a WGG **nicht anwendbar.**

III. Reflexwirkungen außerhalb des Mietrechts

Während das MRG grundsätzlich auf das einzelne Mietverhältnis abstellt, ist § 20 **8** eine auf das gesamte Haus „übergreifende" Vorschrift. Der Vermieter hat nämlich die Hauptmietzinsabrechnung jährlich **unter Berücksichtigung aller Miet- und Nutzungsverhältnisse des Hauses** (Rz 19) zu erstellen, wenn auch nur ein einziges Mietverhältnis im Haus dem Vollanwendungsbereich des MRG unterliegt. Darüber hinaus entfaltet die Bestimmung erhebliche **Reflexwirkungen** im Verhältnis zwischen Verkäufer und Erwerber einer Liegenschaft, Miteigentümern untereinander und Vermieter und Verwalter, obwohl sie **nur im Verhältnis zwischen dem Vermieter und einem Hauptmieter**, dessen Mietverhältnis dem Vollanwendungsbereich des MRG unterliegt, unmittelbar Anwendung findet.

Da immer der **jeweilige Vermieter zur Rechnungslegung verpflichtet** ist **9** (MietSlg 38.538; wobl 1989, 48/16 [zust *Würth*] = MietSlg 40.424; MietSlg 47.281; wobl 1999, 28/18 = MietSlg 49.415 = immolex 1998, 70/38 [*Pfiel*]) und sich dieser nicht darauf berufen kann, dass nicht er, sondern sein Rechtsvorgänger über die erforderlichen Unterlagen verfüge (MietSlg 39.371), sieht die Rspr zurecht den Verkäufer einer Liegenschaft mit (zumindest einem) dem Anwendungsbereich des § 20 unterliegenden Bestandobjekt(en) grundsätzlich als zur Rechnungslegung bzw zur Überlassung der erforderlichen Unterlagen an den Käufer verpflichtet an (MietSlg 40.080, 45.307, 46.063). Diese Verpflichtung besteht jedoch nur in dem Umfang, als sie für den Erwerber zur Erfüllung seiner mietrechtlichen Pflichten erforderlich ist, dh es sind die Rechnungsunterlagen und Belege sowie die erforderlichen Informationen (über Eigennutzungen, Leerstehungen usw) zur Verfügung zu stellen; der Verkäufer ist aber mangels anderslautender Vereinbarung dem Erwerber gegenüber nicht zur Erstellung einer förmlichen Hauptmietzinsabrechnung gemäß § 20 verpflichtet.

10 Für **Miteigentümer untereinander** (zu denen auch Wohnungseigentümer bzw Wohnungseigentumsbewerber zu zählen sind) gelten die nämlichen Grundsätze wie für den Erwerber einer Liegenschaft mit zumindest einem Mietverhältnis, auf welches § 20 anwendbar ist. Jene Rspr, wonach zwischen schlichten Miteigentümern keine Abrechnung der Mietzinsreserve oder des Mietzinsabgangs zu legen sei, da die gemeinschaftlichen Nutzungen und Lasten nach dem Verhältnis der Anteile aufzuteilen seien (MietSlg 50.354 = immolex 1999, 40/29 = ImmZ 1999, 104 [*Meinhart*]) ist ausschließlich in dem Sinne zu verstehen, dass aus dem Miteigentumsrecht selbst kein selbständiges Recht auf Rechnungslegung gemäß § 20 erwächst. Anspruchsgrundlage für die Legung der Hauptmietzinsabrechnung nach § 20 im Verhältnis zwischen Miteigentümern kann stets nur eine mietrechtliche Verpflichtung eines Miteigentümers (zur Vermieterstellung siehe die Erl zu § 2) sein, da die Mietzinsreserve oder ein Mietzinsabgang für das Verhältnis der Miteigentümer untereinander belanglos ist (wobl 1999, 227/110 [zust *Call*] = MietSlg 51.557 = immolex 1999, 343/184). Soweit Miteigentümer von den Mietern auf Rechnungslegung und der sich darauf gründenden Rechtsfolgen in Anspruch genommen werden oder werden können (vgl MietSlg 48.400 [Passivlegitimation aller Miteigentümer]), muss ihnen auch ein Recht auf Rechnungslegung gegen denjenigen Teilhaber der Miteigentümergemeinschaft zugebilligt werden, der dazu in der Lage ist. Ein Rechnungslegungsbegehren eines Miteigentümers kann mangels Anspruches nach § 20 allerdings nur im streitigen Verfahren verfolgt werden.

11 Im **Verhältnis zwischen Vermieter und Verwalter** gehört die Erstellung der Hauptmietzinsabrechnung im Zweifel zu den Verwalterpflichten, wenn § 20 auf die Mietverhältnisse des betreffenden Hauses wenigstens zum Teil anwendbar ist (MietSlg 40.080). Unterlassungen des Verwalters sind aber stets dem Vermieter zuzurechnen (MietSlg 33.432). Wurde nachträglich WE begründet, gehörte die Erstellung der Hauptmietzinsabrechnung vor dem WEG 2002 mangels einer entsprechenden Vereinbarung aber nicht zu den Pflichten des Verwalters gemäß § 17 WEG 1975 (wobl 1999, 227/110 [zust *Call*] = MietSlg 51.557 = immolex 1999, 343/184). Dieser Rspr war schon deshalb zuzustimmen, da dem WE-Verwalter infolge des alleinigen Verwaltungsrechts des Wohnungseigentümers an seinem Objekt nach § 13 Abs 1 WEG 1975 die „Verwaltung des Bestandverhältnisses" regelmäßig überhaupt nicht zukam. Zur nunmehr bestehenden Solidarhaftung der Eigentümergemeinschaft für liegenschaftsbezogene Ansprüche eines „Altmieters" (Rz 23 zu § 17) vgl Rz 49 zu § 4 WEG. Zu beachten ist idZus auch, dass nicht für jede Liegenschaft, an der nur zum Teil WE begründet ist

(„Mischhaus", dazu Rz 11 zu § 9 WEG), auch WE-rechtlich ein gemeinsamer Verwalter bestellt ist. Auf die Bestellung eines solchen wird insbesondere bei nachträglich ausgebauten Dachböden und nur daran begründetem WE in der Praxis oft verzichtet und die für das Haus vor der WE-Begründung gehandhabte Verwaltungspraxis beibehalten. Dies läuft darauf hinaus, dass der erteilte Verwaltungsauftrag und auch die Verpflichtung zur Erstellung der Hauptmietzinsabrechnung aufrecht bleiben.

IV. Hauptmietzinsabrechnung

A. Grundsätzliches

Der mit „Hauptmietzinsabrechnung" überschriebene Verrechnungskreis des **12** § 20 weist die für die Annahme einer Abrechnungsverpflichtung im eigentlichen Wortsinn erforderliche Anknüpfung an tatsächliche Einnahmen und Ausgaben nur in geringem Maße auf, da sowohl einnahmen- wie auch ausgabenseitig fiktive Größen bedeutendes Gewicht haben. Entgegen dem im Gesetz gebrauchten Ausdruck wird daher nicht wirklich eine Rechnungslegungspflicht angeordnet, sondern der **Vermieter zur jährlichen Ermittlung einer mietrechtlichen Rechnungsgröße, die durch die taxativ** (MietSlg 39.369/17) **aufgezählten Einnahmen- und Ausgabenpositionen definiert ist, verpflichtet** und demgegenüber für die Mieter ein Einsichtsrecht in die Berechnung und ihre Grundlagen festgelegt.

§ 20 Abs 1 erlegt dem Vermieter diese **Verpflichtung objektivrechtlich**, also **13** über das den Hauptmietern eingeräumte Einsichtsrecht hinaus, auf. Bedeutsame Folge ist, dass im Verfahren nach § 6, in dem die Hauptmietzinsabrechnungen mehrerer Jahre entscheidungswesentlich sein können, das **Gericht** dem Vermieter von Amts wegen oder auch auf Antrag der Gemeinde die Vorlage der Hauptmietzinsabrechnungen auftragen kann, und zwar auch dann, wenn der Vermieter seiner Verpflichtung nach Abs 3 bereits nachgekommen ist (MietSlg 45.309) oder für Kalenderjahre, hinsichtlich derer kein antragsberechtigter Hauptmieter mehr vorhanden ist, weil alle bestehenden Hauptmietverhältnisse nach dem Fälligkeitszeitpunkt für die betreffende Abrechnung begründet wurden. Kommt der Vermieter dem gerichtlichen Auftrag nicht nach, wird wohl das Gericht infolge **Verletzung der dem Vermieter obliegenden Mitwirkungspflicht** ohne weitere Beweisaufnahmen von einer hinreichenden Deckung durch die Mietzinsreserven der vergangenen zehn Kalenderjahre ausgehen können. Die Verhängung einer Ordnungsstrafe kommt in diesem Zusammenhang mangels ausdrücklicher gesetzlicher Anordnung nicht in Betracht. Daneben besteht auch kein Bedarf nach einer solchen Anordnung, da die Zwischenschaltung eines Verfahrens zur Verhängung einer Ordnungsstrafe nur zur Verfahrensverzögerung führen würde.

Die Mietzinsreserve (der Mietzinsabgang) als Ergebnis der Hauptmietzinsab- **14** rechnung bildet zwar die wesentliche Grundlage verschiedener mietrechtlicher Entscheidungen (dazu sogleich), die Hauptmietzinsabrechnung ist aber mangels geeigneter Verfahrensanordnung für sich allein nicht Gegenstand der Überprüfung. Die **Unrichtigkeit von Hauptmietzinsabrechnungen** kann daher als **unselbständige Vorfrage** nur in jenen Verfahren aufgerollt werden, in denen der Frage der Höhe der vorhandenen **Mietzinsreserven** (unten Rz 53) **als materieller**

Entscheidungsgrundlage Bedeutung zukommt (wobl 1990, 46/25 = MietSlg 41.377; MietSlg 48.284). Dabei handelt es sich um die Verfahren zur Durchsetzung von Erhaltung oder Verbesserungsarbeiten gemäß § 37 Abs 1 Z 2 und zur Erhöhung der Hauptmietzinse gemäß den §§ 18 ff. Hingegen findet im Verfahren auf Durchsetzung der Legung der Abrechnungen gemäß § 37 Abs 1 Z 11 zwar eine (eingeschränkte) formale, nicht aber eine Überprüfung auf materielle Richtigkeit statt, es besteht daher auch keine Bindungswirkung an die solcherart erzwungene Hauptmietzinsabrechnung (wobl 2001, 213/123). Die Unrichtigkeit einzelner Positionen der Hauptmietzinsabrechnung ist daher einem gesonderten Feststellungsverfahren nicht zugänglich (wobl 1990, 46/25 = MietSlg 41.377). Hat der Vermieter nicht zumindest eine formell vollständige Abrechnung gelegt, hat er seiner Abrechnungsverpflichtung nicht entsprochen (zutr wobl 1998, 140/90 = MietSlg 48.283).

B. Form und Inhalt der Abrechnung

15 Der Vermieter hat in einer übersichtlichen Aufstellung die in § 20 Abs 1 jeweils **taxativ** (MietSlg 39.369/17) **aufgezählten verrechnungspflichtigen Einnahmen und verrechenbaren Ausgaben einander gegenüberzustellen.** Aus Abs 2 lässt sich auch die Verpflichtung zur Saldenziehung ableiten. Die Aufstellung muss so gestaltet sein, dass sie für einen durchschnittlichen Mieter schon an Hand ihres Inhalts nachvollziehbar ist (*Würth/Zingher*[20] Rz 19 zu § 20 MRG; wobl 1993, 60/46 [zust *Call*] = MietSlg 44.378), dh aus ihr muss unzweifelhaft hervorgehen, dass alle nach dem Gesetz verrechnungspflichtigen Einnahmenpositionen, soweit sie konkret in Betracht kommen, enthalten sind. Die Abrechnung ist nicht ausreichend, wenn nur Gesamtsummen ausgewiesen werden, deren Berechnungsgrundlagen und Entstehungsgründe nicht dargestellt sind (MietSlg 41.297/31; wobl 1998, 140/90 = MietSlg 48.283).

16 Die ausdrückliche **Ausweisung von Nullpositionen fiktiver Einnahmen,** die im betreffenden Haus nicht in Betracht kommen (zB weil kein Wohnungseigentum begründet ist oä) ist **nicht unbedingt erforderlich,** denn was für jeden verständigen Mieter offensichtlich ist, braucht nicht detailliert angeführt oder gar erklärt zu werden. Entgegen der Rspr (wobl 1993, 60/46 [zust *Call*] = MietSlg 44.378) erscheint die Abrechnungspflicht überspannt, wenn gefordert wird, dass jeder Mieter des Hauses aus der Abrechnung selbst entnehmen können müsse, welcher Betrag in jedem Monat für das einzelne Mietobjekt als Einnahme verrechnet wurde, zumal damit der vom Gesetz ausdrücklich geforderten Übersichtlichkeit kein guter Dienst erwiesen wird. *Würth/Zingher*[20] (Rz 19 zu § 20 MRG) relativieren dies insofern, als sie die Zusammenfassung monatlich gleichbleibender Mietzinsbeträge zulassen. Richtigerweise sollte hinsichtlich der tatsächlichen laufenden Mietzinseinnahmen ein Verweis auf die Zinslisten (MietSlg 44.380) ausreichend sein, da diese einem sonstigen Beleg gleichzuhalten sind und auch bei anderen Abrechnungspositionen nicht die Aufnahme des Beleginhalts in die Abrechnung verlangt wird. Hinsichtlich der fiktiven Einnahmepositionen ist jedenfalls eine Darstellung der Berechnungsgrundlage erforderlich.

17 Ausgabenseitig muss schon aus der Abrechnung für sich hervorgehen, dass sie keine anderen als die in § 20 Abs 1 Z 2 MRG angeführten Ausgabenbeträge enthält, demnach muss die Art der Ausgabe in der Hauptmietzinsabrechnung angeführt sein (zB Dachdeckerarbeiten/Firmenname). Es muss der Abrechnung weiters zu entnehmen sein, **welche konkreten Ausgabenpositionen geltend gemacht** werden (wobl 1993, 60/46 [zust *Call*] = MietSlg 44.378). Die Belegeinsicht soll die Kontrolle der Abrechnung durch den Vergleich der Kostenpositionen mit den Belegen ermöglichen, vermag aber die Abrechnung nicht zu ersetzen (so auch MietSlg 41.297/31 zu § 21 Abs 3 MRG). Auf Mängel des verwendeten Computerprogramms kann sich der Vermieter nicht berufen. Die Rspr, der hier uneingeschränkt zu folgen ist, vertritt den Standpunkt, dass es Sache des Vermieters sei, sich gegebenenfalls ein geeignetes Computerprogramm zur Erfüllung seiner Abrechnungsverpflichtung zu beschaffen (wobl 1993, 40/46 = MietSlg 44.378).

Die **Überprüfung der Belege** hinsichtlich ihrer Richtigkeit und die Frage, inwie- **18** weit sie geeignet sind, die Berechtigung einer in der Hauptmietzinsabrechnung ausgewiesenen Ausgabe abzuleiten, gehören zum Abrechnungsinhalt, dessen Überprüfung im Rahmen des § 20 nicht vorgesehen ist (MietSlg 39.511).

V. Einnahmen (§ 20 Abs 1 Z 1)

A. Mietgegenstandsbegriff des § 20

Würth/Zingher[20] (Rz 3 und 4 zu § 20 MRG) legen hier den Mietgegenstandsbe- **19** griff des § 1 Abs 1 als maßgeblich zugrunde und sehen nur die Mietzinse aus dem Vollanwendungsbereich des MRG unterliegenden Mietverhältnissen als verrechnungspflichtig an, gehen allerdings davon aus, dass nicht dem Vollanwendungsbereich unterliegende Mietverhältnisse wie vom Vermieter benützte Objekte zu behandeln wären (*Würth/Zingher*[20] Rz 5 zu § 20 MRG; ebenso schon *Würth* in HBzMRG 380). Aus der Verwendung identer Worte und aus dem sich in wesentlichen Teilbereichen überschneidenden Normzweck der §§ 17 und 20 ergibt sich aber, dass **Mietgegenstand und Haus** hier **im selben Sinn wie in § 17 zu verstehen** sind: § 17 behandelt die Kostenverteilung; die saldierten Mietzinsreserven der letzten zehn Kalenderjahre sind im Falle eines Mietzinserhöhungsverfahrens nach den §§ 18 ff Grundlage für die Entscheidung, ob und in welchem Ausmaß Erhaltungskosten im Wege einer Mietzinserhöhung auf die Mieter überwälzt werden können. Nach der gegebenen Gesetzessystematik müssen daher im Bereich der Hauptmietzinsverrechnung die nämlichen Grundsätze wie bei der Kostenverteilung gelten und alle Objekte, die Gegenstand eines Mietvertrages sein könnten, in die Verrechnung einbezogen werden. Die Mieter, auf deren Mietverhältnisse § 20 anwendbar ist, sind – abgesehen von ausdrücklich getroffenen Sonderregelungen (unten Rz 36 u 37) – so zu stellen, wie bei zulässiger Vermietung im Vollanwendungsbereich, wobei den Richtwert übersteigende Mietzinseinnahmen für nicht dem Vollanwendungsbereich unterliegende Mietverhältnisse jedenfalls verrechungsfrei bleiben. Dies betrifft insbesondere die mit der MRN 2001 geschaffene Teilausnahme des § 1 Abs 4 Z 2 (Rz 94 ff zu § 1).

Für die **Rechtslage bis zum Inkrafttreten des 3. WÄG** machte es insofern keinen **20** besonderen Unterschied, welchen Mietgegenstandsbegriff man zugrundelegte, weil als Einnahmen entweder die tatsächlich eingenommenen Mietzinse oder die „dem Hauptmietzins (erhöhten Hauptmietzins, Erhaltungs- und Verbesserungsbeitrag) entsprechenden Beträge" auszuweisen waren und demnach vermietete und vom Vermieter benützte Objekte vom Gesetzgeber zumindest abstrakt gleichbehandelt wurden und nur die dem Hauptmietzins entsprechenden Beträge durch Auslegung zu ermitteln waren (vgl unten Rz 33). Im Gegensatz dazu behandelt das Gesetz Mietverhältnisse und Eigennutzung durch den Vermieter seit dem Inkrafttreten des 3. WÄG grundlegend unterschiedlich, wenn es den Vermieter verpflichtet, als fiktive Einnahme für von ihm selbst benützte Objekte je nach Art und Ausstattungszustand **schematisch den für das jeweilige Bundesland im Verrechnungszeitraum gültigen Richtwert** oder einen Prozentsatz hievon in die Hauptmietzinsabrechnung aufzunehmen. Darüber hinaus wurde mit dem 3. WÄG ein eigener Tatbestand für vom Wohnungseigentümer benützte oder vermietete (!) Objekte geschaffen, für welche (weiterhin) die Kategoriebeträge gemäß § 15a als fiktive Einnahmen – wie vor dem 1.3.1994 für vom Vermieter benützte Objekte, sofern deren Benützung nach dem 31.12.1981 aufgenommen wurde – auszuweisen sind.

21 Damit werden nicht nur **von Eigentümern benützte Objekte** in verfassungsrechtlich höchst bedenklicher Weise (ebenso *Würth/Zingher*[20] Rz 7 zu § 20 MRG) **ohne jegliche sachliche Grundlage ungleich behandelt,** sondern besteht auch **für vermietete Objekte ein krasser Wertungswiderspruch,** bleiben doch die vom Wohnungseigentümer tatsächlich lukrierten Mietzinse stets außer Betracht, während der „Vermieter" für Mietverhältnisse des Teilanwendungsbereiches – zumindest wenn man der Auslegung von *Würth/Zingher*[20] (Rz 5 zu § 20 MRG) folgt – den dem Ausstattungszustand entsprechenden Richtwertbetrag auch dann anzusetzen hätte, wenn der tatsächliche erzielte Mietzins weit dahinter zurückbleibt. Mietgegenstände, die aufgrund von Benützungsregelungen von Miteigentümern benützt werden, sind vom Wortlaut des Gesetzes schließlich überhaupt nicht umfasst. Dies ist insbesondere im Vorbereitungsstadium von Wohnungseigentum schlichtweg unerträglich. Subsumiert man nämlich die Benützung infolge Benützungsregelung unter die Eigennutzung des Vermieters, wäre der Richtwert bis zum Zeitpunkt der Wohnungseigentumsbegründung anzusetzen und danach der Kategoriebetrag, sodass für ein und dasselbe Objekt ohne sachliche Änderung von einem Tag auf den anderen unterschiedliche Beträge anzusetzen wären. Bezieht man durch analoge Anwendung von Wohnungseigentumsbewerbern benützte Objekte bei lit c (Wohnungseigentümer) mit ein, würden die vom Wohnungseigentumsbewerber vermieteten Objekte hingegen wegen § 2 Abs 1, wonach bei noch nicht begründetem Wohnungseigentum der Mietvertrag mit dem Liegenschaftseigentümer zustande kommt, immer noch nicht erfasst und wären diese daher als Mietgegenstände nach lit a zu behandeln, ganz abgesehen von dem Umstand, dass der Wohnungseigentümer für Altmietverhältnisse nunmehr in die Vermieterstellung einrückt (Rz 6 f zu § 4 WEG) und bei Wohnungseigentumsbegründung an allen Objekten eines Altmiethauses auch der ursprüngliche Vermieter zum Wohnungseigentümer wird.

22 Einer wenigstens einigermaßen sachgerechten und verfassungskonformen Auslegung kommt man nur dann nahe, wenn man auf eine schematische Zuordnung aller Mietobjekte, die sich nicht unmittelbar unter einen anderen Tatbestand

Die Hauptmietzinsabrechnung für das vorausgegangene Kalenderjahr ist vom **58**
Vermieter bis längstens zum jeweiligen **30. Juni an einer geeigneten Stelle im**
Haus aufzulegen, um den Hauptmietern Gelegenheit zur Einsicht zu geben. Die
Auflegung der Abrechnung kann bei einem Mieter, beim Vermieter, einem Wohnungseigentümer, aber – wenngleich dies nunmehr durch den Wortlaut des
Gesetzes nicht mehr ausdrücklich zum Ausdruck kommt – auch nach wie vor
beim Hausbesorger (Rz 2 zu § 49c) erfolgen. Auch ein Hausanschlag (MietSlg
38.382) oder die direkte Übermittlung einer Kopie der Abrechnung an die Mieter
kommt zur Erfüllung der Rechnungslegungspflicht in Betracht. Auf die Auflage
der Abrechnung und die Möglichkeit, die Belege einzusehen, ist in geeigneter
Weise hinzuweisen (MietSlg 37.360, 38.381, 40.382; *Würth* in Rummel II² Rz 9 zu
§ 20 MRG). Erlangen die Mieter keine Kenntnis von der Auflage, gilt auch die
tatsächlich erstellte Hauptmietzinsabrechnung nicht als gelegt (vgl dazu MietSlg
38.389 für den gleich gelagerten Fall der Betriebskostenabrechnung). Obwohl das
Gesetz – im Gegensatz zu § 9 MG – auf die notwendige Dauer der Auflage keinen
Hinweis mehr gibt, wird man in Anlehnung an die frühere Rechtslage eine
Auflage der Abrechnung und der Belege zur Einsicht der Hauptmieter in der
Dauer von drei Tagen als angemessen erachten können, sofern nicht ausnahmsweise besondere Umstände vorliegen (urlaubsbedingte Abwesenheit aller Hauptmieter einerseits, bereits erfolgte Einsichtnahme durch alle Hauptmieter am Tag
der Auflage andererseits).

Nur die Abrechnung, nicht auch die Belege sind im Haus zur Einsicht der **59**
Hauptmieter aufzulegen. Die Belegeinsicht kann daher auch außerhalb des
Hauses etwa in der Verwaltungskanzlei gewährt werden, darf aber für die
Mieter nicht mit einem unzumutbaren Aufwand an Zeit und Mühe verbunden
sein (MietSlg 38.381, 39.371). Das Recht des Mieters auf Belegeinsicht sowie der
Anspruch auf Ausfolgung von Kopien geht nicht soweit, dass er die Abrechnung und/oder Belege vom Einsichtsort (etwa zur Anfertigung von Kopien)
entfernen dürfte (wobl 1993, 81/62 [zust *Würth*] = MietSlg 44.379/48). Wenn
infolge nicht ordnungsgemäßer Abrechnung die Neuerstellung und Neuauflage
der Abrechnung erforderlich ist, ist auch die Belegeinsicht neuerlich zu gewähren (MietSlg XLIII/31, 44.380; wobl 1994, 71/15 [zust *Call*] = MietSlg VL/33;
MietSlg 49.307, 49.308).

Ist der Vermieter seiner Rechnungslegungsverpflichtung hinsichtlich eines Ka- **60**
lenderjahres **einmal nachgekommen,** kann er **nicht neuerlich zur Rechnungs-**
legung hinsichtlich dieses Jahres **verhalten werden** (MietSlg 45.309). Der an sich
offensichtliche Umstand, dass jemand, der eine Verpflichtung bereits erfüllt hat,
sie nicht noch einmal zu erfüllen braucht, ist insofern doch erwähnenswert, weil
etwa auch ein Hauptmieter, der ohne eigenes Verschulden, aber aus außerhalb der
Sphäre des Vermieters liegenden Gründen keine Einsicht nehmen konnte oder
nach mehreren Jahren (nochmals) Interesse an einer Abrechnung für ein früheres
Jahr zeigt, nicht eine neuerliche, alle Bestandteile umfassende Rechnungslegung
des Vermieters erzwingen kann (wobl 2000, 329/174 = MietSlg 51.337). Insbesondere kann sich der Vermieter, der seiner Verpflichtung entsprochen hat, im
Verfahren nach § 37 Abs 1 Z 11 weigern, die Belege (neuerlich) vorzulegen
(MietSlg 10.382).

61 Die Pflicht des Vermieters, dem Mieter **gegen Kostenersatz** auf Verlangen **Kopien der Abrechnung und der Belege** zur Verfügung zu stellen, ist eine Essentiale der Abrechnungspflicht (wobl 1993, 81/62 [*Würth*] = MietSlg 44.379/48). Der Vermieter ist jedoch zur Ausfolgung von Kopien nur Zug um Zug gegen Kostenersatz (MietSlg 38.382) und **nur im zeitlichen Zusammenhang mit der Abrechnung** verpflichtet. Wird vom Mieter das Begehren auf Kopienausfolgung unter Anbieten von Kostenersatz aus Anlass der Vorlage der Abrechnung und der Belege nicht gestellt, ist demnach die Abrechnungsverpflichtung des Vermieters erfüllt (MietSlg 51.345). In Präzisierung des zeitlichen Zusammenhanges geht die Rspr nunmehr davon aus, dass dieser noch gewahrt ist, wenn der Mieter die Herstellung von Kopien der Betriebskosten- und oder Hauptmietzinsabrechnung bzw von dazugehörigen Belegen **binnen 6 Monaten nach gehöriger Auflage** oder – im Fall der frühzeitigen Auflegung vor dem 30.6. eines Jahres – bis zum Jahresende des dem Verrechnungszeitraum folgenden Jahres (MietSlg 51.336 = immolex 2000, 71/45 [*Pfiel*]; wobl 2000, 329/174 = MietSlg 51.337) verlangt.

62 Auf Verlangen des Vermieters hat der Mieter einen **angemessenen Kostenvorschuss** zu erlegen (wobl 1993, 81/62 [*Würth*] = MietSlg 44.379/48). Verweigert der Mieter den Erlag des Kostenvorschusses, so kann der Vermieter auch die Ausfolgung von Kopien verweigern, ohne seine Abrechnungspflicht zu verletzen. Die Verpflichtung des Vermieters zur Herausgabe von Abschriften der Betriebskosten- und/oder Hauptmietzinsabrechnung nur Zug um Zug gegen Kostenersatz ist im Verfahren nach § 37 Abs 1 Z 11 in die Entscheidung aufzunehmen (MietSlg 47.449 [ergangen zu § 21]).

IX. Ordnungsstrafe (§ 20 Abs 4)

63 Sowohl die Verletzung der Verpflichtung des Vermieters zur Rechnungslegung als auch diejenige der – inhaltlich von der Rechnungslegungspflicht als essentieller Bestandteil umfassten – Verpflichtung zur Gewährung von Belegeinsicht samt Ausfolgung von Kopien gegen Kostenersatz steht unter der **Sanktion der Verhängung einer Ordnungsstrafe. Passiv legitimiert sind alle Miteigentümer**, und zwar auch dann, wenn eine Benützungsregelung über das betreffende Objekt besteht, was zutreffend damit begründet wird, dass der aufgrund einer Benützungsregelung benützende Miteigentümer dem Mieter auch in Vertretung der übrigen Miteigentümer gegenübertritt (MietSlg 48.400).

64 Nach der Rspr ist im Verfahren betreffend die Legung der Hauptmietzinsabrechnung (§ 20 Abs 3 und 4 iVm § 37 Abs 1 Z 11) **der jeweilige Vermieter** (zur hier gegebenen, idR seit dem 1. 7. 2002 maßgeblichen [Rz 17 f zu § 56 WEG] Solidarverpflichtung der Eigentümergemeinschaft nach § 4 Abs 3 WEG siehe Rz 14 f zu § 4 WEG) passiv legitimiert (wobl 1999, 28/18 = MietSlg 49.415 = immolex 1998, 70/38 [*Pfiel*]). Dies kann zu einem Parteiwechsel während des anhängigen Verfahrens führen, wobei es unschädlich ist, wenn die neue Partei des gerichtlichen Verfahrens noch nicht vor der Schlichtungsstelle zugezogen wurde (MietSlg 40.524; *Würth* in Rummel II² Rz 9 und 10 zu § 20 MRG). Wurden im Schlichtungsstellenverfahren nicht schon alle Parteien beigezogen, so kann auch dies noch im gerichtlichen Verfahren saniert werden (MietSlg 37.511, 38.538). **Aktiv**

legitimiert ist, wer **zum Fälligkeitszeitpunkt der Abrechnung Hauptmieter** eines dem Anwendungsbereich des § 20 unterliegenden Mietverhältnisses ist.

Die **Ordnungsstrafe** ist **auf Antrag** eines Hauptmieters zunächst anzudrohen, **65** wenn sich der Vermieter bei der mündlichen Verhandlung vor Gericht oder der Gemeinde weigert, die Hauptmietzinsabrechnung zu legen oder Einsicht in die Belege zu gewähren. Gleiches gilt, wenn der Vermieter zur Verhandlung nicht erscheint. Damit wird nicht etwa eine mit § 37 Abs 3 Z 10 im Widerspruch stehende Verpflichtung des Vermieters zur Teilnahme an einer mündlichen Verhandlung normiert, sondern lediglich zum Ausdruck gebracht, dass die Abrechnung samt Belegen bei sonstiger Androhung einer Ordnungsstrafe spätestens in der mündlichen Verhandlung zu legen ist. Dem Vermieter steht es dabei frei, seiner Verpflichtung vor der mündlichen Verhandlung nachzukommen oder auch die Rechnungslegung zum Bestandteil seiner schriftlichen Äußerung zu machen. Entgegen MietSlg 51.346, in der ein ausdrücklicher Antrag auf Androhung einer Ordnungsstrafe nicht für erforderlich gehalten wird, sieht der klare Gesetzeswortlaut diese Androhung nur aufgrund eines darauf abzielenden Antrags eines Hauptmieters vor (so auch MietSlg 33.431, 41.289). Der Vermieter kann die Androhung einer Ordnungsstrafe nicht durch das bloße Anbot der Belegeinsicht abwenden, wenn er ungeachtet dessen das Recht des Mieters auf eine solche Belegeinsicht bestreitet, da andernfalls das Recht auf Belegeinsicht, welches auch die Ausfolgung von Kopien auf Kosten des Hauptmieters umfasst (wobl 1993, 81/62 [zust *Würth*] = MietSlg 44.379/48), nie durchsetzbar wäre (MietSlg 51.338).

Erfolgt die Rechnungslegung auch nicht in der mündlichen Verhandlung oder **66** trotz Androhung einer Ordnungsstrafe nicht innerhalb der unerstreckbaren (MietSlg 26.357) Frist von 14 Tagen oder weigert sich der Vermieter, seiner Verpflichtung zur Ausfolgung von Ablichtungen auf Kosten des Mieters nachzukommen, ist die Ordnungsstrafe auf Antrag eines Hauptmieters zu verhängen (wobl 1993, 81/62 [*Würth*] = MietSlg 44.379/48), allerdings nach dem klaren Wortlaut des Gesetzes nur dann, **wenn dem Antrag ungerechtfertigterweise nicht entsprochen** wurde (anders MietSlg 38.395, wonach der Vermieter im Verfahren auf Verhängung der Ordnungsstrafe nur mehr einwenden kann, er habe zwischenzeitig Rechnung gelegt). Liegt ausnahmsweise ein **Rechtfertigungsgrund** vor, ist von der Verhängung einer Ordnungsstrafe Abstand zu nehmen. Als Rechtfertigungsgrund kommen solche Gründe in Betracht, die den Vermieter zwangsläufig treffen und daher seinem Einfluss nicht unterliegen und darüber hinaus auch einen sorgfältigen Menschen an der Erfüllung einer Verpflichtung (vorübergehend) hindern können, wie etwa schwere Erkrankung (anders unrichtig MietSlg 32.447 [Krankheit kein Entschuldigungsgrund, Vermieter muss Vertreter bestellen]), Tod eines nahen Angehörigen und dgl. Berufliche Überlastung wird hingegen idR nicht ausreichen, da es ihr einerseits an der Zwangsläufigkeit mangelt, andererseits ein sorgfältiger Mensch nach den Maßstäben der Rechtsordnung einer ihm behördlich auferlegten Verpflichtung Priorität angedeihen lassen müsste. Von der Verhängung der Ordnungsstrafe ist abzusehen, wenn der Vermieter seiner Verpflichtung, wenngleich verspätet, aber doch noch vor Verhängung der Ordnungsstrafe, nachkommt, da die Ordnungsstrafe

inhaltlich ein Beugemittel (und keine Strafe) ist, welches nicht mehr angebracht ist, wenn sein Zweck erreicht wurde (MietSlg 26.538). Die **Höhe der Ordnungsstrafe** kann mit bis zu € 2.000,– ausgemessen werden, sie kann auch wiederholt verhängt werden.

mäß vorgeschrieben und daher fällig wurden, verjähren sie wie alle übrigen Mietzinsforderungen innerhalb von drei Jahren ab Fälligkeit.

D. ÖNORMEN (Abs 6)

Abs 6 bezieht sich inhaltlich nur auf die **Abrechnung zur Jahrespauschal-** **55** **verrechnung** gemäß Abs 3, denn nur dort ist eine Rechnungslegungspflicht vorgesehen. Im Falle der Einzelverrechnung gemäß Abs 4 bedarf es keiner Rechnungslegungsvorschrift und folglich auch keiner Formvorschriften. Der Bundesminister hat derzeit von der in Abs 6 enthaltenen **Verordnungsermächtigung noch keinen Gebrauch** gemacht. In Betracht käme die **ÖNORM A 4000**, ausgegeben am 1.1.1996 betreffend die Abrechnung von Bewirtschaftungskosten von Gebäuden mit Miet- und Eigentumsobjekten. Diese ÖNORM enthält Abrechnungsregeln für die nach wohnrechtlichen Gesetzen zu erstellenden Abrechnungen in verschiedenen Ausgestaltungen. Es kommt ihr mangels Erlassung der angesprochenen Verordnung allenfalls praktischer Charakter zu. Auch nach Erlassung der Verordnung wären Abrechnungen keinesfalls zwingend ÖNORM-gerecht zu gestalten. Vielmehr ist eine Abrechnung, insoweit sie der vom Bundesminister für Justiz bezeichneten ÖNORM entspricht, nicht mehr weiter auf ihre **formelle** Ordnungsmäßigkeit zu überprüfen. Der Abrechnungspflichtige bleibt also in der Gestaltung der Abrechnung grundsätzlich frei, soweit die Abrechnung nur den von der Rspr entwickelten Kriterien der Ordnungsmäßigkeit entspricht.

VIII. Rechtsdurchsetzung

A. Allgemeines

Zur Rechtsverfolgung im Bereich der Betriebskosten stehen **je nach Art des** **56** **Anspruchs unterschiedliche Verfahren** offen. Grundsätzlich kommen dafür sowohl das mietrechtliche Außerstreitverfahren als auch der streitige Rechtsweg in Betracht. Im Rahmen der erstgenannten Verfahrensart sind sowohl der Antrag nach § 37 Abs 1 Z 11 auf Legung der jährlichen Abrechnung durch den Vermieter im Fall der Pauschalverrechnung als auch derjenige nach § 37 Abs 1 Z 12 (zu beiden näheres sogleich unten Rz 58 und Rz 60) möglich. Z 12 bietet verschiedene Möglichkeiten der Überprüfung der Betriebskostenvorschreibungen und -abrechnungen auf ihre Gesetzmäßigkeit, dies aber bloß in Form von Feststellungs-, nicht auch (abgesehen von der stets gegebenen Möglichkeit der Schaffung eines Rückforderungstitels nach § 37 Abs 4, vgl dazu näher Rz 143 ff zu § 37) in Form von Leistungsansprüchen zur Rückforderung zuviel bezahlter Betriebskosten.

Derartige **Leistungsansprüche** sind **ausschließlich im streitigen Verfahren** gel- **57** tend zu machen (MietSlg 37.510 [Begehren auf Rückforderung der Pauschalrate]; MietSlg 47.283/23 [Anspruch auf Rückzahlung eines Betriebskostenguthabens aus der Jahresabrechnung]), und zwar unabhängig davon, ob die Unzulässigkeit des zuviel Geleisteten auf der Verletzung gesetzlicher Vorschriften oder derjenigen einer vertraglichen Absprache beruht. Ebenfalls im streitigen Verfahren sind Ansprüche auf schadenersatzrechtlicher Grundlage geltend zu machen, etwa weil es der Vermieter in pflichtwidriger Weise unterlassen hat, Kosten beim Verursacher einbringlich zu machen, diese gering zu halten oder deren Entstehen

überhaupt zu verhindern (MietSlg 38.531; wobl 1998, 302/196 = MietSlg 50.356 =
immolex 1998, 233/150) oder weil der Vermieter durch falsche oder unvollstän-
dige Angaben die Vorschreibung einer überhöhten Grundsteuer veranlasst hatte
(MietSlg 48.397).

B. Verfahren zur Legung der Betriebskostenabrechnung

58 Zur Durchsetzung des Anspruchs auf Legung der in der Praxis meist vereinfacht
als **Betriebskostenabrechnung** (richtiger der Abrechnung gemäß § 21 Abs 3 oder
Abrechnung der Betriebskosten und öffentlichen Abgaben, denn letztere sind
keine Betriebskosten [oben Rz 38]) bezeichneten Abrechnung steht **ausschließlich das mietrechtliche Außerstreitverfahren** gemäß **§ 37 Abs 1 Z 11** zur Verfügung, eine Stufenklage (Art XLII EGZPO) ist insoweit nicht möglich (MietSlg
40.521; zur Verhängung einer Ordnungsstrafe siehe Rz 63 ff zu § 20). Auch die
Umsetzung eines auf Legung der Abrechnung lautenden gerichtlichen Vergleiches hat nicht im Exekutionsverfahren, sondern im mietrechtlichen Außerstreitverfahren zu erfolgen (MietSlg 48.401). Dabei kann **nur die Legung einer formal
richtigen und vollständigen Abrechnung** samt Einsicht in die dieser zugrundeliegenden Belege **erzwungen** werden, eine Überprüfung derselben auf ihre
inhaltliche Richtigkeit wäre hingegen nach § 37 Abs 1 Z 12 (dazu sogleich Rz 60)
geltend zu machen.

59 **Aktiv legitimiert** ist ausschließlich ein Hauptmieter der Liegenschaft, dessen
Mietverhältnis zum Zeitpunkt der Antragstellung aufrecht ist. Da es sich bei der
Rechnungslegung um ein Individualrecht jedes Mieters handelt, sind dem Verfahren keine anderen Mieter der Liegenschaft beizuziehen. **Passiv legitimiert**
ist, wer im Zeitpunkt der Fälligkeit der Abrechnung Vermieterstellung einnimmt (wobl 1998, 26/12 = MietSlg 49.312 = immolex 1997, 296/167). Der
Antrag ist auch bei Vorliegen einer Benützungsregelung gegen alle (schlichten)
Miteigentümer zu richten (MietSlg 48.400). Bei nach Mietvertragsschluss begründetem WE am Bestandsobjekt war der Antrag vor dem WEG 2002 gegen
alle Wohnungs- und/oder Miteigentümer zu richten (wobl 2001, 225/134 [krit
Call] = MietSlg 52.447 = immolex 2001, 100/63). Nunmehr ist dafür der betreffende Wohnungseigentümer passiv legitimiert; zur Solidarhaftung der Eigentümergemeinschaft siehe Rz 14 ff zu § 4 WEG. Wurde der Bestandgegenstand vor
Erfüllung der Abrechnungspflicht veräußert, ist nur noch der Erwerber den
Hauptmietern gegenüber zur Rechnungslegung verpflichtet (*Palten*, Betriebs-
kosten² Rz 168; MietSlg 41.300). Geschieht dies während eines laufenden Verfahrens, so kommt es zu einem „fliegenden" Parteiwechsel. Vereinbarungen
zwischen Veräußerer und Erwerber über die Rechnungslegungspflicht wirken
daher nur im Innenverhältnis und berühren die Passivlegitimation nicht. Der
Erwerber hat dafür Sorge zu tragen, dass ihm bereits gelegte Abrechnungen
(zwecks allfälliger Ausfolgung von Ablichtungen an die Mieter gemäß Abs 3)
und Belege zur Verfügung stehen (MietSlg 41.300).

C. Verfahren zur Überprüfung der Betriebskosten

60 Hier stehen den Mietern mehrere Möglichkeiten der Antragstellung im **Außerstreitverfahren gemäß § 37 Abs 1 Z 12** offen. Dabei handelt es sich, wie schon

erwähnt, bloß um Ansprüche auf **Feststellung, ob die Abrechnung der Betriebskosten in Übereinstimmung mit den gesetzlichen Vorgaben erfolgte** (MietSlg 47.442/23), weshalb es für diese Verfahren bedeutungslos ist, ob bzw inwieweit die vom Vermieter vorgeschriebenen Betriebskosten vom Mieter auch tatsächlich bezahlt wurden. Ein Exekutionstitel gemäß § 37 Abs 4 (Rz 143 zu § 37) ist wie auch sonst nur dann zu schaffen, wenn sich im Verfahren ein Rückforderungsanspruch „ergibt", was in der Praxis schon daran scheitern kann, dass der Vermieter die Bezahlung durch den Mieter einigermaßen substantiiert bestreitet. Richtet sich ein Feststellungsbegehren nur gegen einzelne Posten einer Betriebskostenabrechnung, nicht aber auch gegen die Vorschreibung des sich aus der Abrechnung ergebenden Saldos, kann ein Rückforderungstitel nicht geschaffen werden (MietSlg 35.423, 35.441, 44.519).

Unter § 37 Abs 1 Z 12 fällt neben der Überprüfung der **Höhe der Pauschalrate** **61** die Beantwortung der Frage, inwieweit sich die **Betriebskosten im Rahmen der ortsüblichen Verhältnisse bewegen** (wobl 1989, 139/79 [*Call*] = MietSlg 40.717; wobl 1998, 302/196 = MietSlg 50.356 = immolex 1998, 233/150) und inwieweit der Vermieter in der Lage war, Ersatz vom zahlungsfähigen bzw zahlungsbereiten Verursacher von Kosten zu erlangen (MietSlg 38.531), sowie die **Überprüfung der Jahresabrechnung** (MietSlg 37.508), welche auf die Feststellung abzielt, ob eine bestimmte Abrechnungsposition dem Betriebskostenkatalog zuzuordnen ist oder nicht (MietSlg 38.531). Hingegen ist die Feststellung des Betriebskostenschlüssels der Liegenschaft einem Antrag gemäß § 37 Abs 1 Z 9 vorbehalten.

Im Verfahren gemäß § 37 Abs 1 Z 12 haben **alle Hauptmieter** einer Liegenschaft **62** **Parteistellung, soweit ihre rechtlichen Interessen** durch das Verfahrensergebnis **unmittelbar berührt werden können,** diese sind daher gegebenenfalls von Amts wegen vom Verfahren zu verständigen. Dies gilt zB für Anträge auf Überprüfung, ob konkret bemängelte Ausgabenpositionen in einer Jahresabrechnung als Betriebskosten anzusehen sind (MietSlg 35.431, 36.505, 37.545) oder für Verfahren auf Feststellung des Verteilungsschlüssels der Liegenschaft. Bei Mietverhältnissen in Eigentumswohnhäusern ist aber eine rechtliche Bindungswirkung für den Mieter einer anderen Eigentumswohnung des Hauses nicht gegeben, da ein solcher Mieter nur in Rechtsbeziehung zum Wohnungseigentümer der vermieteten Wohnung steht (MietSlg 46.453).

Aktiv legitimiert ist jeder Hauptmieter, dem solche Kostenanteile vorgeschrie- **63** ben wurden, mag auch sein Mietverhältnis im Zeitpunkt der Antragstellung bereits beendet sein. **Passiv legitimiert** ist der Vermieter, dessen Vorschreibung bekämpft wird. In diesem Fall kommt es auf die Vermieterstellung zum Zeitpunkt der Antragstellung nicht an, da die Sachlegitimation hier dem Anspruch auf Mietzinszahlung folgt. Im Fall der Bekämpfung der Pauschalrate sind bei Vermieterwechsel sowohl der alte wie auch der neue Vermieter passiv legitimiert. Ein Rückforderungsanspruch besteht nur demjenigen Vermieter gegenüber, dem die überhöhte Mietzinszahlung zugeflossen ist. Die im Verfahren gemäß § 37 Abs 1 Z 12 grundsätzlich ebenfalls mögliche **Aktivlegitimation des Vermieters** wird insofern **relativiert,** als dieser Rechtsbehelf für diesen nicht nur keinen

Vorteil bietet, da er niemals einen Zahlungstitel erwirken kann, sondern ihn sogar mit dem Nachteil belastet, seinen Verfahrensaufwand jedenfalls selbst tragen zu müssen, wohingegen er im Falle einer klagsweisen Geltendmachung eines auf vorgeschriebene Anteile an Betriebskosten und öffentliche Abgaben gestützten Mietzinsrückstandes im Obsiegensfall Anspruch auf Kostenersatz hat. In diesem wohl wenig praktischen Fall wäre der Antrag gegen sämtliche Hauptmieter der Liegenschaft zu richten.

Justiz zur Bezeichnung von ÖNORMEN, die im besonderen Maß geeignet sind, das Vorliegen der Voraussetzungen für eine ordnungsgemäße Abrechnung nach § 21 Abs 3 festzustellen (Rz 55 zu § 21), nicht gegeben. Die praktische Bedeutung dieses **Redaktionsversehens** – § 21 Abs 6 wurde erst durch die WRN 1997 eingefügt, § 24 Abs 3 blieb hingegen seit der Stammfassung unverändert – ist gering, da einerseits bis dato die entsprechende Verordnung nicht erlassen wurde und sich andererseits in Betracht kommende ÖNORMEN an den von der Rspr entwickelten Abrechnungsgrundsätzen orientieren, die in eine standardisierte Form gebracht werden. Die normgerechte Gestaltung der Abrechnung wird daher nach Erlassung der entsprechenden Verordnung die Gerichte lediglich der Prüfung auf formale Ordnungsmäßigkeit entheben.

V. Rechtsdurchsetzung

Das mietrechtliche **Außerstreitverfahren** steht hinsichtlich der besonderen Auf- **20** wendungen **nur insoweit zur Verfügung**, als es sich um **Aufwendungen für Gemeinschaftsanlagen iSd § 24** handelt. Liegt eine solche nicht vor, kann weder die Rechtmäßigkeit der Kostenverteilung noch die Verrechenbarkeit von Auf- wendungen dem Grunde oder der Höhe nach, noch die Durchsetzung der Abrechnungsverpflichtung des Vermieters im Verfahren gemäß § 37 erfolgen. Diesfalls kommt nur der streitige Rechtsweg in Betracht (wobl 2000, 146/72 = MietSlg 51.353 [Sondergemeinschaft von Liftbenützern]).

Im Zusammenhang mit den besonderen Aufwendungen für Gemeinschaftsanla- **21** gen nach § 24 kann die **Legung der Abrechnungen nach § 37 Abs 1 Z 11** und ihre **inhaltliche Überprüfung nach § 37 Abs 1 Z 12** im mietrechtlichen Außerstreit- verfahren beantragt werden. In diesen Verfahren ist zu überprüfen, inwieweit überhaupt Gemeinschaftsanlagen vorliegen und die Kosten überhaupt unter § 24 zu subsumieren sind sowie bei Zutreffen dieser Voraussetzungen, ob bei Einzel- verrechnung die Abrechnung rechtzeitig und ordnungsgemäß vorgelegt wurde. Im Fall der Jahrespauschalverrechnung ist die Höhe der Pauschalrate darauf zu prüfen, ob sie 1/12 der Vorjahresgesamtkosten um mehr als 10% übersteigt. Hat der Vermieter für einen Verrechnungszeitraum ein bestimmtes Verrechnungs- system gewählt, so bleibt er für diesen Verrechnungszeitraum daran gebunden (MietSlg 38.401).

Die Aktivlegitimation für die Antragstellung (siehe dazu im Übrigen Rz 59 und **22** 63 zu § 21) ist auf jenen Mieterkreis beschränkt, der zur Benützung der Gemein- schaftsanlage berechtigt ist oder welchem ohne diese Voraussetzung Kosten- anteile vorgeschrieben wurden. Diesfalls ist der Antrag auf Feststellung des betreffenden Verteilungsschlüssels zu richten. Durch einen solchen Antrag wird die Privatrechtssphäre aller Mieter (der Kostentragungsgemeinschaft) berührt und ist daher auch das Verfahren mit diesen zu führen (MietSlg 49.425). Der auf einen Mietgegenstand entfallende Anteil kann für sich allein nicht festgestellt werden (MietSlg 42.280). Ein Antrag auf Überprüfung der Betriebskostenabrech- nung kann nicht zur Feststellung führen, ob ein bestimmter Hauptmieter die anteiligen Betriebskosten einer Gemeinschaftsanlage zu entrichten hat (MietSlg 38.532 [Liftkosten]). **Passiv legitimiert** ist, wer zum Zeitpunkt der Abrechnung Vermieter ist. Zur idR seit dem 1. 7. 2002 maßgeblichen (Rz 17 f zu § 56 WEG)

Solidarverpflichtung der Eigentümergemeinschaft bei nachträglicher WE-Begründung am Bestandsobjekt siehe Rz 14 f zu § 4 WEG. Insoweit die Mieter Wärmelieferungen nicht aufgrund eigener Verträge mit einem Fernwärmeunternehmen beziehen, ist dieses nur als Hilfsorgan des Vermieters anzusehen und bleibt daher dieser in Streitigkeiten passiv legitimiert (wobl 1990, 24/13 = MietSlg 40.398/33).

nach den §§ 15 bis 26, nicht jedoch – unter Berufung auf § 1440 ABGB – bei solchen nach Abs 1 zugelassen (wobl 1998, 231/148 [*Würth*] = MietSlg 48.181 = immolex 1997, 10/7; immolex 2001, 230/130).

55 Die **Verjährungsfrist beginnt** mit der **(jeweiligen) Zahlung zu laufen** (MietSlg 25.255) und beträgt bei **entgegen den §§ 15 bis 26 erbrachten Leistungen seit jeher drei,** im Fall des Abs 1 seit dem 3. WÄG zehn Jahre. Maßgebend ist der Zeitpunkt der Zahlung (Art II Abschn II Z 8 des 3. WÄG; zur Möglichkeit der Erstreckung der nunmehrigen längeren Verjährungsfrist auf die am 1.3.1994 noch nicht verjährten Rückforderungsansprüche hinsichtlich verbotener Leistungen siehe Rz 9 zu Art II Abschn II des 3. WÄG). Ebenfalls zehn Jahre beträgt die Verjährungsfrist aber für überhöhte Mietzinszahlungen bei befristeten, nach dem 30.6.2000 abgeschlossenen Hauptmiet- (§ 16 Abs 8 letzter Satz 2. Hs) und Untermietverhältnissen (§ 26 Abs 4 Satz 3) sowie bei gemäß § 29 Abs 1 Z 3 lit c idF der WRN 1997 befristeten, zwischen dem 1.3.1997 und dem 30.6.2000 abgeschlossenen Hauptmietverträgen über Wohnungen und über „Alteigentumswohnungen" (§ 16 Abs 8 idF der WRN 1997, 3. und 4. Satz). Zweck dieser Regelung ist es, dem Mieter mehr Spielraum gegenüber seinem Vermieter bei einer allfälligen Verlängerung oder Umwandlung des Mietvertráges in einen solchen unbestimmter Dauer zu gewähren. Nach dem Inkrafttreten des MRG, aber vor dem 1.3.1994 entgegen Abs 1 geleistete Zahlungen verjähren hingegen – unabhängig vom Zeitpunkt der Vereinbarung – gemäß Art II Abschnitt II Z 8 des 3. WÄG binnen drei Jahren ab Zahlung. Zum Übergangsrecht iZus mit all diesen, die Dauer der Verjährungsfrist betreffenden Rechtsänderungen siehe Rz 7 zu § 49b, Rz 15 zu § 49c und Rz 9 zu Art II Abschn II des 3. WÄG.

56 Die Verjährung des Rückforderungsanspruches ist nach dem letzten Satz des Abs 3 gehemmt, solange ein Verfahren über die Höhe des Mietzinses anhängig ist. Dabei handelt es sich um eine (wie auch sonst nur inter partes wirkende [*Ostermayer*, Verbotene Ablösen Rz 182]) **Ablaufhemmung,** sodass im Falle eines Verfahrens zur Rückforderung einer entgegen den §§ 15 bis 26 geleisteten Zahlung dann, wenn kein Rückforderungstitel nach § 37 Abs 4 (Rz 143 ff zu § 37) geschaffen wird, die Klage auf Rückforderung der unzulässigen Beträge in sinngemäßer Anwendung des § 1497 ABGB binnen angemessener Frist nach rechtskräftiger Beendigung des Verfahrens nach § 37 einzubringen ist. Für das Verfahren nach § 37 selbst wird hingegen mangels Erkennbarkeit einer planwidrigen Gesetzeslücke vom Erfordernis der gehörigen Fortsetzung iS leg cit abzusehen sein (MietSlg 45.349; *Ostermayer*, Verbotene Ablösen Rz 180).

57 Die **verjährungshemmende Wirkung** eines Mietzinsüberprüfungsverfahrens trat nach älterer Rspr nicht nur dann ein, wenn wegen desselben Anspruchs ein Verfahren nach § 37 anhängig war, sondern auch dann, wenn das anhängige Verfahren Vorschreibungen betraf, die **„auf denselben Grundsätzen beruhten",** worunter dieselben Mietzinsbildungsvorschriften zu verstehen sind. Diese Wirkung wurde daher schon zu Zeiten des MG nur den Ansprüchen auf Rückforderung zuviel bezahlter Mietzinse nach dem §§ 15–26, nicht aber auch denjenigen auf Rückforderung verbotener Ablösen nach Abs 1 zuerkannt (MietSlg 25.247/18, 29.284), was angesichts der im wesentlichen gleich gebliebenen

Rechtslage auf § 27 Abs 3 übertragbar ist (MietSlg 47.311; wobl 1998, 74/43 = MietSlg 49.337; wobl 1999, 57/33 = MietSlg 50.544; 8 Ob 181/01 b; aA *Ostermayer*, Verbotene Ablösen Rz 180). Die Frage ist allerdings praktisch nicht mehr von besonderer Bedeutung, da nunmehr Ablösen ohnehin erst zehn Jahre nach deren Zahlung verjähren. Einem fehlerhaften Sachantrag, der bezüglich vergangener Zinsperioden kein Überprüfungsverfahren einleitet, kommt aber keinesfalls eine verjährungshemmende Wirkung zu (wobl 1996, 147/46 = MietSlg 47.311).

58 Nach zutreffender Meinung (MietSlg 44.405/51; *Ostermayer*, Verbotene Ablösen Rz 181) kommt die generelle Ablaufhemmung der Verjährungsfrist für den Fall, dass der **Schuldner den Rückforderungsberechtigten arglistig an der Kenntnis von Tatsachen hindert**, die für diesen zur Geltendmachung der Ablöserückforderung notwendig sind, auch im Bereich des Abs 3 zur Anwendung. Zur streng von der Frage der Verjährung zu trennenden Präklusion des Anspruchs auf Überprüfung des Mietzinses siehe Rz 77 ff zu § 16 und Rz 10 zu § 26.

B. Aktiv- und Passivlegitimation

59 Hinsichtlich der **Aktivlegitimation** zur Rückforderung der unzulässigen Leistung gelten die folgenden Grundsätze: Für die Rückforderung überhöhter Mietzinse und Betriebskosten ist – unabhängig davon, aus wessen Vermögen das Geld stammte (MietSlg 45.346) – ausschließlich der (jeweilige) Mieter (bei Mitmietern anteilig [*Ostermayer*, Verbotene Ablösen Rz 267]; hingegen stellt wobl 1992, 68/52 = MietSlg 43.240 darauf ab, ob die Gemeinschaft noch besteht, in welchem Fall in Übereinklang mit der Rspr zum Investitionskostenersatzanspruch des Wohnungsmieters (Rz 39 ff zu § 10) § 848 ABGB mit der Folge einer Gesamthandforderung zur Anwendung kommen soll, andernfalls tritt auch nach dieser E Anteilsgläubigerschaft ein), welcher die Zahlung leistete, berechtigt (davon zu unterscheiden ist die Frage, wer bei Pauschalverrechnung von Betriebskosten für das nach Jahresabrechnung verbleibende Aktivum oder Passivum einzustehen hat, vgl dazu Rz 59 zu § 21). Sinngemäß gilt dies auch für Rückforderungen nach Abs 1, Z 1 bis Z 5. Wurde die Ablöseforderung abgetreten (wobl 1993, 137/99 = MietSlg 45.345; wobl 2001, 219/128 = MietSlg 52.375 = immolex 2001, 101/64 [*Pfiel*]), ist (nur mehr) der Zessionar aktiv legitimiert, was an der Verfahrensart (unten Rz 64) nichts ändert.

60 Als **Sonderfall** bestimmt sich die Aktivlegitimation bei Zahlung einer verbotenen Ablöse **aus Anlass eines Mieterwechsels,** bei welchem sowohl der Vor- als auch der Nachmieter Zahlungen an den Vermieter leisteten („Dreiecksgeschäft"), nach langjähriger ständiger, in letzter Zeit aber nicht mehr völlig einheitlicher Rspr **nach der (endgültigen) wirtschaftlichen Belastung** (MietSlg 37.387/17, 38.417, 41.313 f; wobl 1991, 76/62 [*Würth*] = MietSlg 42.289; MietSlg 42.290/34; wobl 1993, 135/98 = MietSlg 44.404/33; wobl 1997, 195/67 = MietSlg 49.335; gegenteilig aber wobl 2001, 249/152 = immolex 2001, 137/88). Nach MietSlg 22.312/10 ist dieser Grundsatz auch auf Zahlungen nach Abs 1 Z 4 (zB im Dreieck Vermieter/Hausverwalter/Professionist) anzuwenden. Fordert etwa der Vermieter für seine Zustimmung zum Mieterwechsel eine Zahlung und bezahlt der Neumieter ebenfalls eine verbotene Ablöse an den Vormieter, so hängt die wirtschaftliche Belastung letztlich davon ab, ob und in welcher Höhe der Vormieter die Zahlung an den Vermieter weiterleitete. Anhand eines konkreten Beispiels demonstriert: Der Vermieter verlangt vom Vormieter € 10.000,–, Letzterer begehrt seinerseits € 12.000,– vom Neumieter und leitet davon die vereinbarten (unzulässigen) € 10.000,– an den Vermieter weiter. In diesem Fall ist der Neumieter, welcher die gesamte wirtschaftliche Last der Transaktion trägt, gegenüber dem Vermieter für die Rückforderung von € 10.000,– und gegenüber dem Altmieter für eine solche in Höhe von € 2.000,– aktiv legitimiert, hingegen steht dem Vormieter keinerlei Rückforderungsanspruch zu. Diese Lösung ist **dogmatisch wenig überzeugend**, da kein Grund dafür zu sehen ist, von den zur bereicherungsrechtlichen Rückabwicklung im „Dreieck" entwickelten Grundsätzen (zB *Koziol/Welser* II[12] 270 f), allenfalls iVm vollmachtsrechtlichen Prinzipien, abzugehen.

Die **Passivlegitimation** richtet sich nach der Praxis bei Rückforderungen von **61** entgegen den §§ 15 bis 26 geleisteten Zahlungen zutreffend danach, wer zum Zeitpunkt der jeweiligen Vorschreibung Vermieter war (zur Ausfallshaftung der Eigentümergemeinschaft bei „Altmietverhältnissen" [Rz 23 zu § 17] siehe Rz 10 f zu § 4 WEG), während bei Rückforderungen nach Abs 1 zum Teil richtigerweise darauf abgestellt wird, wem die Ablöse nach der zugrundeliegenden Vereinbarung zukommen sollte, auch wenn die Zahlung diesen nicht erreichte (MietSlg 41.316, 42.290/34; wobl 2000, 267/147 = MietSlg 51.364) oder an einen Dritten (teilweise) weitergeleitet wurde (wobl 2001, 249/152 = immolex 2001, 137/88), zum Teil (dogmatisch inkorrekt und ohne nähere Begründung, wobei aber die Vermutung naheliegt, dass in vielen dieser Fälle Verjährungsprobleme überspielt wurden) aber auch derjenige als passiv legitimiert angesehen wird, dem der Ablösebetrag tatsächlich zukam (MietSlg 36.377, 40.410, 42.291, 43.315). Bei Ablösegeschäften im Dreieck zwischen Ver-, Vor- und Nachmieter gilt sinngemäß das oben zur Aktivlegitimation in solchen Fällen Gesagte. Wurde die Ablöseforderung zediert und die Ablöse in der Folge an den Zessionar bezahlt, ist dieser für die Rückforderung der Zahlung passiv legitimiert (wobl 2001, 219/128 = MietSlg 52.375 = immolex 2001, 101/64 [*Pfiel*]).

Beim praktisch **häufigen Fall der Mitwirkung eines Hausverwalters oder Mak- 62** lers richtet sich daher in Übereinstimmung mit dem Gesagten die Passivlegitimation danach, ob dieser im eigenen oder im Vollmachtsnamen (was beim Verwalter im Zweifel anzunehmen ist [MietSlg 38.418], wofür aber die normale Hausverwaltervollmacht nicht ausreicht [MietSlg 40.411, 46.321]) des Vermieters auftrat. Während der Dritte im erstgenannten Fall selbst für die Rückzahlung haftet, unabhängig davon, ob er sie danach etwa doch an den Vermieter weiterleitete (aber bei Vorliegen eines Umgehungsgeschäftes auch die Passivlegitimation des Vermieters anzunehmen ist), haftet im zweiten Fall der Vertretene nur bei tatsächlich bestehendem Vollmachtsverhältnis oder bei nachträglicher Genehmigung bzw Zuwendung gemäß § 1016 ABGB (MietSlg 40.411; wobl 1994, 217/59 [*Würth*] = MietSlg 46.305 [Haftung von Miteigentümern im Zweifel nach Anteilen]). Ansonsten wird der Dritte dann als falsus procurator mit der Konsequenz seiner auf schadenersatzrechtlichen Prinzipien beruhenden (und im streitigen Verfahren geltend zu machenden – dazu sogleich) Haftung anzusehen sein. Im Spezialfall der Zahlung des **Scheinuntermieters nach § 2 Abs 3** an den nominel len „Hauptmieter" wurde zutr der Vermieter als passiv legitimiert angesehen (MietSlg 48.204 [Zahlung überhöhter Mietzinse]).

63 Von obigem zu trennen ist die vom OGH in stRspr bejahte **Haftung eines an einem Ablösegeschäft mitwirkenden Beraters** (wie zB eines Notars, Rechtsanwalts oder Maklers), welcher in einem Vertragsverhältnis zum Mieter steht und daraus resultierende Schutz-, Warn- und Interessenswahrungspflichten gegenüber diesem verletzt. Die Haftung beruht diesfalls auf einer vertraglichen Schadenersatzpflicht, daneben käme aber auch eine deliktische Haftung wegen Verletzung eines Schutzgesetzes (§ 1311 ABGB iVm § 27 Abs 5) in Betracht, wodurch neben den Genannten auch ein (ansonsten in keiner Vertragsbeziehung zum Mieter stehender) Hausverwalter in den Kreis der Verpflichteten einbezogen werden könnte (ausführlich *Iro*, RdW 1988, 2 und wobl 1996, 175 f). Die Haftung ist in allen diesen Fällen im streitigen Rechtsweg geltend zu machen.

C. Verfahrensgrundsätze

64 Rückforderungsansprüche nach Abs 1 sind (im Gegensatz zu solchen nach den §§ 15 bis 26, welche im streitigen Verfahren zu verfolgen sind) seit dem 2. WÄG gemäß § 37 **Abs 1 Z 14** (wie erwähnt auch bei Zession des Anspruches oder im Fall der Gesamtrechtsnachfolge) in das **besondere Außerstreitverfahren** verwiesen. Zu den allgemeinen Verfahrensgrundsätzen siehe die Erläuterungen zu § 37. Die vom Gesetzgeber für diese Änderung ins Treffen geführten Gründe sind nur insofern stichhaltig, als die nach der vorherigen Rechtslage bestehende Problematik der Passivlegitimation wesentlich entschärft wurde, da es jetzt ohne weiteres möglich ist, sämtliche in Frage kommenden Antragsgegner als solche zu benennen, was im streitigen Verfahren mit einem beträchtlichem Kostenrisiko verbunden wäre. Hingegen kann von einer Minimierung des allgemeinen Prozesskostenrisikos keine Rede sein, da nicht selten schwierige zivilrechtliche Fragen zu lösen sind, wobei die (zwar nur gegen geringes Entgelt agierenden) diversen Mieterschutzorganisationen manchmal überfordert sein können, was die Beiziehung eines spezialisierten Rechtsbeistandes nötig macht und wodurch sich wiederum aufgrund der fehlenden Kostenersatzpflicht des Gegners nur allzu oft ein Nullsummenspiel für den Antragsteller ergeben kann.

65 Sowohl in wobl 1998, 378/240 [*Klicka*] = MietSlg 49.336 = immolex 1997, 233/129 als auch in wobl 1999, 281/143 [*Klicka*] = MietSlg 50.382 = immolex 1999, 43/34 hat der OGH den verfehlten Standpunkt eingenommen, dass es sich im Fall eines Verfahrens gegen mehrere Antragsgegner um ein „**einheitliches Verfahren**" handelt, in welchem sich Verfahrenshandlungen eines derselben (in concreto Anrufung des Gerichts gemäß § 40 Abs 1) wie im Fall einer einheitlichen Streitpartei gemäß § 14 ZPO auf sämtliche Antragsgegner auswirkten, wobei als Argument für die Notwendigkeit dieser dogmatischen Einordnung der „ansonsten verlorene Vorteil des Außerstreitverfahrens" ins Treffen geführt wurde, wobei das Höchstgericht übersieht, dass dieser Vorteil ohnehin gegeben ist, sofern nur der Antragsteller die ihm offenstehenden (praktisch kostenlosen) Möglichkeiten zur Anrufung des Gerichts gegen alle in Frage kommenden Antragsgegner ausschöpft. Verabsäumt er dies, besteht kein Grund, ihm mit einer dogmatisch unhaltbaren Konstruktion unter die Arme zu greifen.

Kündigungsbeschränkungen

§ 30. (1) Der Vermieter kann nur aus wichtigen Gründen den Mietvertrag kündigen.

(2) Als ein wichtiger Grund ist es insbesondere anzusehen, wenn

1. der Mieter trotz einer nach dem Eintritt der Fälligkeit erfolgten Mahnung mit der Bezahlung des Mietzinses über die übliche oder ihm bisher zugestandene Frist hinaus, mindestens aber acht Tage im Rückstand ist;

2. der Mieter, dessen vereinbarter Mietzins ganz oder teilweise in eigenen Dienstleistungen besteht, die bedungenen Dienste vertragswidrig verweigert;

3. der Mieter vom Mietgegenstand einen erheblich nachteiligen Gebrauch macht, namentlich den Mietgegenstand in arger Weise vernachlässigt oder durch sein rücksichtsloses, anstößiges oder sonst grob ungehöriges Verhalten den Mitbewohnern das Zusammenleben verleidet oder sich gegenüber dem Vermieter oder einer im Haus wohnenden Person einer mit Strafe bedrohten Handlung gegen das Eigentum, die Sittlichkeit oder die körperliche Sicherheit schuldig macht, sofern es sich nicht um Fälle handelt, die nach den Umständen als geringfügig zu bezeichnen sind; dem Verhalten des Mieters steht, soweit er es unterließ, die ihm mögliche Abhilfe zu schaffen, das Verhalten seines Ehegatten und der anderen mit ihm zusammenwohnenden Familienangehörigen sowie der von ihm sonst in die gemieteten Räume aufgenommenen Personen gleich;

4. der Mieter den Mietgegenstand mit oder ohne Beistellung von Einrichtungsgegenständen ganz weitergegeben hat und ihn offenbar in naher Zeit nicht für sich oder die eintrittsberechtigten Personen (§ 14 Abs. 3) dringend benötigt oder, wenngleich auch nur teilweise, durch Überlassung an einen Dritten gegen eine im Vergleich zu dem von ihm zu entrichtenden Mietzins und etwaigen eigenen Leistungen an den Dritten unverhältnismäßig hohe Gegenleistung verwertet. Die teilweise Weitergabe einer Wohnung kommt einer gänzlichen Weitergabe gleich, wenn die nicht weitergegebenen Teile der Wohnung nicht zur Befriedigung des Wohnbedürfnisses des Mieters oder der eintrittsberechtigten Personen regelmäßig verwendet werden;

5. die vermieteten Wohnräume nach dem Tod des bisherigen Mieters nicht mehr einem dringenden Wohnbedürfnis eintrittsberechtigter Personen (§ 14 Abs. 3) dienen;

6. die vermietete Wohnung nicht zur Befriedigung des dringenden Wohnbedürfnisses des Mieters oder der eintrittsberechtigten Personen (§ 14 Abs. 3) regelmäßig verwendet wird, es sei denn, dass der Mieter zu Kur- oder Unterrichtszwecken oder aus beruflichen Gründen abwesend ist;

7. die vermieteten Räumlichkeiten nicht zu der im Vertrag bedungenen oder einer gleichwertigen geschäftlichen Betätigung regelmäßig verwendet werden, es sei denn, dass der Mieter nur vorübergehend wegen Urlaubs, Krankheit oder Kuraufenthalt abwesend ist;

8. der Vermieter die gemieteten Wohnräume für sich selbst oder für Verwandte in absteigender Linie dringend benötigt und ihm oder der Person, für

die der Mietgegenstand benötigt wird, aus der Aufrechterhaltung des Mietvertrages ein unverhältnismäßig größerer Nachteil erwüchse als dem Mieter aus der Kündigung; die Abwägung der beiderseitigen Interessen entfällt, wenn es sich um eine vom Wohnungseigentümer nach Wohnungseigentumsbegründung vermietete Eigentumswohnung handelt;

9. der Vermieter den Mietgegenstand für sich selbst oder für Verwandte in gerader Linie dringend benötigt und dem Mieter Ersatz beschafft wird;

10. der Vermieter den Mietgegenstand, der schon vor der Kündigung zur Unterbringung von Arbeitern oder sonstigen Angestellten des eigenen Betriebes bestimmt war, für diesen Zweck dringend benötigt;

11. ein dem Bund, einem Bundesland oder einer Gemeinde gehöriger Mietgegenstand auf eine Art verwendet werden soll, die in höherem Maß den Interessen der Verwaltung dient als die gegenwärtige Verwendung, und dem Mieter Ersatz beschafft wird;

12. bei Untermietverhältnissen durch die Fortsetzung der Untermiete wichtige Interessen des Untervermieters verletzt würden, namentlich wenn der Untervermieter den Mietgegenstand für sich selbst oder für nahe Angehörige dringend benötigt oder wenn ihm nach den Umständen die Aufrechterhaltung der Wohngemeinschaft mit dem Untermieter billigerweise nicht zugemutet werden kann;

13. ein im Mietvertrag schriftlich als Kündigungsgrund vereinbarter Umstand eintritt, der in bezug auf die Kündigung oder die Auflösung des Mietverhältnisses für den Vermieter (Untervermieter), für seine nahen Angehörigen (§ 14 Abs. 3) oder für das Unternehmen, für das der Vermieter (Untervermieter) allein oder in Gemeinschaft mit anderen Personen vertretungsbefugt ist, als wichtig und bedeutsam anzusehen ist;

14. die ordnungsgemäße Erhaltung des Mietshauses, in dem sich der Mietgegenstand befindet, aus den Hauptmietzinsen einschließlich der zur Deckung eines erhöhten Erhaltungsaufwandes zulässigen erhöhten Hauptmietzinse weder derzeit, noch auf Dauer sichergestellt werden kann, die baubehördliche Bewilligung zur Abtragung des Mietshauses erteilt worden ist und dem Mieter Ersatz beschafft wird;

15. ein Miethaus ganz oder in dem Teil, in dem sich der Mietgegenstand befindet, abgetragen oder umgebaut werden soll, mit dem Abbruch (Umbau) die Errichtung eines neuen (geänderten) Baues sichergestellt ist, die Bezirksverwaltungsbehörde auf Antrag des Bauwerbers mit Bescheid erkannt hat, dass selbst unter Berücksichtigung schutzwürdiger Interessen der bisherigen Mieter der geplante Neubau (Umbau) aus Verkehrsrücksichten, zu Assanierungszwecken, zur Vermehrung der Wohnungen, die zur Beseitigung oder Milderung eines im Ortsgebiet bestehenden quantitativen Wohnungsbedarfes oder eines qualitativen Wohnfehlbestandes geeignet sind, oder aus anderen Gründen im öffentlichen Interesse liegt und dem Mieter Ersatz beschafft wird;

16. der Hauptmieter einer Wohnung der Ausstattungskategorie „D" weder bereit ist, eine vom Vermieter im Sinn des § 4 Abs. 4 angebotene Stan

Darüber hinaus muss der Vermieter den Mieter, bei Mitmietern jeden einzelnen **21** (MietSlg 36.194, 46.163; MietSlg 51.173 = immolex 2000, 43/26) hinsichtlich desjenigen Mietzinsrückstandes, auf den die Kündigung gestützt wird, gemahnt haben (MietSlg 39.474) und die in der **Mahnung gesetzte oder tatsächlich gewährte Frist überschritten** worden sein. Anders als bei einer Klage nach § 1118, 2. Fall ABGB kann diese, an keine bestimmte Form, insbesondere nicht an das Erfordernis der Schriftlichkeit gebundene (MietSlg 30.228) Mahnung, welche bei ausdrücklicher Verweigerung der Zahlung durch den oder die Mieter sinnlos wäre und dann ebenso entfallen kann (MietSlg 31.351/45, 39.415) wie bei unbekanntem Aufenthalt desselben (MietSlg 7.303), durch die Kündigung nicht ersetzt werden (MietSlg 4.584), da eben, wie bei allen anderen Kündigungsgründen auch (vgl oben Rz 8), sämtliche Tatbestandselemente bereits im Augenblick des Zuganges der Kündigung an den Mieter verwirklicht sein müssen, woraus weiters folgt, dass auch eine Ausdehnung auf während des Verfahrens fällig werdende Mietzinsrückstände nicht möglich ist (diese könnten nur – bei Vorliegen der sonstigen Voraussetzungen – durch separate Kündigung geltend gemacht werden), weshalb in der Praxis anstelle der Kündigung überwiegend der wesentlich einfachere, effizientere Weg einer Mietzins- und Räumungsklage nach § 1118, 2. Fall ABGB gewählt wird. Zur nachträglichen Zahlung des Mietzinsrückstandes bei mangelndem groben Verschulden durch den Mieter vgl Rz 34 ff zu § 33, zur Unterbrechungsmöglichkeit infolge eines präjudiziellen Mietzinsüberprüfungsverfahrens siehe Rz 4 zu § 41.

B. Nichterbringung von Dienstleistungen (Z 2)

Nach dem Gesetzeswortlaut wäre dieser (in der Praxis keine besondere Rolle **22** spielende und mit § 19 Abs 2 Z 2 MG identische) Kündigungsgrund nur dann verwirklicht, wenn der Mieter den (ausschließlich oder zum Teil) in Dienstleistungen, üblicherweise in Reinigungs-, Schneeräumungs- oder ähnlichen Arbeiten bestehenden Mietzins („Dienstmietvertrag" – MietSlg 44.135) zu erbringen verweigert, was von der Rspr richtigerweise (da es der Mieter ansonsten in der Hand hätte, eine Kündigung trotz Nichtzahlung des Mietzinsäquivalentes auf Dauer zu verhindern) dahingehend verstanden wird, dass der Tatbestand auch dann erfüllt ist, wenn die Dienstleistungen des Mieters, egal aus welchem Grund, **schlicht nicht erbracht werden** (MietSlg 7.305, 19.286; unklar hingegen MietSlg 12.098), wobei der Nichterbringung die Erbringung der mit wesentlichen Mängeln behafteten Dienstleistung gleichsteht (MietSlg 19.286). Fallweise auftretende kleinere Mängel können hingegen diesen Kündigungsgrund nicht rechtfertigen (MietSlg 21.412). Unerheblich ist, aus welchen Gründen die Arbeiten nicht geleistet werden, insbesondere ist kein Verschulden des Mieters erforderlich, auch ist eine auf die analoge Anwendung des Abs 2 Z 1 gestützte förmliche Mahnung nicht vonnöten (MietSlg 19.286). Der Kündigungsgrund ist nur dann verwirklicht, wenn die zu erbringenden Dienstleistungen von den Vertragspartnern als Hauptleistungspflicht des Vertrages vereinbart wurden (MietSlg 45.142), wobei sowohl die Abgrenzung zum (mit der WRN 2000 abgeschafften) Hausbesorgerdienstvertrag als auch zum Dienstmietvertrag (Rz 67 ff zu § 1) zu beachten ist. Zur allfälligen analogen Anwendung des § 33 Abs 2 siehe Rz 34 zu § 33.

C. Erheblich nachteiliger Gebrauch, unleidliches Verhalten,
strafbare Handlung (Z 3)

1. Allgemeines

23 Die Z 3, welche inhaltlich trotz der etwas unterschiedlichen Formulierung dem
ersten Fall des § 1118 ABGB sowie dem § 19 Abs 2 Z 3 MG entspricht, enthält
drei streng voneinander zu trennende Tatbestände, welche üblicherweise kurz
mit „erheblich nachteiliger Gebrauch", „unleidliches Verhalten" und „ strafbare
Handlung" umschrieben werden. Ungeachtet dieser Aufgliederung können
deren erster (erheblich nachteiliger Gebrauch) und deren zweiter (unleidliches
Verhalten) einander überschneiden (wobl 2001, 221/131 = MietSlg 52.387 [Lage-
rung von Problemstoffen im Freien und Reinigung von Fotochemikalien in der
Dusche]), weshalb in einer einschlägigen Kündigung **routinemäßig stets beide
Kündigungsgründe zusammen** geltend gemacht werden sollten. Auch ist dem
Vermieter aufgrund der etwas kasuistischen Judikatur zu den Verschuldensvor-
aussetzungen (dazu sogleich) sowie zum Einstehenmüssen des Mieters für seine
Mitbewohner (unten Rz 25) zumindest in Zweifelsfällen eine **schriftliche Ab-
mahnung** vor Einbringung der Kündigung **anzuraten.**

24 Die Rspr verlangt **mit Ausnahme der strafbaren Handlung** (unten Rz 32 f) **kein
Verschulden des Mieters,** wohl aber die objektive Erkennbarkeit der Schädlich-
keit des Verhaltens (MietSlg 30.366, 34.412, 35.347, 36.387, 38.207 [„Bewußtsein
der Vertragswidrigkeit, wie es von einem vertrauenswürdigen Durchschnitts-
mieter erwartet werden kann" – die Formulierung ist irreführend, da es auf das
subjektive Bewusstsein gerade nicht ankommt]; MietSlg 38.439, 41.134; wobl
1998, 278/174 = MietSlg 50.408 = immolex 1998, 234/151; MietSlg 51.383; wider-
sprüchlich wobl 2001, 220/129 = MietSlg 52.388, wonach dem Mieter die Nach-
teiligkeit seines Verhaltens „zumindest bewusst" sein muss, danach aber auf die
„nach den gewöhnlichen Fähigkeiten zu bestimmende Erkennbarkeit" des nachteiligen Verhaltens abstellt). Allerdings legt die Rspr bei Geisteskranken oder
psychisch beeinträchtigten Personen, wohl aus Billigkeitsgründen, einen milde-
ren Maßstab als bei Gesunden an (MietSlg 22.332/19; MietSlg 48.570 = immolex
1997, 210/113; wobl 1998, 234/152 = MietSlg 49.349 = immolex 1997, 233/130).
Bei der Beurteilung des verpönten Verhaltens sind Provokationen seitens des
Vermieters (MietSlg 33.343, 36.395, 37.413, 38.300 [nicht aber auch durch andere
Mieter]) oder diesem zurechenbarer Personen, wie etwa seines Ehegatten, angemessen zu berücksichtigen.

25 Nach dem letzten, **alle drei Fälle der Z 3 erfassenden** Halbsatz (ähnlich § 36
Abs 3 WEG 2002) steht dem **Verhalten des Mieters dasjenige** seines **Ehegatten**
und der anderen **mit ihm zusammenwohnenden Familienangehörigen** sowie
der sonst von ihm in den gemieteten Räumen **aufgenommenen Personen gleich.**
Auf Grund der letzteren generellen Formulierung muss die Nennung des Ehegatten und der anderen mit ihm zusammenwohnenden Familienangehörigen als
überflüssiger Zusatz angesehen werden (die theoretisch denkbare Lesart, dass für
das Verhalten des Ehegatten immer, auch wenn dieser woanders wohnt, nach Art
einer Sippenhaftung einzustehen ist, ergäbe einen schwer erklärbaren Wertungswiderspruch). Dabei genügt zur Bestimmung des zurechenbaren Personenkreises
nach der Rspr bereits ein loser Zusammenhang mit der Benützung des Miet-

meist eine besondere Rolle zukommt. Aus allen diesen Gründen und aufgrund der zumeist großen wirtschaftlichen Tragweite einer Kündigung ist der kündigenden Partei zu empfehlen, schon bei der geringsten Unklarheit den Termin und die Frist so zu wählen, dass sowohl den vertraglichen als auch den gesetzlichen Vorgaben Genüge getan wurde, selbst wenn dies zu einer späteren als der ursprünglich ins Auge gefassten Beendigung des Mietverhältnisses führt.

Überhaupt sollte der in der Praxis immer wieder zu beobachtende Fehler einer **8** „knappen" Kündigung vermieden und **Termin und Frist so großzügig wie möglich bemessen** werden, um eine etwaige Ortsabwesenheit des Gekündigten, Zustellprobleme und dgl mehr aufzufangen. In besonderen Fällen kann sich sogar die Einbringung einer zweiten Kündigung zu einem späteren Termin als nützlich erweisen, wobei das Spektrum denkbarer Fälle, wie immer bei Problemen der Vertragsauslegung weit gesteckt ist. Stets sind Termin und Frist auseinanderzuhalten; so bedeutet etwa „vierteljährlich zum Zinsquartal" eine dreimonatige Kündigungsfrist zu den gesetzlichen Terminen (MietSlg 22.638, 29.645, 31.750, 32.734, 35.823, 38.804). Bedenklich hingegen MietSlg 7.677, wonach die Vereinbarung „eine allfällige Kündigung hat 14 Tage vorher zu erfolgen" als Abrede einer 14-tägigen Kündigungsfrist zu jedem beliebigen Termin aufzufassen ist, sowie wobl 1994, 195/47 [krit *Dirnbacher, Würth*] = MietSlg 46.702, wonach „Mietquartal" Vierteljahres- (= dreimonatige) Abschnitte ab dem Beginn des Mietverhältnisses bedeuten soll.

Im Anwendungsbereich des MRG **benötigt der Vermieter** gemäß § 33 Abs 1, **9** 2. Satz 1. Hs **stets einen (wichtigen), dem § 30 zu entnehmenden Kündigungsgrund**, weshalb diesem gar keine Möglichkeit der ordentlichen Kündigung offen steht. Im Gegensatz dazu braucht der Mieter keine Begründung für seine Kündigung anzugeben, jedoch schadet die Anführung einer solchen (dann als bloßes Motiv zu wertenden) nicht (MietSlg 41.124; wobl 1994, 220/63 [*Oberhammer*] = MietSlg 45.132).

Bei **befristeten Mietverhältnissen** (dazu, insbesondere zur Durchsetzbarkeit **10** von Endterminen vgl auch die Erl zu § 29) ist die Möglichkeit der vorzeitigen Auflösung differenziert zu sehen. Es gilt der Grundsatz, dass keine Kündigung zulässig ist, es sei denn dies wurde ausdrücklich vereinbart, in welchem Fall von einer „Befristung" eigentlich nicht mehr gesprochen werden kann. Der Grundsatz ist aber zweifach durchbrochen: Erstens besteht (ebenso wie bei unbefristeten Verträgen) die Möglichkeit einer Kündigung aus speziellen, im Gesetz ausdrücklich normierten Gründen, wie etwa bei Tod des Wohnungsmieters gemäß § 1116a ABGB iVm § 30 Abs 2 Z 5 (Kündigung durch den Vermieter) oder gemäß § 23 KO (Kündigung durch den Masseverwalter des Mieters, nicht aber durch den Vermieter, welcher auch im Konkurs einen wichtigen Grund benötigt), welche Fallgruppe bisweilen als solche „aus besonderem Anlass" bezeichnet wird und wobei die gesetzlichen allfälligen vertraglich vereinbarten Terminen und Fristen vorgehen, und zweitens ist eine Kündigung des Mietverhältnisses aus den Gründen möglich, welche eine Aufrechterhaltung des Mietvertrages für eine der Parteien in erhöhtem Maße unzumutbar machen. Theoretisch liegt der Gedanke der Unzumutbarkeit zwar allen wichtigen Gründen zur Beendigung eines

Dauerschuldverhältnisses, darunter insbesondere auch denen des § 30, zugrunde (wobl 1998, 183/124 [*Oberhammer*] = MietSlg 49.144 = immolex 1998, 43/24 [*Pfiel*]), dennoch wird in dieser Hinsicht eine weitere Differenzierung dahingehend vorgenommen, dass bestimmte Anlassfälle sozusagen als „besonders unzumutbar" betrachtet werden. Für den Mieter steht hier § 1117 ABGB zur Verfügung, aus Sicht des Vermieters betrifft dies hingegen im Wesentlichen diejenigen Kündigungsgründe, die den in § 1118 ABGB geregelten Fällen entsprechen, dh die § 30 Abs 2 Z 1 und Z 3 (MietSlg 5.611, 5.763, 35.221, 36.179). Diesfalls ist keine Einhaltung der (vertraglich vereinbarten oder gesetzlichen) Fristen und Termine nötig (MietSlg 4.408, 33.317), ansonsten sind aber alle sonstigen Vorschriften über das Kündigungsverfahren anzuwenden.

11 Ähnliches gilt auch bei einem (im Ergebnis einer Befristung des Vertrages nahekommenden) **Verzicht auf das Kündigungsrecht** (auf Dauer oder auf bestimmte Zeit), welcher durch beide Seiten ebenso möglich ist (MietSlg 16.160, 34.262, 40.061, 45.368; immolex 2001, 201/116) wie ein teilweiser Verzicht durch Beschränkung auf bestimmte Kündigungsgründe. Auch hier ist eine Kündigung (ebenso wie eine Klage nach den §§ 1117, 1118 ABGB) nur aus besonderem Anlass oder aber dann möglich, wenn einem der Vertragspartner die Aufrechterhaltung des Mietverhältnisses aus den erwähnten, beim anderen Teil liegenden Gründen „besonders unzumutbar" wurde (MietSlg 5.266, 26.216, 30.355; wobl 1991, 58/45 [*Würth*] = MietSlg 41.125; MietSlg 45.368).

2. Aktiv- und Passivlegitimation

12 Bei diesem aus praktischer Sicht besonders wichtigen Thema gilt der Grundsatz, dass eine selbständige Abtretung des Kündigungsrechts losgelöst von den sonstigen Bestandgeberrechten unzulässig ist (MietSlg 1.153) und daher der **jeweilige Bestandgeber bzw Bestandnehmer aktiv bzw passiv legitimiert** ist. In aller Regel (aber nicht notwendigerweise, da auch die Vermietung einer fremden Sache möglich ist oder ein Fruchtnießer – unten Rz 14 – existieren kann etc) wird es sich beim Bestandgeber um den Eigentümer der Liegenschaft (2 Ob 180/01m) oder einer Eigentumswohnung handeln. Zur Situation und zum Meinungsstand bei „Altmiethäusern" (Rz 23 zu § 17) vgl *Böhm/Faber*, wobl 2001, 195 f. Allgemein zu den Auswirkungen eines Mietrechtsübergangs nach den §§ 12 ff auf die Aktiv- und Passivlegitimation für die Aufkündigung auf Mieterseite siehe Rz 25 ff zu § 12, Rz 34 zu § 12a.

13 Bei **Abschluss des Mietvertrages über eine Eigentumswohnung noch vor Begründung von Wohnungseigentum („Altmietvertrag")** wurde vom OGH, insbesondere von dessen 5. Senat früher der Standpunkt vertreten, dass zur Kündigung nur die Mehrheit der Miteigentümer (wobl 1997, 182/55 [krit *Call*] = MietSlg 49.139 = immolex 1997, 132/66 [*Pfiel*]; wobl 1998, 144/103 = MietSlg 49.393/35 = immolex 1998, 4/2 [zust *Pfiel*]; überhaupt unklar wobl 1998, 147/104 = MietSlg 49.161/44 = immolex 1998, 142/84, [„allenfalls auch die Wohnungseigentümergemeinschaft"]) oder – in einer E des 6. Senates – die Wohnungseigentümergemeinschaft (wobl 1997, 237/96 [zust *Dirnbacher*] = MietSlg 49.140 = immolex 1997, 266/153) berechtigt ist, was insbesondere von *Call* stark kritisiert wurde (vgl dazu pars pro toto *ders* in wobl 1998, 162 f). Dieser Kritik Rechnung tragend änderte der 5. Senat seine Position um die Jahreswende 1997/1998 und judiziert seitdem gleichbleibend, dass zur Kündigung eines vor Wohnungseigentumsbegründung geschlossenen „Altmietvertrages" (neben der Mehrheit – unten Rz 16) auch der betreffende **Wohnungseigentümer alleine aktiv legitimiert** sei, welchem Standpunkt sich auch andere Senate des Höchstgerichts (darunter auch der 6.) angeschlossen haben (wobl 1998, 177/120 = MietSlg 50.263 = immolex 1998, 230/145 = AnwBl 1998, 515 [krit *Prader*]; wobl 1998, 178/121 = MietSlg 49.216; wobl 1998, 179/122 = MietSlg 50.262; wobl 1998, 287/184 [zust *Call*] = MietSlg 50.551; wobl 1998, 383/243 [zust *Call*] = MietSlg 50.400; wobl 1999, 100/ 52 [zust *Call*] = MietSlg 50.591; wobl 1999, 270/137 [zust *Call*] = MietSlg 51.536 = immolex 2000, 75/51; MietSlg 50.555; wobl 2000, 47/19 [zust *Prader*] = MietSlg 51.410; wobl 2000, 270/152 [zust *Call*] = MietSlg 52.482 = immolex 2000, 197/ 120), sodass **nunmehr von einer gefestigten Rspr auszugehen ist**, welche sich in ihrer Begründung nicht auf die §§ 1120 ABGB, 2 MRG, sondern auf die mit dem Erwerb des Wohnungseigentumsobjekts (idR „stillschweigend") verbundene Abtretung von Gestaltungsrechten (dazu grundsätzlich *P. Bydlinski*, Die Übertragung von Gestaltungsrechten [1986]) an den Erwerber stützt(e). Durch das WEG 2002 wurde die Frage vom Gesetzgeber im Sinne dieser Rspr **durch § 4 Abs 1 WEG endgültig dahingehend geklärt**, dass der betreffende Wohnungseigentümer mit WE-Begründung ex lege in die Vermieterstellung „einrückt" (näher dazu Rz 6 f zu § 4 WEG).

Bei Bestehen eines (dinglichen oder obligatorischen) Fruchtgenusses ist der **14** **Fruchtnießer als Bestandgeber anzusehen** (MietSlg 22.165, 32.036), weshalb die Kündigung (nur) durch ihn und gegen ihn einzubringen ist. Ähnliches gilt, wenn die Liegenschaft unter Zwangsverwaltung steht (MietSlg 34.783/29; wobl 1999, 249/129 = MietSlg 50.518 = immolex 1999, 107/78 [*Pfiel*] [nur **Zwangsverwalter** aktiv und passiv legitimiert]) oder der Konkurs über das Vermögen des Vermieters eröffnet wurde (in welchem Fall nur der **Masseverwalter** aktiv und passiv legitimiert ist), sofern die Liegenschaft nicht aus der Masse ausgeschieden wurde. Der Ersteher im Zwangsversteigerungsverfahren ist erst nach Einverleibung seines Eigentumsrechts im Grundbuch zur Kündigung berechtigt, bis zu welchem Zeitpunkt ein einstweiliger Verwalter zur Wahrnehmung der Bestandgeberrechte nötig ist (MietSlg 17.347, 45.796/37).

Nach in früheren Jahrzehnten schwankender Judikatur und uneinheitlicher **15** Lehre (vgl MietSlg 45.151/29 mit guter Darstellung des Meinungsstandes) kann die Frage, ob bzw ab wann der sogenannte „**außerbücherliche Erwerber**" aufkündigen kann (was bei einem Vertragseintritt immer unstrittig war, der aber in der Praxis mangels Mitwirkung des Mieters an der erforderlichen Dreiparteieneinigung eine seltene Ausnahme darstellt und weshalb oft dessen „schlüssige Zustimmung" fingiert wurde), nach nunmehriger, dogmatisch wie oben im Fall des „Altmietvertrages" vor Wohnungseigentumsbegründung mit Hilfe der „Abtretung von Gestaltungsrechten" begründeter Rspr dann bejaht werden, wenn diesem die Liegenschaft bereits übergeben und die Nutzungs- und Verwaltungsrechte rechtsgeschäftlich (daher uU auch schlüssig) übertragen wurden (MietSlg 44.270, 45.150, 47.176; MietSlg 50.190/51 = immolex 1999, 100/70). In der zuletzt genannten E sowie in MietSlg 45.150 sprach der OGH aus, dass es dem Mieter freisteht, entweder den bücherlichen Eigentümer oder den außerbücherlichen Erwerber als Kündigungsgegner in Anspruch zu nehmen. Um auf Nummer sicher zu gehen, empfiehlt es sich aber, sowohl aktiv als auch passiv stets beide, also sowohl den alten als auch den neuen Eigentümer, in das Verfahren mit einzubeziehen. Bei Veräußerung der Liegenschaft während eines laufenden Verfahrens bleibt hingegen der Veräußerer gemäß § 234 ZPO weiter (aktiv und passiv) legitimiert (MietSlg 44.772; MietSlg 49.211 = immolex 1997, 228/122 [*Pfiel*]; MietSlg 51.164 = immolex 1999, 293/162).

16 Bei **Miteigentum** ist nach ständiger (ua auch wegen des fehlenden Gleichklangs sowohl mit der Passivlegitimation der Miteigentümer [dazu sogleich] als auch mit der Rechtslage bei Mitmietern dogmatisch nicht überzeugender) Judikatur **aktiv die Mehrheit** (berechnet nach Anteilen) legitimiert (MietSlg 18.348, 34.091, 49.139), die Hälfte oder die Minderheit hingegen nur mit Zustimmung des Gerichts (MietSlg 28.051, 29.079) oder weiterer, insgesamt eine Mehrheit ergebender Miteigentümer (welche Zustimmung zum Zeitpunkt des Zugangs der Aufkündigung vorliegen muss [MietSlg 22.164], was aber auch noch nachträglich im Verfahren nachgewiesen werden kann [MietSlg 49.139]), welchem Fall auch derjenige gleichzuhalten ist, dass ein Miteigentümer ein Bestandobjekt kraft interner Benützungsregelung alleine nutzt; diesfalls kommt der Mietvertrag im Zweifel mit allen Miteigentümern zustande (MietSlg 50.128 = immolex 1999, 78/61; zur fehlenden Offenlegung der Vertretungsbefugnis vgl *Böhm/ Faber*, wobl 2001, 192). Der Sonderfall, dass der Gekündigte Miteigentümer der Liegenschaft ist, stellt sich als Maßnahme der außerordentlichen Verwaltung iSd § 834 ABGB dar und bedarf daher ebenso wie der Abschluss des Vertrages mit ihm (MietSlg 50.060; wobl 1999, 350/160 = MietSlg 51.062) entweder der Einstimmigkeit oder der Genehmigung durch das Gericht (MietSlg 32.069, 41.028; MietSlg 42.038 [ehemaliger Miteigentümer]; wobl 1991, 159/94 = MietSlg 43.110). Von obigem streng zu trennen ist das Recht jedes Miteigentümers, gestützt auf § 523 ABGB gegen Dritte mit Räumungsklage wegen titelloser Benützung vorzugehen. **Passiv legitimiert** sind auf Bestandgeberseite stets nur **alle Miteigentümer gemeinsam** (notwendige Streitgenossenschaft gemäß § 14 ZPO), wobei nach nunmehriger Judikatur die Empfangnahme der Kündigung als Maßnahme der ordentlichen Verwaltung anzusehen ist und daher bei „schlichten" Miteigentumsgemeinschaften zu Handen des bestellten Verwalters erfolgen kann (wobl 1999, 233/114 [zust *Hausmann*] = MietSlg 50.112 = immolex 1999, 154/102; MietSlg 51.106; idS auch *Garai*, wobl 1997, 206; ggt aber wobl 1998, 176/119 [*Call*] = MietSlg 48.406). Bei Liegenschaften, an denen Wohnungseigentum begründet ist, gilt diese Zustellvollmacht aber nur dann, wenn die Wohnungseigentümergemeinschaft selbst (etwa bei allgemeinen Teilen der Liegenschaft) Vermieter ist.

17 Auf Seiten des **Bestandnehmers** ist nur dieser selbst aktiv und passiv legitimiert, auch wenn er die Rechte aus dem Vertrag einem Dritten (etwa durch Untervermietung) überlassen hat (MietSlg 18.184, 25.132/11). Bei mehreren Mitmietern sind nach von der Lehre gebilligter Judikatur nur alle gemeinsam (wiederum als einheitliche Streitpartei gemäß § 14 ZPO) aktiv und passiv legitimiert (MietSlg 26.462, 41.318; wobl 1996, 120/30 = MietSlg 47.088; wobl 1999, 206/97 [*Prader*]

= MietSlg 50.167 = immolex 1998, 263/168 [*Pfiel*]; MietSlg 51.284; 8 Ob 284/00y).

Bei Tod eines Bestandgebers oder Bestandnehmers (wo gemäß § 1116a ABGB **18** stets die gesetzlichen Termine und Fristen maßgeblich sind) ist vor Rechtskraft der Einantwortung der ruhende Nachlass, vertreten entweder durch einen Verlassenschaftskurator (dessen Bestellung, ebenso wie in den sonstigen Fällen, wenn die Verlassenschaft unvertreten ist, schon in der Kündigung unter Behauptung aller einschlägigen Voraussetzungen zu beantragen ist) oder durch den/die Erbe(n), dem (denen) die Besorgung und Verwaltung des Nachlasses gemäß § 72 Abs 2 AußerstrG übertragen wurde(n), ab Rechtskraft der Einantwortung der/die Erbe(n) (bzw der Erbschaftskäufer [MietSlg 33.189]) aktiv und passiv legitimiert (MietSlg 23.177; wobl 1988, 65/31 = MietSlg 39.156; unzutreffend MietSlg 29.621 und 33.641, wonach der Übergang schon mit Zustellung der Einantwortungsurkunde an die Erben stattfindet), und zwar unabhängig davon, ob sie Eintrittsrechte behaupten oder nicht (MietSlg 38.199, 48.142, 50.422, 51.284). Erfolgt keine Einantwortung (infolge Überlassung an Zahlungs statt, Abtuung armutshalber und dgl), bleibt die Verlassenschaft passiv legitimiert (MietSlg 38.198). Während des laufenden Kündigungsverfahrens ist die Änderung der Parteienbezeichnung von Amts wegen vorzunehmen, sofern die Kündigung ursprünglich richtig eingebracht wurde (MietSlg 33.641, 50.422). Ist der Eintrittsrechte Behauptende nicht gleichzeitig Erbe, steht ihm der Beitritt als einfacher Nebenintervenient nach § 11 Abs 1 ZPO frei, ansonsten kann er auch gegen einen rechtskräftigen Exekutionstitel mit Klage nach § 37 EO vorgehen (MietSlg 50.305 = immolex 1999, 74/55).

3. Formvorschriften

Wie andere rechtsgeschäftliche Willenserklärungen auch kann eine Kündigung **19** grundsätzlich formlos oder unter Einhaltung bestimmter **Formvorschriften** erfolgen. Außerhalb des Anwendungsbereiches des MRG unterliegt die Form der Kündigung eines Bestandverhältnisses – abgesehen von allfälligen Schutzvorschriften wie zB § 6 Abs 1 Z 4 KSchG – der freien Vereinbarung (etwa der einfachen Schriftform, des Einschreibbriefs, gerichtlich usw) der Vertragsteile. Wurde keine Vereinbarung getroffen, kann der Kündigende für derartige Bestandverhältnisse über unbewegliche Sachen (wozu auch Superädifikate und Unternehmen zählen [MietSlg 22.639, 30.775]) den Weg der gerichtlichen Kündigung wählen, muss dies aber nicht tun. Hingegen können **dem MRG unterliegende Vertragsverhältnisse** gemäß § 33 Abs 1 Satz 1 **zwingend nur gerichtlich gekündigt** werden (MietSlg 50.237; vgl dazu im einzelnen unten Rz 20 ff). Seit der Aufhebung der §§ 565, 566 ZPO durch die Zivilverfahrensnovelle 1983 kann eine außergerichtliche Kündigung nicht mehr (durch Erhebung gerichtlicher Einwendungen) zu einem Exekutionstitel führen, vielmehr ist in einem solchen Fall die Einhaltung der vereinbarten Form- und sonstigen Voraussetzungen für die Beendigung des Dauerschuldverhältnisses nur als Vorfrage, etwa in einem Verfahren auf Räumung oder auf Bezahlung des Pachtschillings für ein Unternehmen, zu prüfen (wobl 1991, 253/152 = MietSlg 42.125).

T. Hausmann

B. Gerichtliche Kündigung nach dem MRG

1. Allgemeines

20 Die für Mietverträge gemäß § 33 Abs 1 Satz 1 zwingende, iVm den §§ 560 ff ZPO geregelte gerichtliche Aufkündigung ist nach hM als doppelfunktionelle Prozesshandlung im Sinne eines Doppeltatbestandes einzustufen (*Fasching*, Zivilprozessrecht[2] Rz 766 ff und Rz 2140; *Ballon*, Einführung in das österreichische Zivilprozessrecht (1985), 90 ff; MietSlg 22.639, 30.773) und besteht aus einer die Beendigung des Vertragsverhältnisses bewirkenden materiellrechtlichen Gestaltungserklärung sowie dem prozessualen Leistungsbegehren auf Räumung und Übergabe (oder Übernahme) des Bestandgegenstandes. Demgegenüber vertreten *Oberhammer* (Auftragsverfahren 104 ff) und *Rechberger* (in Rechberger Rz 1 zu § 561 ZPO) die vorzuziehende Meinung, dass es sich hierbei um ein an das Gericht gerichtetes Rechtsgestaltungsbegehren auf Auflösung des Bestandvertrages handle und der **gerichtliche Auftrag an den Kündigungsgegner** (unten Rz 29) den Charakter eines unvollkommenen Rechtsgestaltungsurteiles habe.

2. Gerichtliche Kündigung (auch) durch Mieter?

21 Die seit Jahrzehnten diskutierte Frage, **ob auch die Kündigung seitens des Mieters** in den Fällen **gerichtlich** erfolgen muss, wo eine anderslautende Abrede getroffen wurde (in Ermangelung einer solchen kann wohl kein Zweifel daran bestehen, dass von der Notwendigkeit einer gerichtlichen Kündigung auszugehen ist), wird von der stRspr (MietSlg 31.451, 44.481/56; wobl 1993, 83/63 [*Hanel*] = MietSlg 44.482/59) und von *Würth* (wobl 1988, 32; ebenso, allerdings ohne nähere Begründung *Prader* Anm 2 zu § 33) in Anbetracht des diesbezüglich nicht differenzierenden Gesetzeswortlautes bejahend, von einem Teil der L aber in teleologischer Reduktion desselben (*Csoklich*, wobl 1988, 30; *Oberhammer*, Auftragsverfahren 82; *Iro*, RdW 1993, 101; *Koziol/Welser* II[12] 217; *Wohlfahrt*, RdW 1988, 80 mit Darstellung der älteren Rspr und L zum wortgleichen § 21 Abs 1 Satz 1 MG) verneinend beantwortet, wobei sich beide Seiten gleichermaßen auf den Schutzzweck der Norm berufen, diesen aber unter verschiedenen Gesichtspunkten betrachten und so zu unterschiedlichen Ergebnissen gelangen. Trotz der beachtlichen Argumente der zuletzt genannten Lehrmeinungen scheinen diese für eine teleologische Reduktion nicht stark genug und ist daher der stRspr der Vorzug zu geben, was aber einer einvernehmlichen Beendigung des Bestandvertrages ohne die Formalitäten eines gerichtlichen Verfahrens selbstverständlich nicht im Wege steht.

3. Inhaltserfordernisse

22 Eingeleitet wird das Kündigungsverfahren entweder mittels Schriftsatz oder mündlich durch Erklärung zu Protokoll. Die Anführung des Wortes „Kündigung" ist ratsam, aber nicht zwingend erforderlich (MietSlg 19.538). Zuständig ist das Bezirksgericht der gelegenen Sache (Eigenzuständigkeit gemäß § 49 Abs 2 Z 5 iVm § 83 Abs 1 JN), eine örtlich abweichende Gerichtsstandsvereinbarung gemäß § 104 JN ist aber möglich. Neben den allgemeinen Erfordernissen für gerichtliche Schriftsätze sind **notwendige Inhaltserfordernisse gemäß § 562 Abs 1 ZPO** die

Bezeichnung des Bestandgegenstandes, der Kündigungstermin, das Räumungs- oder Übernahmsgebot und die Rechtsbelehrung über die Möglichkeit zur Erhebung von Einwendungen, bei einer Kündigung durch den Vermieter, weiters gemäß § 33 Abs 1 Satz 2 eine kurze Anführung des oder der Kündigungsgründe, welche Anführung im weiteren Verlauf des Verfahrens nicht erweitert werden darf (sog Eventualmaxime, näheres unten Rz 25 f). Auch sonst ist die Rspr unter Berufung auf die Formstrenge der Kündigung bei nachträglichen Ergänzungen oder Änderungen sehr zurückhaltend. Sicher zulässig (während des Erkenntnis-, nicht jedoch im Exekutionsverfahren [MietSlg 37.789]) ist bloß die Berichtigung offenbarer Denk- oder Schreibfehler und für jedermann klar erkennbarer Unrichtigkeiten, wie etwa „den Bestandgegenstand zu übergeben" statt „... zu übernehmen" (MietSlg 36.824/50) oder die Nichtstreichung von „Übernehmen" neben dem „Übergeben" im Formular (MietSlg 38.805/4) oder „31.6." statt „30.6." (MietSlg 36.827). Nicht nötig, aber zulässig ist das Anführen von Beweismitteln in der Kündigung (MietSlg 45.747/35).

4. Bezeichnung des Bestandgegenstandes und Kündigungstermines

Die bei der Frage der Berichtigung der **Bezeichnung des Bestandgegenstandes** **23** seit jeher schwankende Rspr (MietSlg 26.545, 31.755, 33.680, 40.819) hat noch immer keine klare Linie gefunden und hängt die Beantwortung derselben bedauerlicherweise davon ab, welcher Senat des Höchstgerichtes gerade zur Entscheidung berufen ist. Während in wobl 1996, 153/53 = MietSlg 47.702 und wobl 1998, 317/210 [krit *Hausmann*] = MietSlg 50.806 ein eher restriktiver Standpunkt vertreten wurde, zeigte sich der OGH in den E wobl 2000, 97/44 [zust *Hausmann*] = immolex 1999, 238/138; wobl 2001, 155/98 [zust *Hausmann*] = MietSlg 52.813 sowie (in einem etwas anderen, aber verwandten Kontext, nämlich bezogen auf die Berichtigung der Bezeichnung des Gekündigten selbst) in wobl 2001, 269/169 [zust *Hausmann*] = MietSlg 52.814 = immolex 2001, 80/51 [*Pfiel*] zutreffend großzügiger und ließ eine Berichtigung dann zu, wenn der Gekündigte keinen Zweifel darüber hatte oder haben konnte, welches Objekt in der Kündigung gemeint war. Jedenfalls ist es bei Einbringung einer Kündigung ratsam, auch diesem Punkt große Aufmerksamkeit zu schenken und der Kündigung in komplizierteren Fällen einen genauen Plan beizulegen.

Strenge Anforderungen stellt die Judikatur diesbezüglich richtigerweise an die **24** Anführung des **Kündigungstermines** (MietSlg 30.773), zumal der Termin ein bloßes Datum und kaum ein Fall denkbar ist, wo der Gekündigte je wissen kann, welches der Kündigende dabei gerade im Auge hatte. Bedenklich daher MietSlg 33.681 [Einbringung einer vierteljährigen Kündigung im Oktober 1977 zum „31. 3. 1977", vom Gericht als „1978" gedeutet]). Daher sind bloß offenkundige Tippfehler, wie etwa „30. September 20002" und dgl berichtigungsfähig (MietSlg 23.680 [„30.7." statt „31.7."]; MietSlg 28.614, 30.773, 35.824, 36.827; fragwürdig hingegen MietSlg 50.811/24 = immolex 1999, 8/5 [„31.5." als „31.3." gedeutet]).

5. Kündigungsgründe, Eveventualmaxime

25 Gemäß § 33 Abs 1 Satz 2 hat der Vermieter in der Kündigung „**die Kündigungsgründe**" (selbstverständlich reicht auch ein einziger) **kurz anzuführen**; andere
Kündigungsgründe kann er in diesem Verfahren (auch nach einem Aufhebungs-
und Rückverweisungsbeschluss [wobl 1999, 173/79 = MietSlg 50.771]) nicht
mehr geltend machen, wofür der Ausdruck „**Eventualmaxime**" geprägt wurde.
Bis zur Novellierung des MG im Zuge der Erlassung des KSchG (BGBl 1979/
140) hatte dieses Prinzip auch für die Erhebung von Einwendungen durch den
Mieter gegolten. Es besteht in dem Erfordernis der Individualisierung des oder
der Kündigungsgründe schon in der Kündigung (MietSlg 30.461, 31.454; wobl
1998, 122/81; MietSlg 50.177; wobl 1999, 173/79 = MietSlg 50.771), wofür das
bloße Zitat der betreffenden Gesetzesstelle nur dann genügt, wenn diese (wie
etwa § 30 Abs 2 Z 5) nur einen einzigen Tatbestand enthält (MietSlg 5.964, 30.461,
36.457), andernfalls (etwa bei § 30 Abs 2 Z 3 mit seinen drei Fällen) ist eine nähere
Beschreibung nötig, wobei aber nach zutreffender Judikatur eine schlagwortarti-
ge Anführung genügt (MietSlg 27.443, 36.456; MietSlg 43.281 [„rücksichtsloses
Verhalten" ausreichend]; wobl 1992, 21/19 = MietSlg 43.282; MietSlg 45.434;
wobl 1998, 76/46 [krit *Hausmann*] = MietSlg 49.394 = immolex 1998, 11/7;
MietSlg 50.449 = immolex 1998, 333/208; MietSlg 50.450/47 = immolex 1999,
140/95; zu großzügig aber wobl 1991, 36/32 [*Würth*] = MietSlg 41.362 [„Untervermietung"]).

26 Sofern eine ausreichende Individualisierung erfolgte, kann die „Auffüllung" bzw
**nähere Umschreibung derselben später im Verfahren nach Erhebung von
Einwendungen vorgenommen werden**, etwa durch Anführen des Namens des
Mieters, dem ein Geschäftslokal gegen unverhältnismäßiges Entgelt gemäß § 30
Abs 2 Z 4, 2. Fall weitergegeben wurde (wobl 1994, 219/60 [zust *Würth*] =
MietSlg 45.439) oder durch Beschreiben weiterer Vorfälle bei Stützung auf den
Kündigungsgrund des § 30 Abs 2 Z 3, 2. Fall (wobl 1996, 150/49 [*Degelsegger*] =
MietSlg 47.415). Dadurch darf aber **kein „Nachschieben" eines nicht geltend
gemachten Kündigungsgrundes** ermöglicht werden, was natürlich erst recht
gilt, wenn dieser zum maßgeblichen Zeitpunkt (Rz 8 zu § 30) noch gar nicht
verwirklicht war (MietSlg 46.426/32; wobl 1998, 278/174 = MietSlg 50.408 =
immolex 1998, 234/151). Vorbehaltlich eines allfälligen „Verzichts" des Vermieters und entgegen *Würth/Zingher*[20] (Rz 24 zu § 33 MRG) sowie der dort zitierten
E MietSlg 5.964 verhindert die Nichtanführung eines Kündigungsgrundes nicht
notwendigerweise seine Verwendung in einer späteren Kündigung, da dem
„Grundsatz", dass Kündigungsgründe unverzüglich geltend zu machen sind, wie
an anderer Stelle dargelegt (Rz 9 ff zu § 30), keine Berechtigung zukommt,
weshalb (mit der genannten Einschränkung) stets die Einbringung einer neuen
Kündigung möglich ist. Auch sind zwei gleichzeitig eingebrachte Kündigungen
mit verschiedenen Terminen zulässig (MietSlg 45.739). Nach mehreren Entscheidungen kommt es bei Widersprüchen zwischen der ziffernmäßigen Bezeichnung
des Kündigungsgrundes und der Anführung eines Sachverhaltes in erster Linie
auf die Tatsachenbehauptungen an (MietSlg 31.452, 32.418/26, 47.414/28, 47.416;
wobl 1999, 173/79 = MietSlg 50.448), was oft zutreffen wird, aber nicht zu sehr
verallgemeinert werden sollte. Bei Stützung auf die Generalklausel des § 30 Abs 1
muss der gesamte relevante Sachverhalt bereits in der Kündigung angeführt

2001, 152/93 = MietSlg 52.443 = immolex 2000, 331/202). Mitmieter sind auch in Angelegenheiten, die die gesetzliche Zulässigkeit des geschuldeten Mietzinses betreffen, als **notwendige Streitgenossen** zu behandeln. Infolge des Günstigkeitsprinzips (dazu *Fucik* in Rechberger[2] Rz 6 zu § 14 ZPO) ist die Antragsrückziehung durch einen von zwei Mitmietern unbeachtlich (wobl 2001, 154/97 = immolex 2000, 296/179).

b) Änderung der (materiellen) Parteistellung

Eine **Änderung der (materiellen) Parteistellung** während des anhängigen Verfahrens, etwa bei Veräußerung der Liegenschaft durch den Vermieter, Beendigung des Mietvertrages durch den Mieter etc, hat **je nach Gegenstand des Begehrens unterschiedliche Folgen** (vgl hierzu auch ausführlicher bei den jeweiligen materiellrechtlichen Bestimmungen). Die Bestimmung des § 234 ZPO ist im außerstreitigen Verfahren **nicht anwendbar** (MietSlg 49.423 = immolex 1998, 72/41). Bei in die Zukunft weisenden Begehren (zB Antrag nach § 6 oder auf Legung der Hauptmietzinsabrechnung) sind die jeweiligen (Einzel-) Rechtsnachfolger von Amts wegen dem Verfahren beizuziehen (wobl 1989, 48/16 [*Würth*] = MietSlg 40.524; MietSlg 49.423 = immolex 1998, 72/41). Ein Antrag auf Überprüfung einer Betriebskostenabrechnung für noch nicht abgerechnete Perioden ist im Falle eines Eigentümerwechsels gegen den neuen Eigentümer zu richten, der sie erstellt hat, und nicht gegen frühere Eigentümer, in deren Eigentümerschaft die Abrechnungsperiode fällt, die aber keinen Einfluss darauf haben, welche Positionen in die Abrechnung aufgenommen werden, und die von den Auswirkungen der Abrechnung nicht betroffen sind (wobl 1998, 26/12 = MietSlg 49.312/18 = immolex 1997, 296/167). Ein Begehren auf Feststellung der Überschreitung des zulässigen Zinsausmaßes ist gegen denjenigen zu richten, der zur Zeit der betreffenden Mietzinsperiode Vermieter war und die beanstandete Vorschreibung vorgenommen hat; maßgebend ist dabei grundsätzlich der Zeitpunkt der Einverleibung des Eigentumsrechts im Grundbuch, womit der Erwerber in das Bestandverhältnis eintritt und zur Einhebung des Mietzinses legitimiert ist (wobl 1999, 28/18 = MietSlg 49.415 = immolex 1998, 70/38 [*Pfiel*]). Die stRspr räumt allerdings bereits dem außerbücherlichen Erwerber Vermieterstellung ein, wenn ihm vom Veräußerer der Besitz und die Verwaltung der Liegenschaft übertragen und er in den vom bisherigen Eigentümer abgeschlossenen Bestandvertrag eingetreten ist bzw diesen erneuerte. Dabei genügt es, dass der Erwerber den physischen Besitz und die Verwaltungsbefugnis der Liegenschaft erhielt (MietSlg 35.207, 36.199, 38.218; immolex 1997, 228/122 [*Pfiel*] = MietSlg 49.211).

Wurde **nach Abschluss des Mietvertrages WE begründet,** so stellte sich früher **90** die Frage, inwieweit der neue Wohnungseigentümer, sämtliche Miteigentümer oder aber die WE-Gemeinschaft aktiv bzw passiv legitimiert sind (dazu *Call*, wobl 1998, 161 und *Löcker*, immolex 2000, 85). Die Rspr ging davon aus, dass durch die mit der WE-Begründung verbundene Einräumung des ausschließlichen Nutzungs- bzw alleinigen Verfügungsrechts am Mietobjekt regelmäßig die Annahme gerechtfertigt war, dass dem Wohnungseigentümer von den übrigen Miteigentümern der Liegenschaft alle mit diesem alleinigen Nutzungs- und Verfügungsrecht am überlassenen Objekt korrespondierenden Rechte aus einem bestehenden Mietvertrag abgetreten wurden (wobl 1998, 179/122 = MietSlg 50.262 = immolex

1998, 199/121; wobl 1998, 287/184 [*Call*] = MietSlg 50.551 = immolex 1998, 230/
145 [*Pfiel*]; wobl 1999, 270/137 [*Call*] = MietSlg 51.175/11 = immolex 2000, 75/
51; wobl 2000, 270/152 [Call] = MietSlg 52.482 = immolex 2000, 197/120).
Gleichzeitig wurde jedoch an der Auffassung festgehalten, dass die Mit- und
Wohnungseigentümer Träger der dem Mieter gegenüber zu erfüllenden Pflichten
blieben, weil dessen Rechtsposition durch die Abtretung einzelner Vermieter-
rechte nicht geschmälert werden dürfe (wobl 1994, 212/56 [*Call*] = MietSlg
44.268; wobl 1999, 270/137 [*Call*] = MietSlg 51.175/11 = immolex 2000, 75/51;
wobl 2000, 358/192 = MietSlg 52.267 = immolex 2000, 325/195). Die Frage wurde
nunmehr mit dem **WEG 2002** durch **dessen § 4 Abs 1 dahingehend eindeutig
geklärt**, dass der **betreffende Wohnungseigentümer mit WE-Begründung ex
lege in die Vermieterstellung einrückt** (näher dazu Rz 6 ff zu § 4 WEG).

c) Beteiligung am Verfahren

91 Auch hier kommt Abs 3 Z 2 letzter Hs (dazu schon oben Rz 85) zum Tragen,
wonach die „neuen" Parteien am Verfahren in der Weise zu beteiligen sind, dass
sie zu einem Zeitpunkt beigezogen werden, in dem sie noch **Gelegenheit haben,
Sachvorbringen zu erstatten** und damit auch Beweisanträge zu stellen (MietSlg
38.537; wobl 1989, 21/8 [*Würth*] = MietSlg 40.681; wobl 1990, 163/83 [*Call*] =
MietSlg 41.388). Eine Nichtbefolgung dieser Vorschrift zieht wiederum Nichtigkeit nach sich (wobl 1992, 9/1 = MietSlg 43.312), wobei wie auch sonst eine
Heilung (durch Zustellung des Sachbeschlusses und Nichtergreifen eines Rechts-
mittels) möglich ist. Das Rekursgericht hat daher zunächst dem Gericht aufzutragen, den Sachbeschluss den übergangenen Hauptmietern zuzustellen, um eine
derartige Heilung zu ermöglichen (wobl 1990, 165/84 [*Würth*] = MietSlg 42.377/
23; ähnlich auch MietSlg 46.455).

92 Die Anwendbarkeit des **§ 477 Abs 2 ZPO** über die **nachträgliche Genehmigung
der Prozessführung** in einem Verfahren, an dem die Partei gar nicht oder – falls
sie eines gesetzlichen Vertreters bedarf – nicht durch diesen vertreten war, kann
im außerstreitigen Mietrechtsverfahren angenommen werden, zumal dieses eine
weitergehende Geltung der Prozessvorschriften vorsieht und besonders für das
Rechtsmittelverfahren die zivilprozessualen Bestimmungen übernimmt (wobl
1990, 163/83 [*Call*] = MietSlg 41.388).

d) Nebenintervention

93 Der weite Parteibegriff des außerstreitigen Mietrechtsverfahrens hat zur Folge,
dass eine Nebenintervention in diesen Verfahren **nicht zulässig** ist. Die Rechtsfigur der Nebenintervention (§§ 17 ff ZPO), also des Beitritts als Streithelfer zur
Unterstützung einer Partei, an deren Obsiegen der Beitretende ein rechtliches
Interesse hat, ist nur im echten kontradiktorischen Zweiparteiensystem vorgesehen. Die **Erweiterung des Beteiligtenkreises** im Außerstreitverfahren **schafft
genügend Raum für Dritte** (MietSlg 47.460). Daher kann beispielsweise der
ehemalige Hausverwalters einem vom Mieter angestrengten Zinsüberprüfungs-
verfahren nicht in analoger Anwendung des § 21 ZPO als Nebenintervenient
beitreten; ein darauf abzielender Antrag ist zurückzuweisen (MietSlg 50.485).

gen spricht allerdings, dass diese Ansicht eine erhebliche Unsicherheit zur Folge hat, da der einzelne Streitgenosse vom Zeitpunkt der Zustellung an die anderen nicht notwendigerweise Kenntnis erlangt. Das Argument, dass die Entscheidung für und gegen sämtliche Streitgenossen einer einheitlichen Streitpartei gleich lauten müsse, lässt sich für diese Auffassung ebenfalls nicht ins Treffen führen, da die Rechtsmittelerhebung eines Streitgenossen auch für den untätigen anderen Wirkung entfaltet und die Entscheidung eben erst dann in Rechtskraft erwächst, wenn sie von keinem Teilgenossen (rechtzeitig) angefochten wurde (überzeugend LGZ Wien 40 R 174/00k, 40 R 175/00g und 40 R 176/00d). Demnach läuft auch bei einer einheitlichen Streitpartei die Rechtsmittelfrist **für jeden Streitgenossen gesondert** ab der an ihn bewirkten Zustellung der Entscheidung.

Problematisch könnte – im schlichten Mehrparteienverfahren, das nicht nach **14** den Grundsätzen des § 14 ZPO zu behandeln ist – der (allerdings weitgehend theoretische) Fall sein, in dem jeweils **einer Minderheit einer Seite zu einem bestimmten Zeitpunkt zugestellt** wurde, weshalb ein von dieser erhobenes Rechtsmittel bzw eine Abziehung der Sache zu Gericht nicht erfolgreich sein könnte. Eine Lösung des Problems würde allerdings die stRspr bieten, die für den Fall der Rechtsmittelerhebung durch die Minderheit die Einleitung eines Verbesserungsverfahrens (Nachweis der Zustimmung weiterer Parteien) vorsieht. Auf diese Weise wird die praktische Relevanz dieses Problems noch weiter reduziert, da davon ausgegangen werden kann, dass die das Gericht anrufende Minderheit, der zur Verbesserung eine entsprechende Frist gesetzt wurde, die Zustimmung weiterer Parteien suchen und diese jedenfalls dadurch von der Entscheidung tatsächlich in Kenntnis setzen wird.

B. Fristwahrung

Auch für diese Frist gilt § 89 GOG, weshalb eine **prozessuale Frist** vorliegt, **15** welche durch rechtzeitige **Postaufgabe** an das **Gericht** gewahrt wird. Erfolgt die Postaufgabe an ein örtlich unzuständiges Bezirksgericht, das die Rechtssache gemäß § 44 Abs 1 JN an das zuständige Gericht überweist, so bleibt durch diese Überweisung die Gerichtsanhängigkeit gewahrt und die Rechtzeitigkeit ist nach der Antragstellung beim unzuständigen Gericht zu prüfen (MietSlg 40.579, 45.515, 50.515, 51.462). Wurde die Anrufung des Gerichtes an die Schlichtungsstelle adressiert, so ist sie nur dann rechtzeitig, wenn sie noch innerhalb der Frist bei Gericht einlangt (MietSlg 42.401, 45.515, 46.497). § 44 JN kann im Verhältnis zwischen Verwaltungsbehörde und Gericht nicht zu Anwendung kommen, weshalb die unrichtige Einbringung der Anrufung des Gerichtes bei der Schlichtungsstelle der Einbringung bei einem unrichtigen Gericht nicht vergleichbar ist (MietSlg 51.462).

Bei der Anrufung des Gerichts ist diesem ein **Beleg für die Einhaltung der Frist 16** nach Abs 1 bzw eine Bestätigung für das Verstreichen der Frist nach Abs 2 vorzulegen. Das Gericht hat nach Einlangen der Akten der Schlichtungsstelle die Einhaltung der Frist selbständig zu überprüfen. Bei Nichtbeachtung der Verspätung ist mangels Übergangs der Entscheidungskompetenz auf das Gericht das von diesem geführte Verfahren und die ergangene Entscheidung **nichtig** (MietSlg 40.580). Die Zulässigkeit eines Antrages auf **Wiedereinsetzung** in den vorigen

Stand gegen die Versäumung der Frist zur Anrufung des Gerichtes ist nun ausdrücklich im letzten Satz des Abs 1 angeordnet, war aber schon davor stRspr. Über den Antrag entscheidet stets das Gericht, bei welchem der Antrag unmittelbar einzubringen ist. Für die Fristwahrung gelten die zuvor genannten Grundsätze.

C. Neue Frist bei geänderter Sachentscheidung

17 Jede Berichtigung der Sachentscheidung führt zu einer anders lautenden Entscheidung. Werden nur unwesentliche Punkte (zB das Entscheidungsdatum, Rechtschreibfehler oder den Inhalt der Entscheidung nicht verändernde Stellen im Spruch oder in der Begründung) berichtigt, so wird eine bereits verstrichene Frist zur Anrufung des Gerichts nicht neuerlich eröffnet. Wird hingegen der **Inhalt der Sachentscheidung verändert**, so steht dem dadurch Beschwerten die Anrufung des Gerichts innerhalb der – durch Zustellung der Änderung neu ausgelösten – vierwöchigen Frist des Abs 1 offen (MietSlg 45.516, 46.496). Da idR eine Teilbarkeit der Entscheidung zwischen dem ursprünglichen und dem berichtigten Teil nicht in Betracht kommen wird, tritt durch die fristgerechte Anrufung des Gerichts die Entscheidung der Schlichtungsstelle zur Gänze außer Kraft.

VI. Legitimation zur Anrufung des Gerichts

18 Die **Anrufung** des Gerichtes kann grundsätzlich **nur durch eine Partei** erfolgen, wobei es nicht erforderlich ist, dass diese schon am Verfahren vor der Schlichtungsstelle beteiligt war. Auch solche Parteien, die durch die Entscheidung in ihren Rechten unmittelbar berührt werden könnten und die daher dem Verfahren hätten beigezogen werden müssen, können das Gericht anrufen (MietSlg 38.547). Voraussetzung ist allerdings, dass die Partei antragslegitimiert ist, also etwa die erforderliche Mehrheit darstellt.

19 Die Anrufung des Gerichtes stellt eine Maßnahme der **ordentlichen Verwaltung** dar, weshalb sie grundsätzlich durch die **Mehrheit der Miteigentümer** zu erfolgen hat, wenn Vertragspartner des Mieters mehrere Miteigentümer sind; diese sind auch dann legitimiert, wenn ein Verwalter der Liegenschaft bestellt ist (MietSlg 48.433 = immolex 1997, 24/14; MietSlg 48.434, 50.510; wobl 2000, 89/41 [*Prader*] = MietSlg 51.459 = immolex 2000, 94/57 [*Pfiel*]; MietSlg 51.460; ausführlich zur Frage des „konkurrierenden Verwaltungshandelns" *Schauer* in wobl 1999, 384 ff). Hat innerhalb der Frist lediglich eine Minderheit (der vermietenden Miteigentümer) den Antrag auf Entscheidung durch das Gericht eingebracht, so ist grundsätzlich ein **Verbesserungsverfahren** einzuleiten (MietSlg 50.511 = immolex 1999, 9/7). Bei Begründung von WE nach Abschluss des Mietvertrages war der betreffende Wohnungseigentümer schon früher alleine zur Anrufung des Gerichtes legitimiert (wobl 2000, 270/152 [*Call*] = MietSlg 52.482 = immolex 2000, 197/120), während dieser nunmehr gemäß § 4 Abs 1 WEG ohnehin die (alleinige) Vermieterstellung einnimmt.

20 Auch derjenige, der in der Entscheidung **zu unrecht** als Antragsgegner **einbezogen** wurde, kann das Gericht anrufen, um damit eine ihn belastende Entscheidung zu beseitigen (MietSlg 39.562, 43.356). Mangels Inanspruchnahme durch sich der Termin für das Wirksamwerden des Schreibens bei Überschreiten einer Monatsgrenze entsprechend verschiebt. Inhaltlich bestehen dazu keine bestimmten gesetzlichen Erfordernisse, sodass nach allgemeinen Grundsätzen lediglich zu fordern ist, dass dem Mieter klar erkennbar sein muss, dass ein erhöhter Hauptmietzins gefordert wird und welche Nutzfläche und Kategorie der Berechnung zugrundegelegt wurden.

Die Erfordernisse des § 886 ABGB zur **Schriftlichkeit** (vgl *Rummel* in Rummel **26** I³ Rz 1 ff zu § 886) der Vorschreibung waren durch den – mit der WRN 1999 eingefügten, den Erfordernissen einer effizienten Hausverwaltung Rechnung tragenden – letzten Halbsatz des Abs 2 idF der WRN 1999 dahingehend eingeschränkt worden, dass bei automationsunterstützt hergestellten Erklärungen anstelle der eigenhändigen Unterschrift des Erklärenden auch die drucktechnische Anführung seines Namens ausreicht, ein Passus, welcher mit der MRN 2001 wieder entfiel. Es ist davon auszugehen, dass damit keine Rechtsänderung verbunden war (zutr *Vonkilch*, immolex 2002, 49 und *Stabentheiner*, wobl 2002, 11 mit näheren Ausführungen) und daher nach wie vor eine derartige drucktechnische Anführung ausreicht.

V. Rechtsdurchsetzung

Die **Rückforderung im außerstreitigen Verfahren nach § 37 Abs 1 Z 13** betrifft **27** nur die nicht bestimmungsgemäß „verbrauchten" EVB iSd der Übergangsbestimmung des Art II Abschn II Z 4 des 3. WÄG, wobei seit dem Wegfall des Gleichbehandlungsgrundsatzes (MietSlg 46.454; oben Rz 5) bei nach dem 1.3.1994 zur Rückzahlung fällig gewordenen EVB Parteien des Verfahrens nur mehr der Vermieter und der betroffene Mieter sind (wobl 1998, 347/231 [*Call*] = MietSlg 50.080/23 = immolex 1998, 309/194). Aktiv zur Rückforderung legitimiert war bzw ist im Gegensatz zur vorherigen Rechtslage der Mieter, welcher die EVB tatsächlich entrichtet hatte (*Würth*, wobl 1994, 3), passiv legitimiert war bzw ist hingegen (wie schon früher) derjenige, welcher die Vermieterstellung zum (jeweiligen) Fälligkeitszeitpunkt innehat (zur Ausfallshaftung der Eigentümergemeinschaft bei „Altmietverhältnissen" siehe Rz 10 f zu § 4 WEG), bei mehreren Vermietern ist Anteilshaftung anzunehmen (wobl 2001, 78/51 [zust *Würth*] = MietSlg 52.499/19 = immolex 2001, 170/101). Für den Antrag reicht es aus, dem Vermieter die Rückzahlung der nicht verbrauchten EVB aufzutragen. In einem solchen Verfahren sind nur Einhebung und bestimmungsgemäßer Verbrauch, nicht aber allfällige Formmängel der Einhebung zu prüfen (wobl 2001, 80/52 [zust *Würth*] = MietSlg 52.444 = immolex 2001, 172/102).

Hingegen ist die **selbständige Rückforderung** unzulässig eingehobener EVB **28** (nach wie vor) ebenso wie diejenige **unzulässig angehobener Mietzinse** (etwa wegen Formmängel der Vorschreibung etc) **nur im streitigen Verfahren möglich** (*Würth*, wobl 1997, 144; MietSlg 36.492/40, 38.593; MietSlg 49.449 = immolex 1998, 173/105 [Fehlen der vor der MRN 2001 nötigen Verpflichtungserklärung]; wobl 1999, 56/31 = MietSlg 50.337; allgemein zur Rückforderung überhöhter Mietzinse vgl auch Rz 49 ff zu § 27).

Daneben konnte bzw kann im **Außerstreitverfahren** die **Angemessenheit** (mit **29** welcher irreführenden Formulierung die gesetzliche Zulässigkeit gemeint ist) des

„EVB neu" bzw des angehobenen Mietzinses sowie die Frage der Bekanntgabe nach § 45 Abs 3 aF überprüft werden. Im Zuge eines solchen Verfahrens ist vom Außerstreitrichter gegebenenfalls als Vorfrage zu prüfen, ob der Ein- bzw Anhebung eine Parteienvereinbarung entgegensteht (wobl 1999, 244/122 = MietSlg 50.520 = immolex 1998, 71/39). Nach dem AB 854 BlgNR XXI. GP S 4 unterliegt diese Überprüfung keiner Präklusion nach § 16 Abs 8 (vgl dazu Rz 78 ff zu § 16 sowie die krit Ausführungen *Vonkilchs* in immolex 2002, 50). Zum Übergangsrecht der MRN 2001 vgl die Erl zu § 49d.

VI. Einhebung eines EVB idF vor der MRN 2001 sowie eines angehobenen Hauptmietzinses im Teilanwendungsbereich des MRG (Abs 5 aF und Abs 3 nF 2. und 3. Satz)

30 Nach der schon in der Stammfassung des MRG (damals in § 45 Abs 4) enthaltenen und für vor dem 1.1.2002 abgeschlossene Verträge weiterhin potentiell relevanten Bestimmung des § 45 Abs 5 idF vor der MRN 2001 galt, dass dann, wenn der Vermieter eines in § 1 Abs 4 Z 1 oder Z 2 idF bis zur MRN 2001 genannten Bestandgegenstandes einen Erhaltungs- bzw Erhaltungs- und Verbesserungsbeitrag **auch nur von einem einzigen Mieter** des Hauses einhob, für dessen **sämtliche Mietgegenstände** ab diesem Zeitpunkt für alle Zukunft die Bestimmungen des I. Hauptstücks (dh die §§ 1 bis 42a) mit Ausnahme der Bestimmungen über die Mietzinsbildung nach § 16 Abs 2 bis 7 und 10 und über die Richtwerte nach dem RichtWG (wobl 1990, 160/81 = MietSlg 41.428) zur Anwendung gelangten. Ohne diese Bestimmung wären die beiden genannten Fälle (= nicht geförderte Neubauten und Zweifamilienhäuser) weiterhin in den Teilanwendungsbereich des MRG (Rz 81 ff zu § 1) gefallen. Nach dem letzten Satz des Abs 5 aF durfte der Vermieter eines Objekts nach § 1 Abs 4 Z 1 oder 2 aF ab dem Zeitpunkt der Vorschreibung eines EVB in der Hauptmietzinsabrechnung auch die Beträge als Ausgaben ansetzen, die in den jeweiligen Verrechnungsjahren zur Amortisation der seinerzeit aufgewendeten Bau-, Grund- oder Aufschließungskosten zu entrichten sind bzw waren.

31 **Fraglich konnte damals sein,** ob der Vermieter eines in **§ 1 Abs 4 Z 3 aF genannten Bestandgegenstandes** (dh einer Eigentumswohnung in einer nach dem 8. Mai 1945 errichteten Baulichkeit) gar keinen EVB vorschreiben durfte oder ob dies ohne das Risiko, mit Ausnahme der Mietzinsbildung in den Vollanwendungsbereich des MRG zu fallen, möglich war. Entgegen der Meinung von *Würth/Zingher* (MRG 1982 Anm 17 zu § 45 MRG; anders aber *Würth* in Rummel II² Rz 1 zu § 45 MRG und wieder anders *Call/Tschütscher* 136, welche die Möglichkeit eines EVB für Mietverhältnisse über Eigentumswohnungen teleologisch eher ausschließen) ist nach dem eindeutigen Wortlaut des § 1 Abs 4 aF kein Grund zu sehen, warum die genannte Möglichkeit nicht bestanden haben sollte, weshalb ein Wohnungseigentümer als Vermieter seiner Eigentumswohnung dem Mieter sehr wohl „gefahrlos" einen EVB vorschreiben konnte (in diesem Sinn auch MietSlg 38.546/12).

32 Gemäß § 45 Abs 3 idF der **MRN 2001,** 2. und 3. Satz wurde diese Möglichkeit **auf den ersten der drei Fälle des § 1 Abs 4** (Z 1 – Mietgegenstände in Gebäuden, die ohne Zuhilfenahme öffentlicher Mittel aufgrund einer nach dem 30.6.1953 erteil-

Hauptmietzins bei Eintritt in einen bestehenden Mietvertrag
über eine Wohnung

§ 46. (1) Treten in einen am 1. März 1994 bestehenden Hauptmietvertrag über eine Wohnung der Ehegatte, der Lebensgefährte oder minderjährige Kinder (§ 42 ABGB) des bisherigen Hauptmieters allein oder gemeinsam mit anderen Angehörigen ein (§ 12 Abs. 1 und 2, § 14), so darf der Vermieter vom (von den) in das Hauptmietrecht Eintretenden weiterhin nur den Hauptmietzins begehren, den er ohne den Eintritt begehren dürfte. Das gleiche gilt für den Eintritt auf Grund einer gerichtlichen Anordnung nach § 87 Abs. 2 des Ehegesetzes.

(2) Treten in einen am 1. März 1994 bestehenden Hauptmietvertrag über eine Wohnung ausschließlich Personen ein, die in Abs. 1 nicht genannt sind, so darf der Vermieter vom (von den) in das Hauptmietrecht Eintretenden ab dem auf den Eintritt folgenden Zinstermin eine Erhöhung des bisherigen Hauptmietzinses bis zu dem für die Wohnung nach § 16 Abs. 2 bis 6 im Zeitpunkt des Eintritts zulässigen Betrag, höchstens aber 2,64 Euro je Quadratmeter der Nutzfläche und Monat, verlangen, sofern der bisherige Hauptmietzins niedriger ist. Dieser Höchstbetrag von 2,64 Euro valorisiert sich entsprechend der Regelung des § 16 Abs. 6. In den Fällen des Abs. 1 darf der Vermieter diese Erhöhung des bisherigen Hauptmietzinses ab dem Zinstermin begehren, zu dem alle in Abs. 1 genannten Eintretenden auf Dauer die Wohnung verlassen haben oder volljährig geworden sind. Gleiches gilt, wenn Personen, die in Abs. 1 in dessen bis 28. Februar 1994 in Geltung gestandener Fassung genannt waren, nach dem 31. Dezember 1981 und vor dem 1. März 1994 in den Hauptmietvertrag eingetreten sind, aber erst nach dem 28. Februar 1994 die Wohnung auf Dauer verlassen haben oder volljährig geworden sind. Die Anhebung des Hauptmietzinses ist aber solange nicht zulässig, als dem Hauptmieter – unter der Annahme einer sofortigen Beendigung des Mietverhältnisses – für vor dem 1. März 1994 getätigte Aufwendungen noch Ersatzansprüche nach § 10 zustünden, die der Mieter geltend macht und der Vermieter zu befriedigen nicht bereit ist.

Fassung vor dem 3. WÄG:

Hauptmietzins bei Eintritt in einen bestehenden Mietvertrag
über eine Wohnung

§ 46. (1) Treten in einen bei Inkrafttreten dieses Bundesgesetzes bestehenden Hauptmietvertrag über eine Wohnung der Ehegatte, der Lebensgefährte oder nahe Angehörige des bisherigen Hauptmieters, die minderjährig sind, allein oder gemeinsam mit anderen Angehörigen ein (§ 12 Abs. 1 und 2, § 14), so darf der Vermieter vom (von den) in das Hauptmietrecht Eintretenden weiterhin nur den Hauptmietzins begehren, den er ohne den Eintritt begehren durfte. Das gleiche gilt für den Eintritt auf Grund einer gerichtlichen Anordnung nach § 87 Abs. 2 des Ehegesetzes.

(2) Treten in einen bei Inkrafttreten dieses Bundesgesetzes bestehenden Hauptmietvertrag über eine Wohnung ausschließlich Personen ein, die im Abs. 1 nicht genannt sind, so darf der Vermieter vom (von den) in das Hauptmietrecht Eintretenden ab dem auf den Eintritt folgenden Zinstermin eine Erhöhung des bisherigen Hauptmietzinses bis zu dem Betrag begehren, der sich für die Wohnung bei Zugrundelegung des § 16 Abs. 2 bis 4 und der Ausstattungskategorie im Zeitpunkt des seinerzeitigen Vertragsabschlusses oder einer späteren, vom Vermieter finanzierten Standardverbesserung errechnet; in den Fällen des Abs. 1 darf der Vermieter diese Erhöhung des bisherigen Hauptmietzinses ab dem Zinstermin begehren, in dem alle im Abs. 1 genannten Eintretenden auf Dauer die Wohnung verlassen haben und (oder) großjährig geworden sind.

Literatur: *Würth*, Mietzinsbildung infolge Eintritts in den Mietvertrag (§ 46) in: HBzMRG 371; *Iro*, Die Übertragung des Mietrechts an Wohnungen, RZ 1983, 213; *Würth*, Mietzinsbildung nach dem MRG idF des 3. WÄG, wobl 1993, 193.

Inhaltsübersicht

I. Allgemeines

1 Zweck des – als lex specialis zu förderungsrechtlichen Vorschriften und als materielles Übergangsrecht (dazu allgemein *Vonkilch* 9 f) anzusehenden – § 46, welcher keinen Vorgänger im MG hatte, ist nach der RV zum MRG das „schrittweise und bestmögliche Angleichen der bestehenden Altverträge" **an das allgemeine Marktniveau.** § 46 unterlag seit der Stammfassung des MRG **Änderungen** durch die **Novelle 1985** sowie vor allem durch das **3. WÄG**, dessen wesentlichste die Verringerung des Kreises der „privilegiert" Eintretenden (unten Rz 4) und die grundsätzliche **Abkehr von der „Urkategorie"** bei der Berechnung des angehobenen Mietzinses hin zum Zustand der Wohnung im Zeitpunkt des Eintritts waren. Näheres zur Rechtsentwicklung vgl unten Rz 8. Beim **Tod eines Geschäftsraummieters** bestand bis zum 3. WÄG kein dem § 46 vergleichbares ausdrückliches Recht des Vermieters zu einer (limitierten) Mietzinsanhebung und wurde auch dessen analoge Anwendung auf Geschäftsräume durch die Rspr ausgeschlossen (MietSlg 38.597), während nunmehr die Möglichkeit der „Fünfzehntelanhebung" des § 46a Abs 2 besteht. Die Vorschreibung des angehobenen Mietzinses durch den Vermieter erfolgt gemäß § 46b.

II. Anwendungsbereich

2 Die Bestimmung des § 46 ist auf dem MRG unterliegende **Hauptmietverhältnisse** über **Wohnungen** (zur Abgrenzung zu Geschäftsräumlichkeiten vgl Rz 44 f

[*Pfiel*] = ecolex 1998, 310 [zust *Hausmann*]). Selbst wenn ein Machtwechsel stattfindet ist aber eine Anhebung dann unzulässig, wenn dem Mieter ein Weitergaberecht eingeräumt worden war (MietSlg 48.452 = ecolex 1997, 87 [*Hausmann*]) welcher Grundsatz allerdings beim Regelfall eines einmal auszuübenden Weitergaberechts nur für den ersten Machtwechsel gelten dürfte.

Ratio der (verfassungsmäßigen [MietSlg 49.460; wobl 1998, 52/28 = MietSlg **28** 49.466] und vom Mieter in allen ihren Tatbestandselementen zu behauptenden und zu beweisenden [wobl 1998, 103/63 = MietSlg 49.463 = immolex 1997, 269/ 156]) **Z 2**, wonach **keine Mietzinsvereinbarung** im Sinne des § 16 Abs 1 Z 7 in der Stammfassung des MRG oder anderer gleichartiger Regelungen getroffen worden sein darf, ist es, diejenigen Vermieter, welche ohnehin schon zu einem früheren Zeitpunkt die Möglichkeit hatten, mit ihrem Mieter einen angemessenen Mietzins (welcher dem am Markt üblicherweise erzielbaren entspricht und daher in der Realität dem „frei" vereinbarten Mietzins gleich- oder doch zumindest nahe kommt) zu vereinbaren und diese Gelegenheit nicht im gesetzlich zulässigen Ausmaß – durch Vereinbarung des angemessenen und wertgesicherten Mietzinses – beim Schopf ergriffen, nicht ein weiteres mal für diese mangelnde diligentia in suis rebus zu „belohnen". Nach § 16 Abs 1 Z 7 MRG in dessen Stammfassung war die Vereinbarung eines angemessenen Mietzinses dann zulässig, wenn das Mietverhältnis länger als ein halbes Jahr bestanden hatte (dass diese Bezugnahme aufgrund des Umstandes, dass die zuletzt genannte Bestimmung nur für Wohnungen galt, völlig unsinnig ist, wurde soweit ersichtlich erstmals von *Böhm* [„Der Gerechtigkeitsanspruch des Rechts", FS Mayer-Maly 363] aufgezeigt). Ähnliches galt nach dem nahezu gleichlautenden („mindestens ein halbes Jahr"), sowohl Wohnungen wie auch Geschäftsräumlichkeiten betreffenden § 16 Abs 1 Z 4 *MG* (im Gesetz als *MRG* bezeichnet, was als offensichtliches, ärgerlicherweise noch nicht korrigiertes Redaktionsversehen anzusehen ist). Warum die Vorschrift des § 38 WSG, welche Vereinbarungen über die Erhöhung des Hauptmietzinses zur Deckung der auf den Mietgegenstand entfallenden Kosten von Sanierungsmaßnahmen sowie der Kosten der Errichtung oder Umgestaltung von Wasser-, Strom- und Gasleitungen oder von Sanitär- und Zentralheizungsanlagen uä betrifft, als für die Mietzinserhöhung nach Abs 4 „schädlich" angesehen wird, bleibt mit *Reich-Rohrwig* 116 FN 32 (ähnlich *Würth/Zingher*[20] Rz 9 zu § 46a MRG) unerfindlich.

Zutreffend judiziert die Rspr in Übereinstimmung mit obigem Grundgedanken, **29** dass der **vom Gesetz eingeräumte Spielraum für die Erhöhung nicht ausgeschöpft werden muss** (wobl 1998, 106/65 [*Hausmann*] = MietSlg 49.467) und dass das Erhöhungsrecht zu versagen ist, auch wenn der Mieter bei Abschluss der Vereinbarung iSd Abs 4 Z 2 unter Druck stand (MietSlg 50.535), was ja typischerweise immer zutrifft, wenn ein Vertragspartner zu Konzessionen bereit ist. Richtig ist auch, dass die Einhebung eines Erhaltungs- und Verbesserungsbeitrages gemäß § 45 idF vor der MRN 2001 keine solche Vereinbarung darstellt (MietSlg 49.472), und dass eine (konkludente) Absprache, etwa durch Erfüllung einer (ungültigen) Zinsanpassungsklausel (MietSlg 49.461) ebenso wie eine nachträgliche Wertsicherungsvereinbarung (wobl 1998, 222/140 = MietSlg 50.531 = immolex 1998, 235/153) oder die Vereinbarung eines Entgelts für das Recht zur

Untervermietung (wobl 1998, 104/64 [zust *Würth*] = immolex 1997, 42/25) unter die Bestimmung zu subsumieren ist.

30 Die Richtigkeit der von *Reich-Rohrwig* 117 und *Dirnbacher* (wobl 1995, 80) ventilierten Idee einer **„Bagatellschwelle"**, unterhalb derer dieses Tatbestandselement nicht erfüllt sein soll, konnte von der Rspr bis dato offengelassen werden, da die konkret zu beurteilenden Erhöhungsvereinbarungen stets „erheblich" waren (MietSlg 49.460 [40% Mietzinserhöhung]; wobl 1998, 52/28 = MietSlg 49.466 [Erhöhung von S 732,50 auf S 2.200,–]; wobl 1998, 106/65 [*Hausmann*] = MietSlg 49.467 [Erhöhung von S 2.985,– auf S 12.950,– nicht unerheblich]). Obwohl der Gedanke einiges für sich hat, da eine minimale Erhöhung typischerweise darauf hindeutet, dass der Vermieter nicht wirklich genügend Verhandlungsspielraum besaß, einen auch nur annähernd angemessenen Mietzins durchzusetzen, kann der Idee wegen der damit verbundenen, nahezu zwangsläufig zu Verzerrungen führenden praktischen Abgrenzungsschwierigkeiten nicht gefolgt werden. Als keinen Fall der Z 2 (ebenso wenig wie der Z 3, dazu sogleich) sah der OGH die befristete Einräumung von Sonderrechten, verbunden mit einer (ebenfalls befristeten) Mietzinserhöhung an (MietSlg 48.456; wobl 1998, 217/137 = MietSlg 50.533/12 = immolex 1998, 293/188; wobl 2000, 184/99 = MietSlg 51.480 [Mieter behebt Kriegsschäden auf seine Kosten und verzichtet auf sein Mietzinsminderungsrecht nach § 1096 ABGB]).

31 **Große Schwierigkeiten bereitet die Z 3, welche die Rspr** (wobl 1998, 104/64 [krit *Würth*] = immolex 1997, 42/25; wobl 1998, 222/140 = MietSlg 50.531 = immolex 1998, 235/153) **ebenso wie die überwiegende Lehre** (*Ostheim*, wobl 1993, 217; *Reich-Rohrwig* 116 f, welcher von einem Redaktionsversehen spricht; *Würth/Zingher*[20] Rz 9 zu § 46a MRG, die die Z 3 daneben auch für verfassungswidrig halten; *Dirnbacher*, wobl 1995, 80, der die Regel als „weitgehend unsinnig" bezeichnet; *Tades/Stabentheiner*, ÖJZ 1994, SNr 15 f) **als – textlich äußerst verunglückte – Abrundung der Z 2 ansieht.** Dabei wird (mit leicht unterschiedlichen Begründungen) die Z 3 als Einschränkung bzw Unterfall der Z 2 so gelesen, dass das Wort „oder" am Ende der Z 2 im Sinne von „es sei denn" bzw „außer" berichtigend interpretiert und der Wendung „wegen einer Änderung des Vertrages über den Mietgegenstand" praktisch kein normativer Gehalt zuerkannt wird, sondern vielmehr jedwedes Nichtergreifen einer Gelegenheit, einen höheren Mietzins zu lukrieren (also nicht nur, wie es sprachlich möglich wäre, bei einer räumlichen Änderung des Bestandgegenstandes [so der Vorschlag von *Ferstel*, immolex 1997, 206]), als anhebungsschädlich gilt, was in der E wobl 1998, 217/137 = MietSlg 50.533/12 = immolex 1998, 293/188 unter Hinweis auf *Reich-Rohrwig* 117 auf vorwerfbare Versäumnisse des Vermieters eingeschränkt wurde.

32 **Demgegenüber orientiert sich** *Böhm* (wobl 1999, 221 f; unterschiedlich aber noch in „Der Gerechtigkeitsanspruch des Rechts", FS Mayer-Maly 360 f) **stark am Wortlaut der** (auch von ihm als „im Ergebnis kaum verständlich" bezeichneten) **Bestimmung** und vertritt den Standpunkt, dass dann, wenn (neben der Z 1) auch die Z 2 erfüllt ist, kein Raum für die alternativ (arg „oder" aE der Z 2) anwendbare Z 3 verbleibt und diese nur ausnahmsweise dann (als eine Art Belohnungstatbestand) zum Tragen kommt, wenn zwar eine Vereinbarung iSd zur Anwendung gebracht, allerdings – um dem Vermieter die volle 6-Monatsfrist des § 29 Abs 4a idF der WRN 1997 zu gewähren – nur dann, wenn das Mietverhältnis nach dem 31.8.1997 endete. Diese gerade den Vertrauensschutz des Vermieters in Rechnung stellende Übergangsregelung ist verfassungsrechtlich völlig unbedenklich (zutr MietSlg 50.398/48 = immolex 1999, 164/107).

§ 49b Abs 6 enthält eine Übergangsbestimmung im Zusammenhang mit dem **4** **Entfall der steuerlichen Begünstigung der Mietzinsrücklage** durch das StrukturanpassungsG 1996, die wegen ihres „rückwirkenden" Charakters verfassungsrechtlich nicht unbedenklich ist (dazu und zu den Details dieser äußerst komplizierten Übergangsbestimmung ausführlich *Iro*, RdW 1997, 53 ff; *Stabentheiner/ Wais*, ÖJZ 1997 SNr 12f). Im Zuge der zeitlichen Erstreckung der steuerfreien „Verbrauchsfrist" wurde der Anwendungsbereich von § 49b Abs 6 durch das AbgÄG 1998 auch auf das Kalenderjahr 1999 ausgedehnt.

Durch § 49b Abs 11 wurden – im Einklang mit anderen verfahrensrechtlichen **5** Übergangsvorschriften im Bereich des MRG (vgl Rz 36 ff zu § 43) – die **verfahrensrechtlichen Änderungen** bzw bloß legistischen Klarstellungen der WRN 1997 formell nur für Verfahren für maßgeblich erklärt, die nach dem Inkrafttreten der WRN 1997 anhängig gemacht wurden.

§ 49b Abs 12 „flankiert" mietrechtlich das in § 29 Abs 4 WEG 1975 eingeflossene **6** Übergangsrecht, das die von der WRN 1997 intendierte **Harmonisierung des Aufteilungsschlüssels** frühestens für jene Abrechnungsperiode für maßgeblich erklärt, die nach dem 31.12.1997 beginnt.

In § 49b Abs 13 schließlich findet sich für die WRN 1997 die obligatorische **7** **mietrechtliche intertemporale Generalklausel,** die im übrigen die Anwendbarkeit neuen Rechts auch auf „Altverträge", die vor dem Inkrafttreten der WRN 1997 abgeschlossen wurden, verfügt. Indes bleiben angesichts des umfangreichen und differenzierenden Übergangsrechts der Abs 2–12 bei der WRN 1997 wenige Übergangsfragen übrig, bei deren Beantwortung auf die intertemporale Generalklausel zurückgegriffen werden müsste. Zu denken ist bloß an die **Erweiterung jener Objekte, bei denen bei Vorliegen eines befristeten Mietverhältnisses die Präklusivfrist für die Mietzinsüberprüfung erstreckt ist,** sowie an **die Erstreckung der Verjährungsfrist für die Rückforderbarkeit unzulässig vereinbarter Mietzinse bei Vorliegen eines befristeten Mietvertrages** in § 16 Abs 8 idF der WRN 1997. Richtigerweise wird man unter Anwendung der intertemporalen Generalklausel iVm allgemeinen Grundsätzen des intertemporalen Fristenrechts davon auszugehen haben, dass das neue Recht auf alle Ansprüche anzuwenden ist, soweit sie nicht schon vor dem Inkrafttreten bereits präkludiert bzw verjährt waren, mögen sie auch aus der Zeit vor dem Inkrafttreten der WRN 1997 herrühren (*Stabentheiner/Wais*, ÖJZ SNr 11; *Vonkilch*, wobl 1999, 154 und die diesen folgende Rspr, zB wobl 1999, 167/76 = MietSlg 50.338 = immolex 1998, 328/204 [*Pfiel*]; wobl 2000, 237/123 = MietSlg 52.325 = immolex 2000, 197/119).

WEG

§ 18

I. Allgemeines

§ 18 Abs 1 und 3 entsprechen im Kern § 13c Abs 1 und Abs 2 des WEG 1975, die in **1** dieses mit Wirkung vom 1.1.1994 als Kernstück des WE-rechtlichen Teils des 3. WÄG eingefügt worden waren und die **Wohnungseigentümergemeinschaft als rechtsfähige Verwaltungsgemeinschaft etabliert** hatten. Zwar wurde § 13c Abs 1 WEG 1975 durch das WEG 2002 nicht unverändert übernommen: Einerseits ist seine Anordnung, dass die Mit- und Wohnungseigentümer der Liegenschaft eine eigene Verwaltungsgemeinschaft bilden, nunmehr im Rahmen der – um die Klarstellung hinsichtlich der Qualifikation der Gemeinschaft als juristische Person erweiterten – Begriffsbestimmungen des § 2 Abs 5 zu finden. Andererseits wird diese Gemeinschaft nun kurz als „Eigentümergemeinschaft" bezeichnet (Rz 50 zu § 2), und es werden als ihre Mitglieder – angesichts des nunmehrigen Zwangs zur durchgehenden (Neu-)Begründung von WE an allen WE-Objekten in § 3 Abs 2 – nur mehr Wohnungseigentümer genannt. Im übrigen läßt § 18 Abs 1 die Gemeinschaft aber im Wesen unverändert, stattet sie im selben Ausmaß mit auf die Liegenschaftsverwaltung beschränkter Rechtsfähigkeit aus und ordnet ihr wie bisher einen an die Liegenschaft anknüpfenden allgemeinen Gerichtsstand zu, der auch Wahlgerichtsstand für Klagen der Gemeinschaft gegen ihre Mitglieder ist. Abs 3 – gegenüber § 13c Abs 2 WEG 1975 verbal und inhaltlich modifiziert – konstituiert wie bisher einen den Gemeinschaftsgläubigern offen stehenden Haftungsfonds, indem die Vollstreckung von gegen die Eigentümergemeinschaft ergangener Exekutionstitel auf die Rücklage und (sonstige) Beiträge der Wohnungseigentümer für Aufwendungen, ersatzweise die entsprechende Forderung der Eigentümergemeinschaft, beschränkt wird, und ordnet schließlich eine subsidiäre, anteilige Ausfallshaftung der Wohnungseigentümer für Gemeinschaftsschulden an.

2 **Abs 2** ist eine **Neuerung des WEG 2002** und skizziert die **Vertretungsordnung der Eigentümergemeinschaft** in den Fällen, dass entweder ein Verwalter bestellt ist oder dass einer solcher nicht bestellt ist. Dabei wird auch auf die in § 22 normierte Vertretungsbefugnis des Organs „Eigentümervertreter" Rücksicht genommen.

3 **§ 13c WEG 1975 Abs 3 bis 5** (Vorzugspfandrecht an jedem Miteigentumsanteil zur Sicherung von Forderungen der Eigentümergemeinschaft gegen ihre Mitglieder und Regressforderungen dieser untereinander) finden sich **nun in § 27** (vgl daher die Erl zu § 27).

II. Sonderfragen der Anwendbarkeit
(Mischhaus, Vorbereitungsstadium, Partner-WE)

4 § 18 ist im Hinblick auf die Existenz von **schlichten Miteigentümern** in gemäß § 56 Abs 4 weiter bestehenden (Rz 14 zu § 56) **Mischhäusern** (Rz 11 zu § 9) aufgrund von § 56 Abs 12 (dazu allgemein Rz 34 f zu § 56), voll anwendbar. Die damit im Zusammenhang stehenden besonderen Fragen der Mitgliedschaft solcher Miteigentümer in der Eigentümergemeinschaft werden ab den Rz 18 behandelt. Vgl idZus auch Rz 14 (Entstehung der Gemeinschaft); Rz 42 (Vermietung); Rz 44 f (Benützungsregelung).

5 § 18 kommt weiters gemäß der Anordnung von § 37 Abs 5 auch im „**Vorbereitungsstadium**" des WE zur Anwendung, wenn also zumindest ein **WE-Bewerber** Miteigentümer der Liegenschaft ist und zumindest ein WE-Bewerber – sei es der selbe oder ein anderer – eine gemäß § 40 Abs 2 im Grundbuch angemerkte Zusage der Einräumung des WE genießt (vgl grds Rz 50 f zu § 37). Das hat (auch) zur Konsequenz, dass bei Eintreten dieses Umstands bereits eine Eigentümergemeinschaft entsteht, diese am Rechtsverkehr, vertreten durch die in § 18 Abs 2 vorgesehenen Organe, teilnimmt, und Dritte wegen der Gemeinschaft zuzurechnender Verbindlichkeiten primär gegen diese, und nur subsidiär gegen deren Mitglieder vorgehen müssen bzw können. Den Mitgliedern einer „herkömmlichen" Eigentümgemeinschaft gleichgestellte Mitglieder einer solchen „**Eigentümergemeinschaft im Vorbereitungsstadium**" (Rz 13) sind alle Miteigentümer (mit Ausnahme des [noch bücherlich eingetragenen] WE-Organisators bei vollständigem Abverkauf aller Anteile an WE-Bewerber – vgl Rz 8 f vor §§ 37–44) sowie jene angemerkten WE-Bewerber, deren Anteil bereits bekannt ist, und die „ihren" jeweiligen Organisator aus der Gemeinschaft verdrängen. Auch sie sind daher der „Mehrheit" iSd § 18 Abs 2 zuzurechnen bzw genießen „(Mit) Vertretungsbefugnis" gemäß dieser Bestimmung, und unterliegen der subsidiären Haftung für Gemeinschaftsschulden nach § 18 Abs 3 (Rz 123). Aber auch angemerkte WE-Bewerber, deren späterer Anteil noch nicht bekannt ist, sind bereits als Mitglieder der Gemeinschaft anzusehen, wenn auch in einem eingeschränkten Sinn. Ihre Rechtsstellung gleicht nur insofern den vollwertigen Mitgliedern, als dafür die Kenntnis der Anteilsgröße keine Rolle spielt (grds Rz 54 zu § 37 und unten Rz 22). Vgl zu Fragen der Aktivlegitimation zur Geltendmachung von Ansprüchen aus dem Vorbereitungsstadium unten Rz 99 ff.

Beim **vorläufigen WE** sind **Miteigentumsbewerber** WE-Bewerbern gleichgestellt, wenn ihnen nach § 50 die Rechte eines WE-Bewerbers zukommen (Rz 1 f zu § 50). Da ihr Anteil notwendigerweise bereits bekannt ist, genießen sie auch im Hinblick auf die vorgezogene Anwendung von § 18 die Rechtsposition, die einem WE-Bewerber, auf den dies ebenfalls zutrifft (§ 37 Abs 5 dritter Satz) zukommt. Wie der WE-Bewerber „seinen" Organisator verdrängt der Miteigentumsbewerber den seinen – der stets zugleich (allenfalls vorläufiger) Wohnungseigentümer ist – aus der Gemeinschaft. Eine Eigentümergemeinschaft unter Anwendung von § 50 besteht daher aus den unverdrängten Wohnungseigentümern sowie den erwähnten Miteigentumsbewerbern; kein Raum ist darin hingegen für WE-Bewerber (aufgrund des Wesens des vorläufigen WE) oder für schlichte Miteigentümer (aufgrund des Begründungszwangs: Rz 54 f zu § 3). **6**

Wenige Besonderheiten ergeben sich für die Anwendung von § 18, sollte das Eigentum an einem WE-Objekt einer **Eigentümerpartnerschaft** iS der §§ 13 ff zukommen. Vielmehr „teilen" sich die Partner eine Mitgliedschaft in der Gemeinschaft und können diese – etwa bei der „(Mit)Vertretung" im Rahmen der Mehrheit gemäß § 18 Abs 2 Z 2 – nur im Einvernehmen ausüben. Der Haftungsfall nach § 18 Abs 3 wird die Partner zur ungeteilten Hand treffen (Rz 131). **7**

Im Folgenden wird in Anlehnung an die Terminologie des WEG 2002 pars pro toto für die Genannten – soweit sie nicht Gegenstand der Abhandlung sind – **durchgehend** der **Ausdruck „Wohnungseigentümer"** verwendet. **8**

III. Verhältnis der Eigentümergemeinschaft zur schlichten Miteigentumsgemeinschaft nach ABGB und zur Wohnungseigentümergemeinschaft nach WEG 1975

Steht eine Liegenschaft (oder eine andere Sache) im **(schlichten) Miteigentum** (§§ 825 ff ABGB), bilden die Miteigentümer zwar eine spezifische Rechtsgemein- **9** schaft (*Löcker* 7 ff; *Hofmeister/Egglmeier* in Schwimann III² Rz 1 zu § 825 ABGB), der aber unstrittig keine Rechtspersönlichkeit zukommt (*Klang* in Klang III² 1091; *Löcker* 20 ff; *Gamerith* in Rummel I³ Rz 5a zu § 825 ABGB; *Schauer*, wobl 1999, 390, 394; *Ostheims* sog „transitorische Rechtsfähigkeit" hat keinen Erkenntniswert [vgl *Löcker* 25 ff]): Die Träger des gemeinsamen Eigentums, der Verfügungen darüber (§ 828 f ABGB) sowie seiner Verwaltung (§ 833 ff ABGB) einschließlich der damit zusammenhängenden Berechtigungen und Verpflichtungen sind stets – nach Maßgabe ihres Anteils – die einzelnen Miteigentümer selbst (eingehend *Löcker* 7 ff). Auch **Liegenschaften, an denen WE** – zumindest zum Teil – **begründet wurde, stehen im Miteigentum,** sei den Teilhabern ein WE-Objekt zugeordnet (Wohnungseigentümer) oder nicht ([auch im WEG 2002 anerkannte – vgl Rz 11 zu § 9] schlichte Miteigentümer). Diese Teilhaber bilden daher ebenfalls eine – wenn auch modifizierte – Miteigentumsgemeinschaft (vgl *Gamerith* in Rummel I³ Rz 5a zu § 825 ABGB). Auch dieser Gemeinschaft kam bis zum Inkrafttreten des mit dem 3. WÄG in das WEG 1975 eingefügten § 13c am 1.1.1994 keine Rechtspersönlichkeit zu (*Löcker* 47 ff; *Gamerith* in Rummel I³ Rz 5a zu § 825 ABGB). Auch in Angelegenheiten der Liegenschaftsverwaltung wurde nicht die Gemeinschaft, sondern wurden nur die Gemeinschafter (Mit- und Wohnungseigentümer) persönlich berechtigt und verpflichtet und standen daher Gläubigern und Schuldnern verwaltungsbezogener Forderungen bzw Verbindlichkeiten selbst gegenüber. Dennoch war bereits diese (Mit- bzw Wohnungseigentümer-)Gemeinschaft in Verwaltungsangelegenheiten „mehr als die bloße Addition von Einzelzuordnungen" (*Faistenberger/Barta/Call* N 2 zu § 17 WEG 1975) und zeigte **Ansätze einer eigenen Vermögens- und Handlungsorganisation:** So galt die Rücklage als dem Zugriff der Einzelnen entzogenes Gemeinschaftsvermögen (siehe bloß *Würth* in Rummel II² Rz 1 zu § 16 WEG 1975) und der – aufgrund nach außen unbeschränkbarer Vollmacht einschreitende – Verwalter wurde als „organschaftlicher Vertreter" der Gemeinschaft qualifiziert, was darin zum Ausdruck kam, dass er bei der „Durchsetzung von Gemeinschaftsinteressen", vor allem bei der Geltendmachung fälliger Beitragsleistungen zu den Verwaltungskosten gegen Mit- und Wohnungseigentümer nicht im Namen aller übrigen einzuschreiten brauchte, sondern dies – offenbar in Substitution eines Vorgehens namens der Gemeinschaft als solcher – im eigenen Namen tun konnte bzw musste (zB MietSlg 40.650/34; vgl auch *Palten*, Wohnungseigentumsrecht² Rz 130 u Rz 132 und bereits *Faistenberger/Barta/Call* N 40 zu § 17 WEG 1975; kritisch *Löcker* 57 ff mwN; vgl auch unten Rz 91).

10 Mit Wirkung vom 1.1.1994 fasste nun § 13c Abs 1 WEG 1975 als Vorgängerbestimmung von § 18 Abs 1 in ihrem ersten Satz alle Wohnungs- und sonstigen Miteigentümer der Liegenschaft zu deren Verwaltung zur sog „**Wohnungseigentümergemeinschaft**" zusammen und verlieh dieser in ihrem zweiten Satz die **Fähigkeit,** in Angelegenheiten der Liegenschaftsverwaltung als solche **Rechte zu erwerben und Verbindlichkeiten einzugehen** sowie **klagen und geklagt zu werden.** Damit blieb kein Raum für Zweifel, dass diese Gemeinschaft – im Sinn einer langjährigen Forderung von Teilen der Lehre (*Faistenberger/Barta/Call* Vorwort XV; *dieselben*, wobl 1989, 58) – in Angelegenheiten der Liegenschaftsverwaltung **als solche Rechtssubjekt** wurde (vgl *Kletečka*, JAP 1993/94, 241; *Löcker* 64 ff). Wenngleich L und Rspr dies im Ergebnis durchaus anerkannten, allgemeiner Teile; außerdem kam (e) im Anwendungsbereich des WEG 1975 auch die Vermieterstellung der Eigentümergemeinschaft für im WE stehende „Altmietwohnungen" in Betracht (Rz 50).

Soweit es sich nicht um bloße Flächen (Garten, Abstellplätze oä; vgl aber zur **40** Flächenmiete zwecks Errichtung eines Superädifikats Rz 54 zu § 1 MRG) handelt, wird der **Mietgegenstand dem MRG** (idF des WEGBegG), namentlich § 2 Abs 1 MRG unterliegen, (*Call* 80 f; *Würth/Zingher*[20] Rz 1 zu § 2 MRG; Rz 2 zu § 2 MRG). Das ist schon insofern relevant, als von § 28 Abs 1 Z 8 wie von § 33 Abs 2 erfasste allgemeine Teile der Liegenschaft auch Wohnungen oder andere Mietgegenstände iSd § 1 MRG sein können, wenn sie kraft Widmung aller Miteigentümer der allgemeinen Benützung (etwa als Freizeiträume; weitere Beispiele bei *Call*, wobl 2002, 113) dienen (Rz 43 zu § 2). Es fragt sich daher, ob § 2 Abs 1 erster Satz *erster Fall* MRG, wonach Hauptmiete vorliegt, wenn der Mietvertrag mit dem **Eigentümer** (oder den Miteigentümern: Rz 7 zu § 2 MRG) der Liegenschaft geschlossen wird, der Vermieterschaft der nicht genannten Eigentümergemeinschaft – die gerade nicht Liegenschaftseigentümerin ist – entgegensteht, oder ob nicht vielmehr – ausgehend von einer echten Gesetzeslücke – **§ 2 Abs 1 erster Satz *erster Fall* MRG** im Zusammenhalt mit § 18 so erweitert zu lesen ist, dass im Fall der Anwendbarkeit von § 18 **„Eigentümer" auch als „Eigentümergemeinschaft" verstanden werden kann.**

Letzterem ist der Vorzug zu geben, wenn man vor Augen behält, dass ersteres zu **41** dem **Wertungswiderspruch** führen würde, dass der zur Verwaltung gebildeten und rechtsfähigen Eigentümergemeinschaft die Vermietung im wesentlichen entzogen wäre, wiewohl diese geradezu in den Kernbereich der Liegenschaftsverwaltung fällt (vgl Rz 90 ff zu § 28). Auch **Mieterschutzüberlegungen** stützen diese Ansicht eher als sie zu widerlegen: Der Mieter ist bei Rechtszuständigkeit der Eigentümergemeinschaft gegenüber jener der Wohnungseigentümer persönlich – abgesehen von der erleichterten Durchsetzbarkeit seiner Ansprüche gegenüber nur einem Rechtssubjekt und der subsidiären Ausfallshaftung aller Wohnungseigentümer nach § 18 Abs 3 – insofern sogar besser gestellt, als er auf Vermögen der Eigentümergemeinschaft als Haftungsfonds zugreifen kann, was nicht der Fall wäre, stünden ihm nur die Wohnungseigentümer persönlich gegenüber (vgl auch *H. Böhm/Faber*, wobl 2001, 201 im Zusammenhang mit der verwandten Frage der Vermieterschaft der Gemeinschaft über im WE stehende „Altmietwohnungen"). Wird nämlich die Eigentümergemeinschaft nicht Vermieterin, so ist auch ihre Haftung nach (dem somit nicht anwendbaren) § 18 und die Möglichkeit des Zugriffs auf ihr Vermögen zu verneinen. Außerdem ist auch Vermietung (wie auch sonst die Verwaltung) nichts anderes als Ausübung von Eigentümerbefugnissen (vgl auch *Kletečka*, wobl 1993, 219, der die Eigentümergemeinschaft, und *Iro*, wobl 1994, 134, der die „Miteigentümer- bzw Wohnungseigentümergemeinschaft" jeweils ohne weitere Auseinandersetzung mit „Eigentümer ... der Liegenschaft" iSd § 2 Abs 1 zweiter Satz erster Fall MRG idF vor dem WEGBegG gleichsetzen dürfte.) **§ 2 MRG ist daher kein Hindernis, das Mietverhältnis der Eigentümergemeinschaft zuzurechnen,** mag es (gemäß der einschränkenden Sicht des OGH [siehe oben Rz 39]) auf allgemeine Teile iSd § 28 Abs 1 Z 8 beschränkt sein oder nicht.

42 Gegenstand der Liegenschaftsverwaltung iSd §§ 18, 28 f (§§ 833 ff ABGB) ist die gesamte Liegenschaft mit Ausnahme der WE-Objekte (vgl *Faistenberger/Barta/Call* N 4 zu § 14 WEG 1975; *Löcker* 120; Rz 27 zu § 28). Daraus folgt, dass auch die Vermietung **WE-tauglicher Objekte bzw deren Zubehör,** die zwar in die Nutzwertfestsetzung eingeflossen sind, aber **(noch) nicht in das WE übertragen wurden,** und die daher – wenn auch nicht ganz korrekt, aber praktikabel – als „im schlichten Miteigentum verblieben" (so zB *H. Böhm* in Schwimann IV² Rz 14 zu § 2 MRG) betrachtet werden können („**Mischhaus**"; „gemischtes Eigentum" – vgl Rz 11 zu § 9 und wobl 1992, 160/115 [*Call, Würth*] = MietSlg 43.374; *Illedits* Rz 25; eingehend *H. Böhm/Faber*, wobl 2001, 189 ff, 198 ff), in die Liegenschaftsverwaltung fällt (siehe auch Rz 99 zu § 28). Das ist insofern auch im WEG 2002 relevant, als Mischhäuser gemäß der Übergangsvorschrift des § 56 Abs 4 weiterhin Bestand haben können (vgl Rz 14 ff zu § 56). Daher ist die **Eigentümergemeinschaft** (jedenfalls bei Vermietung nach Inkrafttreten des § 13c WEG 1975 am 1.1.1994 und wohl auch aufgrund Eintritts in bestehende Verträge [unten Rz 52 ff]) auch insoweit **Vermieterin** der genannten Teile (*Löcker* 156 f, 374 f; *Löcker*, immolex 2000, 85; *H. Böhm/Faber*, wobl 2001, 204 und *H. Böhm* in Schwimann IV² Rz 14 f zu § 2 MRG; wobl 1998, 147/104 = MietSlg XLIX/44), die entgegen einem häufigen Missverständnis der Praxis keineswegs (nur) den schlichten Miteigentümern „gehören" (vgl *H. Böhm/Faber*, wobl 2001, 190 [FN 7]; unklar OGH in wobl 1997, 234/94 [*Niedermayr*] [„Miteigentümer des Hintertrakts"] = MietSlg 49.504/9 = immolex 1997, 140/78 [*Pfiel*]).

43 Den in der bereits oben (Rz 39) genannten E wobl 1999, 270/137 (*Call*) = MietSlg LI/11 = immolex 2000, 75/51 (dazu *Löcker*, immolex 2000, 85) obiter geäußerten und damit begründeten Zweifeln des 5. Senats, dass bezüglich solcher Teile keine **Gemeinschaftsinteressen** betroffen seien, da die Nutzungen aus solchen Teilen nach § 20 Abs 1 Z 2 WEG 1975 (der aufgrund der Übergangsvorschrift des § 56 Abs 12 in diesem Zusammenhang weiterhin gilt [vgl Rz 34 ff zu § 56]) grundsätzlich nur jenen (schlichten) Miteigentümern zukämen, die über „freie", also nicht mit WE verbundene Liegenschaftsanteile verfügen, ist entgegenzuhalten, dass grundsätzlich wohl sämtliche Wohnungseigentümer die Aufwendungen für auch solche, im weiteren Sinn allgemeine Teile (vgl *Löcker* 121 f; Rz 94, 99 zu § 28) zu tragen haben und va ungeachtet davon abweichender interner Aufteilungsregeln jedenfalls dem Gläubiger im Außenverhältnis für solche Kosten nach § 18 **Abs 3 haften** (*Löcker*, immolex 2000, 89; *H. Böhm/Faber*, wobl 2001, 201). Dass die Mietentgelte nach der Aufteilungsregel des § 20 **Abs 1 Z 2 WEG 1975** nicht allen Mit- und Wohnungseigentümern bzw nicht der Gemeinschaft zugute kommen bzw kamen, ist auch insofern kein zwingendes Argument gegen deren Zuständigkeit, als der entsprechende mietvertragliche Anspruch der Gemeinschaft zukommen, während der auf die genannte Bestimmung gestützte **Anspruch** als solcher **gegen die Gemeinschaft** gesehen werden kann (*Löcker* 307, 369 f; auch nach *H. Böhm* in Schwimann IV² Rz 18 zu § 2 MRG ist die Frage der Vermieterstellung von jener der Mieteinnahmen zu trennen).

44 Werden Teile der Liegenschaft, seien es allgemeine Teile im herkömmlichen Sinn, seien es Objekte im Mischhaus, einem einzelnen (meist schlichten) Miteigentümer durch **Benützungsregelung** zur ausschließlichen Nutzung überlassen, liegt von der Zuständigkeit aller Wohnungseigentümer, und nicht bloß der „Mehrheit" die Rede, da diesen die Verwaltung nach § 833 ABGB „insgesamt" zukommt (dem trägt der Rechtssatz von *Hofmeister/Egglmeier* in Schwimann III[2] Rz 25 [ähnlich auch Rz 31 letzter Satz] zu § 833 ABGB, wonach die Mehrheit Trägerin der ordentlichen Verwaltung sei, nicht Rechnung; vgl auch *Gamerith* in Rummel I[3] Rz 3 zu § 833 ABGB), mag unter ihnen auch meist das Mehrheitsprinzip herrschen (die Frage der jeweils notwendigen Mehrheiten behandeln § 28 [vgl dort Rz 12, 20 f] und § 29 [vgl dort Rz 12]; wenn das WEG von „Mehrheit" spricht, meint es daher idR eigentlich die Gesamtheit der Wohnungseigentümer [*Löcker* 35, 40, 103, 131; dem folgend MietSlg XLIX/43 = immolex 1998, 84/49]). Dieser Gedanke kommt auch in der hA (zum ABGB und WEG 1975) zum Ausdruck, dass die Vertretungsmacht der Mehrheit erst durch einen korrekten, insbesondere durch vorherige Anhörung auch der Minderheitseigentümer legitimierten Akt der internen Willensbildung hergestellt wird, ein nichtiger Beschluss hingegen dafür keine Grundlage abgibt (Kongruenz von Innen- und Außenverhältnis: Rz 87 zu § 24; *Thöni*, JBl 1992, 10; *Gamerith* in Rummel I[3] Rz 12 zu § 833 ABGB; JBl 1984, 206; JBl 1986, 108; SZ 59/203 betreffend die §§ 834 ff ABGB).

Jedenfalls galt, dass die Mit- und Wohnungseigentümer einer Gemeinschaft auf **61** Grundlage des WEG 1975 idF vor dem 3. WÄG die Verwaltung – als deren Träger – immer für sich persönlich ausübten (so wie es bei schlichtem Miteigentum nach wie vor der Fall ist). Das 3. WÄG hat diese Rechtsträgerschaft verändert und das Recht auf Verwaltung sowie sämtliche darauf rückführbare Maßnahmen der von den Wohnungseigentümern verschiedenen Gemeinschaft als solcher zugeordnet (vgl Rz 12), am Prinzip der „Selbstverwaltung" durch die Mit- und Wohnungseigentümer aber nicht gerüttelt. Konsequenterweise musste dann in diesem Zusammenhang auch anerkannt werden, dass die Mit- und Wohnungseigentümer, wenn sie von ihren Befugnissen nach den §§ 833 f ABGB (bzw § 14 WEG 1975) Gebrauch machten, das Recht auf Verwaltung nicht mehr für sich selbst, sondern für die Eigentümergemeinschaft ausübten und wahrnahmen (näher *Löcker* 100 ff) und daher auch Beschlüsse für die Gemeinschaft fassten und ausführten. Damit kam den **Mit- und Wohnungseigentümern in ihrer Gesamtheit nichts anderes als die Funktion eines** – offenbar sowohl mit Entscheidungskompetenz (vgl *Schauer*, wobl 2002, 139) als auch Vertretungskompetenz ausgestatteten – **Organs der Gemeinschaft zu**, die sie zugleich bildeten. Dass dieses Mitgliederorgan vom WEG 1975 offenbar nicht erkannt und daher nicht benannt wurde, schadete nichts (vgl *Kletečka*, JAP 1993/94, 241 und eingehend *Löcker* 100 ff).

Dieser Ansicht hielt der OGH (MietSlg 49.507 = immolex 1998, 241/157 [*Pfiel*] = **62** ecolex 1998, 546 [*Löcker*]) aber ohne weitere Begründung entgegen, dass sich die „interne Willensbildung … als Vorstufe für die Durchführung jener Verwaltungsmaßnahmen" darstelle, „die von der Wohnungseigentümergemeinschaft zu setzen sind". Aus der „Teilrechtsfähigkeit der Wohnungseigentümergemeinschaft" sei aber nicht „abzuleiten", dass deren „Quasirechtspersönlichkeit" bereits im Zeitpunkt der Beschlussfassung auch „nach innen" wirke und die Miteigentümerversammlung demzufolge als „Organ" der Miteigentümergemeinschaft anzusehen sei. Immerhin ließen diese Rechtssätze noch die Auslegung zu, dass – wenn schon nicht Willensakte – so doch Vertretungsakte der Mit und Wohnungseigentümer der Eigentümergemeinschaft zuzurechnen waren (näher *Löcker* 106 ff), was sich nicht nur darin äußerte, dass die Verwalterbestellung nach § 14 Abs 1 Z 5 WEG 1975 durch die (Mehrheit der) Mit- und Wohnungseigentümer ein Rechtsverhältnis zwischen Verwalter und Eigentümergemeinschaft – und nicht den Mit- und Wohnungseigentümern persönlich – begründete (wobl 1999, 229/111 = MietSlg 51.537 = immolex 1999, 243/142 [*Iby*]; MietSlg 50.604 = immolex 1999, 53/46; *Löcker* 268), sondern sich auch in Folgendem zeigte: Dem Verwalter kam zwar nach dem WEG 1975 idF des 3. WÄG insofern die Handlungskompetenz für die Eigentümergemeinschaft zu, als er zur gesamten Liegenschaftsverwaltung einschließlich der Vertretung der Gemeinschaft zuständig war (*Löcker* 273, 276 ff). Während es aber die vormals stRspr – zum WEG 1975 wie zum ABGB – den Miteigentümern zum Zweck einer einheitlichen Verwaltungsführung ab Verwalterbestellung verwehrt hatte, eigenständig Verwaltungsmaßnahmen zu setzen (sog **„Ausschluss der Parallelverwaltung"**: zur schlichten Miteigentümergemeinschaft idS SZ 42/68; MietSlg 29.087, 32.086; [abweichend bereits: SZ 57/60], zur Wohnungseigentümergemeinschaft vor dem 3. WÄG MietSlg 35.621, 33.479 und zur Wohnungseigentümergemeinschaft gemäß 3. WÄG MietSlg 50.067 = immolex 1999, 21/ 145; umfassende Nw bei *Schauer*, wobl 1999, 384 [FN 2]; *Jensik* 32; *Meinhart* 163; *Palten*, Wohnungseigentumsrecht[2] Rz 196; *Würth/Zingher*[19] Rz 4 zu § 17 WEG 1975), **revidierte der OGH diese Ansicht in jüngerer Zeit** und schloss sich auf Grundlage von ABGB bzw WEG 1975 Meinungen der Lehre (*Czermak/Welser*, öRdA 1981, 42; *Gamerith* in Rummel I[3] Rz 7 zu § 837 ABGB; *Hofmeister/Egglmeier* in Schwimann III[2] Rz 6 zu § 837 ABGB; eingehend *Löcker* 39 ff und *Schauer*, wobl 1999, 389 ff) an, dass sich die Miteigentümer durch Bestellung des Verwalters – ebensowenig wie andere rechtsgeschäftlich Vertretene – keineswegs der **Fähigkeit** begeben, neben dem Verwalter selbst rechtsgeschäftlich tätig zu werden. Rechtsfolge der Verwalterbestellung ist bzw war daher nicht der Verlust der Fähigkeit der Miteigentümer, sich bzw die Gemeinschaft zu berechtigen und zu verpflichten, sondern lediglich die interne Pflicht, dies zu unterlassen, sodass **Vertretungsakte der Miteigentümer** (respektive der Mehrheit) **ungeachtet der Verwalterbestellung auch gegenüber Dritten wirksam** werden können bzw konnten (idS zunächst der 5. Senat zur schlichten Miteigentumsgemeinschaft: wobl 2000, 89/41 [*Prader*] = MietSlg 51.068 = immolex 2000, 94/57 [*Pfiel*] und in der Folge der 7. Senat zur Eigentümergemeinschaft gemäß WEG 1975: wobl 2001, 171/107 [*Call*] = MietSlg 52.576/22 [Wirksamkeit der Kündigung eines Versicherungsvertrages durch die Mehrheit]).

63 Rechtsgültige Vertretungsakte der (Mehrheit der) Mit- und Wohnungseigentümer, welche die Verwaltung jederzeit an sich ziehen konnten (MietSlg 48.479; wobl 2001, 171/107 [*Call*] = MietSlg 52.576/22), banden daher die Eigentümergemeinschaft – unbeschadet einer allfälligen internen Pflichtverletzung – auch bei bestelltem Verwalter. Es zeigte sich somit, dass die **Zurechnung** von Verwaltungshandlungen der Mit- und Wohnungseigentümer **an die Eigentümergemeinschaft sogar bei bestelltem Verwalter** erfolgte. Das musste umso mehr bei Fehlen eines Verwalters gelten. Dessen Bestellung reduzierte somit die **Zuständigkeit** der Mit- und Wohnungseigentümer im Innenverhältnis auf Akte der Willensbildung, insbesondere auf das Weisungsrecht gegenüber dem Verwalter, bewirkte aber im Außenverhältnis keinen Verlust an Handlungs**kompetenz**

Wohnungseigentümer, die etwa teils Preisminderung, teils Verbesserung wählen und damit den Schuldner doppelt belasten würden, droht. Richtig differenziert der 5. Senat – soweit ersichtlich erstmals – in wobl 1998, 55/32 [krit *T. Hausmann*] = MietSlg 49.511/25 = immolex 1998, 55/30 zunächst nach der Vertragsgrundlage und kommt so zum Schluss, dass die Eigentümergemeinschaft zwar für Forderungen aus selbst eingegangenen Vertragsverhältnissen (etwa aus der Renovierung einer älteren Anlage) zuständig ist, der aus einem Vertrag mit dem Bauträger berechtigte **Wohnungseigentümer** aber aufgrund einer „zumindest analogen Anwendung des § 13a Abs 3 Satz 2 WEG ... jedenfalls bei ... Gefahr der Verfristung von Gewährleistungsansprüchen wegen Mängeln allgemeiner Teile des Hauses" persönlich zu deren **Geltendmachung gegen den Bauträger legitimiert** ist. Ein Mehrheitsbeschluss müsse daher nicht schon bei Klagseinbringung durch den einzelnen Wohnungseigentümer vorliegen, sondern es ist einem fristwahrenden Kläger Gelegenheit zu geben, die **fehlende Zustimmung der Mehrheit (Mehrheitsbeschluss) bis spätestens zu Schluss der Verhandlung beizubringen** (so in der Folge auch MietSlg 49.516/31 = immolex 1998, 181/110; MietSlg 49.518/40 = AnwBl 1998/7516 [*Prader*]; MietSlg 52.575 = immolex 2000, 334/205; MietSlg 52.548; ähnlich zu **Schadenersatzansprüchen**: MietSlg 52.549 = immolex 2001, 36/21; MietSlg 52.550 = immolex 2001, 138/90; 5 Ob 296/00s).

103 Dem ist im Ergebnis **zu folgen**, ist so doch die Problematik unterschiedlicher Rechtsausübung (die auch vor der Rechtspersönlichkeit der Gemeinschaft bestand, die aber der 1. Senat in MietSlg 29.508 mit dem Hinweis gleichmütig abtat, der Schuldner könne sich ihr ohnehin entziehen, indem er von vornherein die Verbesserung der Anlage durchführt [gegen diese – auch als SZ 50/9 veröffentlichte – E argumentiert auch *Reischauer* in Rummel II³ Rz 22 zu § 932 ABGB S 1862]; sachgerechter bereits: MietSlg XXXIII/9) unter Wahrung der Aktivlegitimation des vertraglich Berechtigten gelöst, sofern man hinzudenkt, dass der **Beschluss alle Anspruchsberechtigten** derart **bindet**, dass sie ihren Anspruch – soweit noch notwendig – nur (mehr) nach seiner Maßgabe durchsetzen können und sich darauf auch der Schuldner berufen kann. Dafür passt aber ein – auch analoger – Rückgriff auf § 13a Abs 3 Satz 2 WEG 1975 bzw nunmehr § 30 Abs 3 Satz 2 nicht, da diese Bestimmung den Wohnungseigentümer einerseits nur bei Gefahr in Verzug, andererseits als Ausnahme von der Regel eben „*ohne* Zustimmung der übrigen" zu Verwaltungshandlungen ermächtigt, womit die Notwendigkeit eines Mehrheitsbeschlusses gerade nicht vereinbar erscheint. Und ist ein Wohnungseigentümer selbst anspruchsberechtigt, kann es auch nicht darauf ankommen, ob Gefahr in Verzug ist.

104 Bei richtiger Betrachtung wird die **Anspruchsdurchsetzung** durch den Berechtigten **nicht als Maßnahme der Liegenschaftsverwaltung anzusehen sein**, mag sie sich auch auf allgemeine Teile der Liegenschaft auswirken. Das ist durchaus stimmig, werden doch umgekehrt auch Maßnahmen der Liegenschaftsverwaltung und damit der Eigentümergemeinschaft zugeordnet, die sich innerhalb von WE-Objekten auswirken, nämlich vor allem die Behebung ernster Schäden (Rz 55 ff zu § 28; *Löcker* 139 ff, 165). Handelt es sich aber um keine Angelegenheit der Liegenschaftsverwaltung, ist das Missverständnis vermieden, dass die

Eigentümergemeinschaft in das Vertragsverhältnis eintreten könnte (so offenbar die Argumentation der klagenden Gemeinschaft in MietSlg 52.549 = immolex 2001, 87/55, welche der OGH mit der in seiner Weite unrichtigen [vgl Rz 52 ff] Bemerkung abweist, dass die Eigentümergemeinschaft nicht in bestehende Rechtsverhältnisse eintrete). Allerdings ist es aus den erwähnten Gründen richtig, den **einzelnen nicht losgelöst von den Regeln der internen Willensbildung** (§§ 24 f, 29, 30 Abs 2) vorgehen zu lassen (vgl auch *Gamerith* in Rummel I³ Rz 6 zu § 828 ABGB). Es kommt aber mangels Vorliegen von Liegenschaftsverwaltung wohl nur eine **analoge** Anwendung dieser Regeln in Betracht (vgl MietSlg 52.549 = immolex 2001, 87/55 [arg „zumindest sinngemäß anwendbaren § 14 Abs 1 WEG" 1975]).

105 Freilich bieten die Regeln der gemeinschaftlichen Willensbildung – abgesehen von Anwendungsfällen des § 30 Abs 2 – keinen Schutz, wenn ein **Mehrheitsbeschluss nicht zustande kommt.** Die Rspr lässt daher auch die Beibringung eines diesen **substituierenden Außerstreitbeschlusses** zu, und zwar offenbar auf der Grundlage von § 30 Abs 1 Z 1 bzw der gleichlautenden Vorgängerbestimmung des § 13a Abs 1 Z 1 WEG 1975 (idS schon *Faistenberger/Barta/Call* N 51 zu § 14 WEG 1975; keine Rechtsgrundlage hingegen nennend MietSlg 52.550 = immolex 2001, 138/90; noch vorsichtig und auf den Fall der Untätigkeit der Mehrheit beschränkt: MietSlg 52.549 = immolex 2001, 87/55 [Beschluss nach §§ 13a Abs 1 Z 1; 26 Abs 1 Z 3 WEG 1975 „zu erwägen"] und MietSlg 52.548). Auch hier kommt wohl – mangels Vorliegen von Liegenschaftsverwaltung – lediglich eine **analoge** Anwendung in Betracht. Die Einholung (und Vorlage) eines Mehrheitsbeschlusses (zu ergänzen: eines Außerstreitbeschlusses) ist aber nach der Rspr dann (allgemein) **nicht notwendig, wenn Gemeinschaftsinteressen nicht gefährdet** sind (MietSlg 52.548), etwa wenn die Beteiligten bereits selbst die Sanierung vorgenommen und das dafür eingesetzte Deckungskapital – im Wege des Schadenersatzes – einklagen (wobei jeder einzelne nur den auf seinen Anteil entfallenden Teils des Klagsbetrags geltend machen kann: 5 Ob 296/00s), oder wenn die Beteiligten ihre Wahl bereits getroffen, nämlich einen Vergleich abgeschlossen haben (5 Ob 214/01h).

106 Die dargestellte, nach der Vertragsgrundlage differenzierende Judikaturlinie, ist mittlerweile gefestigt, und wurde, soweit ersichtlich, lediglich durch die E wobl 2000, 117/60 [*T. Hausmann*] = MietSlg 51.549 durchbrochen, wo implizit von der Legitimation namens der Eigentümergemeinschaft einschreitender Wohnungseigentümer zur Durchsetzung von Gewährleistungsansprüchen aus ihren Kaufverträgen mit dem Bauträger ausgegangen und zurückgreifend auf stRspr vor dem 3. WÄG ausgeführt wurde, dass „die Durchsetzung von Gewährleistungsansprüchen zur erstmaligen Herstellung eines mängelfreien Zustands allgemeiner Teile der Liegenschaft als Maßnahme der ordnungsgemäßen Erhaltung im Sinn des § 14 Abs 1 Z 1 WEG 1975 zu qualifizieren ist, wenn keinerlei über den Erhaltungszweck hinausgehende bauliche Änderungen davon umfaßt sind und den Miteigentümern auch keine zusätzlichen Kosten entstehen" (vgl Rz 110 zu § 28). Allerdings wird dieser Rechtssatz – entgegen dem Anschein des Leitsatzes von *T. Hausmann* zu wobl 2000, 117/60 – zur Abgrenzung der Klagsführung von der außerordentlichen Verwaltung und damit zur Erklärung herangezogen, warum es bloß eines Mehrheitsbeschlusses und keiner Einstimmigkeit bedurfte, und nicht explizit zur Begründung der Klagszuständigkeit der Eigentümergemeinschaft (das trifft auch auf die E wobl 1999, 268/136 [*Call*] = MietSlg 51.547 = immolex 1999, 342/183 zu, der offenbar noch gar keine Klagsführung vorangegangen war). Damit sind aber – im Sinn des zu Rz 100 Gesagten – nur Erfordernisse des Innenverhältnisses angedacht, welche die Frage, ob im Außenverhältnis die Eigentümergemeinschaft oder ein einzelner Vertragspartner anspruchslegitimiert ist, grundsätzlich in beide Richtungen offen lässt. Die im Hinblick darauf bestehende Hoffnung, dass die genannten E Einzelfälle bleiben, wird durch den OGH selbst bestärkt, der in MietSlg 52.549 = immolex 2001, 87/55 festhält, dass mit diesen E entgegen „Spekulationen" von *Call* (Glosse zu wobl 1999, 268/136) und *T. Hausmann* (Glosse zu wobl 2000, 117/60) nicht von der mit wobl 1998, 55/32 [krit *T. Hausmann*] = MietSlg 49.511/25 = immolex 1998, 55/30 eingeleiteten Judikaturlinie abgewichen werden sollte. Es sollte jedenfalls klar sein, dass die **Klagslegitimation nicht davon abhängt, ob die Maßnahme der Klagsführung oder der** – sei es nach direkten oder analogen Regeln – **vorangehenden Willensbildung ordentlicher oder außerordentlicher Natur ist** (vgl auch *Löcker* 160 ff).

107

Die **Durchsetzung** *gemeinschaftlicher*, also **der Eigentümergemeinschaft zurechenbarer Ansprüche** – gegen Dritte wie gegen andere Wohnungseigentümer – ist dem nach der Vertretungsordnung **zuständigen Organ vorbehalten, dem einzelnen Wohnungseigentümer hingegen grundsätzlich entzogen** (Rz 76; nicht gefolgt kann daher jedenfalls für die Eigentümergemeinschaft der Ansicht werden, jeder einzelne Miteigentümer könne, wenn ein Mehrheitsbeschluss vorliege, Verbesserungs-, Rücktritts-, oder Schadenersatzansprüche geltend machen und zur entsprechenden Klagsführung befugt sein [*Hofmeister/Egglmeier* in Schwimann III² Rz 16 zu § 833 ABGB; MietSlg 35.104]; vgl aber zu den aus dem Anteilsrecht zustehenden Rechtsbehelfen, auch zur Wahrung des Gesamtrechts, *Gamerith* in Rummel I³ Rz 6 zu § 828 ABGB; Rz 4 zu § 829 ABGB). Das dürfte auch für die Einleitung eines Verfahrens nach § 52 Abs 1 Z 6 zur Geltendmachung der Pflicht des Verwalters, den Anspruch durchzusetzen, richtig sein, weil die Verwalterpflichten grundsätzlich mit Rechten der Eigentümergemeinschaft korrespondieren (MietSlg 49.547 = immolex 1998, 216/137).

108

Der Einzelne ist daher bei **Untätigkeit** der Eigentümergemeinschaft (des Verwalters) darauf beschränkt, auf ein **Verfahren nach § 24 zur Beschlussfassung über eine entsprechende Weisung** an den Verwalter hinzuwirken, oder im Fall eines beherrschenden Mehrheitseigentümers iSd § 30 Abs 2 das **Gericht** nach § 52 Abs 1 Z 3 **anzurufen**. Sieht man die Anspruchsdurchsetzung als Erhaltung iSd § 28 Abs 1 Z 1 (vgl Rz 110 zu § 28), so kommt auch eine gerichtliche Entscheidung gemäß § 30 Abs 1 Z 1 in Betracht. Weiters ist zu überlegen, *hier* § 30 Abs 3 Satz 2 als Basis für ein ausnahmsweises Vorgehen des einzelnen heranzuziehen, wenn **Gefahr im Verzug** ist: Der Wohnungseigentümer müsste und könnte dabei namens und für Rechnung der Eigentümergemeinschaft – gleich einem gesetzlichen Vertreter (vgl oben Rz 74) – einschreiten. Eine Zustimmung anderer bräuchte er nicht (arg „ohne Zustimmung der übrigen"). Bezüglich der Einklagung von Beitragsforderungen durch den einzelnen siehe auch Rz 97.

109 Schadenersatzansprüche der Eigentümergemeinschaft (wie der einzelnen Wohnungseigentümer) gegen den Verwalter sind – anders als die aus § 31 Abs 3 (vormals § 16 Abs 3 WEG 1975) bzw § 20 (vormals § 17 WEG 1975) erfließenden Ansprüche – im **streitigen Verfahren** durchzusetzen (MietSlg 49.547 = immolex 1998, 216/137).

3. Verbindlichkeiten

110 Wie Forderungen **treffen** auch **Verbindlichkeiten aus der Liegenschaftsverwaltung die Eigentümergemeinschaft selbst** (vgl *Palten*, Wohnungseigentumsrecht[2] Rz 135), sofern sie in einer ihr zurechenbaren Weise, nämlich über rechtsgeschäftliches oder deliktisches Handeln oder Unterlassen ihrer Organe entstanden sind (*Löcker* 376 f). Die Eigentümergemeinschaft – nicht mehr aber der einzelne Wohnungseigentümer (so aber offenbar *Illedits*, wobl 2000, 70) – ist unabhängig davon Schuldner(in), wie die Mittel zur Deckung der Verbindlichkeit im Innenverhältnis (nach Maßgabe von § 32) aufzubringen sind oder ob die Verbindlichkeit einer ordentlichen oder außerordentlichen Verwaltungsmaßnahme dient. Auch Verbindlichkeiten für Aufwendungen innerhalb einer gesonderten Abrechnungs- bzw Abstimmungseinheit, selbst wenn dafür eine gesonderte Rücklage gebildet wurde, oder Verbindlichkeiten für Maßnahmen, die nach § 29 Abs 3 (vormals § 14 Abs 3 Z 2 WEG 1975) von der Mehrheit finanziert werden, sind der „ganzen" Eigentümergemeinschaft zuzurechnen (*Löcker* 341 ff, 357, 377; *Löcker*, Erneuerung 239).

111 Als Schuldnerin **haftet** die **Eigentümergemeinschaft für ihre Verbindlichkeiten selbst** (*Löcker* 376 ff; *Gamerith* in Rummel I[3] Rz 4 zu § 890 ABGB). Dementsprechend kann sie als solche geklagt (§ 18 Abs 1) und gegen sie ein Exekutionstitel erwirkt und vollstreckt werden (§ 18 Abs 3). Dabei ist „kann" im Sinn eines rechtlichen Könnens zu verstehen, räumt dem Gläubiger aber **keinesfalls** nur eine **Wahlmöglichkeit** zwischen der Inanspruchnahme der Eigentümergemeinschaft und/oder den Wohnungseigentümern ein (wobl 1998, 308/200 = MietSlg 50.587), die bloß subsidiär haften (dazu Rz 121 ff). Auch im Fall einer Forderung wegen Leistungen für bestimmte Abrechnungs- bzw Abstimmungseinheiten hat der Gläubiger (primär) die Eigentümergemeinschaft in Anspruch zu nehmen (*Löcker*, Erneuerung 239). Die Eigenhaftung der Eigentümergemeinschaft besteht aber nur für eigene Verbindlichkeiten, also solche aus der Liegenschaftsverwaltung. **Außerhalb der Liegenschaftsverwaltung** stehen einem **Gläubiger** die **Wohnungseigentümer persönlich gegenüber**, weshalb er nicht gegen die Eigentümergemeinschaft, sondern unmittelbar gegen jene vorgehen kann bzw muss. § 18 Abs 1 und 3 kommen von vornherein nicht zur Anwendung (*Löcker* 378).

112 **Gläubiger** der Eigentümergemeinschaft kann nicht nur ein gemeinschaftsfremder Dritter sein, sondern auch ein **Wohnungseigentümer**, der zB Leistungen für die Gemeinschaft erbracht (oder deliktische Ansprüche) hat, sowie der **Verwalter** (etwa wegen Honorar oder Aufwandsersatz) aus seinem Auftragsverhältnis. Beide haben ihre Ansprüche wie jeder andere nach § 18 gegen die Eigentümergemeinschaft durchzusetzen (zum Verwalter: wobl 1997, 281/119 [*Call*] = MietSlg 49.510; wobl 1999, 229/111 = MietSlg 51.537 = immolex 1999, 243/142 [*Iby*]; MietSlg 50.604 = immolex 1999, 53/46).

Auflösung und Verlängerung des Verwaltungsvertrags

§ 21. (1) Wurde der Verwalter auf unbestimmte Zeit bestellt, so können sowohl die Eigentümergemeinschaft als auch der Verwalter den Verwaltungsvertrag unter Einhaltung einer Frist von drei Monaten zum Ende jeder Abrechnungsperiode (§ 34 Abs. 2) kündigen.

(2) Wurde der Verwalter auf bestimmte, mehr als dreijährige Zeit bestellt, so können sowohl die Eigentümergemeinschaft als auch der Verwalter nach Ablauf von drei Jahren den Verwaltungsvertrag ohne Angabe von Gründen unter Einhaltung einer Frist von drei Monaten zum Ende jeder Abrechnungsperiode (§ 34 Abs. 2) kündigen.

(3) Im Übrigen kann der Verwaltungsvertrag jederzeit aus wichtigen Gründen von der Eigentümergemeinschaft gekündigt oder bei grober Verletzung der Pflichten des Verwalters auf Antrag eines Wohnungseigentümers vom Gericht aufgelöst werden; bei Auflösung durch das Gericht ist die Wiederbestellung des Verwalters unzulässig.

(4) Nach Auflösung des Verwaltungsvertrags ist die Ersichtlichmachung des Verwalters bei Auflösung durch das Gericht von Amts wegen, sonst auf Grund der Kündigungserklärung auf Antrag des Verwalters oder eines Wohnungseigentümers im Grundbuch zu löschen.

(5) Die Regelungen der vorstehenden Absätze können nicht vertraglich abbedungen werden.

(6) Wird ein auf bestimmte Zeit geschlossener Verwaltungsvertrag nach Ablauf der Vertragsdauer stillschweigend verlängert (§ 863 ABGB), so gilt dies als Verlängerung auf unbestimmte Zeit.

Literatur: *Derbolav*, Kündigung und Abberufung des Verwalters nach dem WEG 1975, ImmZ 231 ff und 251 ff; *Würth*, Beendigung der Verwaltung – Mitwirkung des Gerichtes, ImmZ 1980, 149 ff; *Niedermayr*, Das Anhörungsrecht der Minderheit bei Maßnahmen der ordentlichen Verwaltung, insb bei Kündigung des WE-Verwalters, wobl 1993, 74; *Fenyves*, Die Haftung des Immobilienverwalters, wobl 1992, 213; *Call*, Das neue gewerberechtliche Betriebsanlagenverfahren im Wohnungseigentumsrecht, wobl 1997, 211; *Schauer*, Die Eigentümergemeinschaft, wobl 2002, 135; *Stabentheiner*, Das neue Wohnungseigentumsrecht im Überblick, immolex 2002, 163; *Prader*, Verwaltung nach dem WEG 2002, immolex 2002, 202.

Inhaltsübersicht

I. Allgemeines

1 Die Bestimmung regelt in ihrem Abs 1 die **ordentliche Kündigung** des Verwaltungsvertrages durch die Eigentümergemeinschaft oder durch den Verwalter im Fall seiner Bestellung auf unbestimmte Zeit. Abs 2 sieht für den Fall einer Bestellung auf bestimmte, mehr als dreijährige Dauer ebenfalls eine ordentliche Kündigung beider Vertragsteile vor. In beiden Fällen bedarf es keinerlei Kündigungsgründe und hat die Kündigung unter Einhaltung einer Frist von drei Monaten zum Ende jeder Abrechnungsperiode formfrei zu erfolgen. In Abs 3, 1. Halbsatz wird der Eigentümergemeinschaft die – nicht an bestimmte Termine und Fristen gebundene – **außerordentliche Kündigung** aus wichtigen Gründen ermöglicht. Der 2. Halbsatz gibt auch einem einzelnen Wohnungseigentümer die Möglichkeit, die **gerichtliche Auflösung des Verwaltungsvertrages** wegen grober Pflichtverletzung zu beantragen. Weiters wird die gerichtliche Auflösung in Abs 3, 3. Halbsatz durch das **Wiederbestellungsverbot** abgesichert. Abs 4 ordnet die **Löschung** der Ersichtlichmachung von Name und Anschrift des Verwalters **im Grundbuch** bei jeglicher Beendigung des Verwaltungsvertrages an. Abs 5 erklärt die Regelung der **ersten vier Absätze** für **zwingend**; Abs 6 schließlich normiert, dass ein auf bestimmte Zeit geschlossener Vertrag bei **stillschweigender Verlängerung** als auf **unbestimmte Dauer verlängert** gilt.

2 Das WEG 1948 sah spezifische Bestimmungen für die Beendigung der Verwaltung noch nicht vor. Die Beendigung des Verwaltungsvertrages war daher allein dem Bevollmächtigungsrecht des ABGB unterstellt, welches nach herrschender Auffassung überwiegend dispositives Recht darstellt (*Meinhart* 168; ablehnend hingegen *Faistenberger/Barta/Call* N 1 zu § 18 WEG 1975). Den in der Praxis auftretenden massiven Missständen von Verwaltungsverträgen über die Dauer von 50 Jahren und mehr sollte zum Schutz der Wohnungseigentümer durch die generelle Unabdingbarkeit der mit dem WEG 1975 erstmals eingeführten ausdrücklichen Regelung über die Kündigung der Verwaltung begegnet werden (*Faistenberger/Barta/Call* N 2 zu § 18 WEG 1975). **§ 18 WEG 1975** blieb **während seiner gesamten Geltungsdauer unverändert** und sah anders als die nunmehrige Regelung noch massive Einschränkungen hinsichtlich der Kündigungsmöglichkeiten für einen auf bestimmte, mehr als fünfjährige Dauer geschlossenen Verwaltungsvertrag vor. Da der Gesetzgeber bewusst **keine spezielle Übergangsregelung** geschaffen hat (EB RV 989 BlgNR XXI. GP 57), gilt die neue Bestimmung gemäß § 56 Abs 13 auch für zum Zeitpunkt des Inkrafttretens bereits bestehende Verwaltungsverträge (Rz 65 ff zu § 56). Lehre und Judikatur zu § 18 WEG 1975 können über weite Strecken – insbesondere, was die Frage der groben Pflichtverletzung anbelangt – und mit der Einschränkung angewandt werden, dass die Ablehnung der (analogen) Anwendung auf WE-Bewerber (wobl 1997, 108/26 [abl *Call*] = MietSlg 48.498) kraft ausdrücklich festgelegter direkter Anwendung (dazu sogleich Rz 4 f) überholt ist.

II. Sonderfragen der Anwendbarkeit
(Mischhaus, Vorbereitungsstadium, Partner-WE)

Für die Anwendung von § 21 im Hinblick auf die Existenz von **schlichten** **3** **Miteigentümern** in gemäß § 56 Abs 4 weiter bestehenden (Rz 14 f zu § 56) **Mischhäusern** (Rz 11 zu § 9) gilt aufgrund von § 56 Abs 12 (dazu allgemein Rz 34 f zu § 56), dass diese schlichten Miteigentümer Wohnungseigentümern gleichgestellt sind.

Im **Vorbereitungsstadium** gemäß § 37 Abs 5 (näher Rz 50 ff zu § 37) ist zu **4** berücksichtigen, dass § 21 auf WE-Bewerber, die bereits Miteigentum erworben haben, wenn zumindest eine Zusage der Einräumung von WE gemäß § 40 Abs 2 im Grundbuch angemerkt ist, – ebenso wie auf die restlichen Miteigentümer – zur Anwendung kommt. Gleiches gilt für **WE-Bewerber**, die noch nicht Miteigentümer sind, deren späterer Miteigentumsanteil aber schon bekannt ist und zu deren Gunsten eine Anmerkung nach § 40 Abs 2 im Grundbuch ersichtlich ist, sofern schon zumindest ein anderer WE-Bewerber Miteigentum erworben hat (näher Rz 52 zu § 37). Auf den **Miteigentumsbewerber** findet die Bestimmung dann Anwendung, wenn ihm nach § 50 die Rechte eines WE-Bewerbers (Rz 8 zu § 50) zukommen. Dementsprechend steht auch WE- bzw Miteigentumsbewerbern mit Entstehen der Eigentümergemeinschaft (Rz 16 zu § 18) nach Maßgabe der ihnen nach den §§ 37 Abs 5, 50 zukommenden Stellung das Individualrecht, die gerichtliche Auflösung des Verwaltungsvertrages zu beantragen, zu, wobei hier § 37 Abs 5 insoweit **teleologisch zu reduzieren** ist (näher Rz 54 zu § 37), als für das Individualrecht, die gerichtliche Auflösung des Verwaltungsvertrages zu beantragen, die Größe des Miteigentumsanteils jedenfalls bedeutungslos sein muss. Die frühere Rspr (MietSlg 30.571/29), welche die Anwendbarkeit von § 18 WEG 1975 im Vorbereitungsstadium ablehnte, ist obsolet.

Bei Bestehen einer **Eigentümerpartnerschaft** gelten **keine Besonderheiten**, da- **5** her können die Partner ihre Rechte nach Abs 3, 1. Satz, 2. Fall, die gerichtliche Auflösung des Verwaltungsvertrages zu beantragen, nur gemeinsam ausüben (näher dazu Rz 22 f zu § 13).

Im Folgenden wird der Übersichtlichkeit halber pars pro toto für die genannten **6** Personen **nur** der Begriff des **Wohnungseigentümers** verwendet.

III. Kündigung des Verwaltungsvertrages
   A. Ordentliche Kündigung (Abs 1 und 2)

Sowohl die Kündigung des unbefristeten Vertrages wie auch die Kündigung des **7** befristeten Vertrages sind **formfrei** (*Meinhart* 170; zur Notwendigkeit einer Urkunde zwecks Löschung einer allfälligen Anmerkung im Grundbuch unten Rz 31), jedoch zwecks Vermeidung unterjähriger Abrechnungen und sonstiger Schwierigkeiten bei der Übergabe der Verwaltung (AB 1050 BlgNR XXI. GP 7) nur noch **zum Ende jeder Abrechnungsperiode** (dazu Rz 25 ff zu § 34) **unter Einhaltung einer dreimonatigen Kündigungsfrist** möglich.

Es **bedarf weder im einen noch im anderen Fall irgendwelcher Kündigungs-** **8** **gründe**, obwohl dies nur in Abs 2 ausdrücklich erwähnt ist. Diese ausdrückliche Erwähnung in Abs 2 erklärt sich daraus, dass auch auf länger als dreijährige Dauer abgeschlossene Verträge durchaus zulässig sind (wenngleich nunmehr der praktische Sinn länger dauernder Befristungen in Frage steht), da die frühere Anordnung des § 18 Abs 2 WEG 1975 der Umwandlung längerfristiger Verwaltungsverträge in solche auf unbestimmte Zeit fallengelassen wurde, sodass die Parteien Verwaltungsverträge beliebig befristen können. Diese können aber durch jede Partei nach Ablauf von drei Jahren (frühestens also zum 31.12. des vierten Jahres) unter Einhaltung einer dreimonatigen Kündigungsfrist vorzeitig gekündigt werden. Das Recht auf vorzeitige Aufkündigung steht anders als nach bisheriger Rechtslage (*Löcker* 316) nunmehr auch dem Verwalter zu (AB 1050 BlgNR XXI. GP 7; *Stabentheiner*, immolex 2002, 170). Erfolgt keine vorzeitige Kündigung, enden die auf länger als dreijährige Frist abgeschlossenen Verträge – ebenso wie auf bis zu dreijährige Dauer abgeschlossene – durch Zeitablauf, ohne dass es einer Aufkündigung bedürfte (*Schauer*, wobl 2002, 141).

9 Die Kündigung stellt auf Seiten der Eigentümergemeinschaft eine **Maßnahme der ordentlichen Verwaltung** (*Schauer*, wobl 2002, 141) der Liegenschaft dar, welcher ein **gültiges Willenbildungsverfahren** zugrunde liegen muss (siehe dazu die Erl zu § 24). Ohne ein solches Willensbildungsverfahren (MietSlg 49.506/43 = immolex 1998, 84/49; immolex 2001, 113/58) kann ein einzelner Wohnungseigentümer, mag er auch alleine die Mehrheit der Anteile halten, den Verwaltungsvertrag nicht wirksam aufkündigen (*Niedermayr*, wobl 1993, 74 ff), weil idR dort, wo von der „Mehrheit" die Rede ist, in Wahrheit die Gesamtheit der Wohnungseigentümer gemeint ist (*Löcker* 100 ff, 313 und ihm folgend MietSlg 49.528/43 unter ausdrücklicher Aufgabe der Auslegungsmöglichkeit, dass im Hinblick auf die Wendung „Mehrheit der Miteigentümer" eine vorherige Anhörung der Minderheit zu dieser von der Mehrheit beabsichtigten Maßnahme nicht erforderlich wäre [MietSlg 29.512; wobl 1993, 77/54 = MietSlg 44.645; wobl 1993, 78/55 = MietSlg 44.644]). Eine nicht auf einem wirksamen Mehrheitsbeschluss (Rz 23 ff zu § 24) beruhende Kündigung braucht der Verwalter nicht gegen sich gelten zu lassen (*Löcker* 313 f; MietSlg 49.506/43 = immolex 1998, 84/49; immolex 2001, 113/58). Zu beachten ist aber, dass ein Mangel der Willensbildung nach § 24 Abs 6 heilen kann (vgl dazu Rz 53 zu § 24).

10 Von der Entscheidung über die Kündigung des Verwaltervertrages im Innenverhältnis ist die auf die Kündigung des Vertragsverhältnisses gerichtete **Erklärung gegenüber dem Verwalter** zu unterscheiden. Wird eine solche (empfangsbedürftige [MietSlg 50.612]) Willenserklärung gegenüber dem Verwalter von der Mehrheit oder von einem Eigentümervertreter (dazu Rz 8 zu § 22) abgegeben, kann der Verwalter auf diese Erklärung vertrauen und trifft ihn – unbeschadet seines Rechts, die gerichtliche Feststellung der Rechtsunwirksamkeit der Kündigung zu begehren (MietSlg XLIX/43 = immolex 1998, 84/49) – keine Verpflichtung, die Wirksamkeit im Innenverhältnis der Eigentümergemeinschaft zu prüfen.

11 Da (nach dem nunmehr klaren Gesetzeswortlaut) **ausschließlich die Eigentümergemeinschaft zur Kündigung legitimiert** ist, reicht der „Widerruf" der

Liegenschaft ist, verdrängen. Die Annahme einer 100% übersteigenden Summe von Anteilen verbietet sich jedenfalls. Ist der spätere Miteigentumsanteil zwar bekannt gewesen und wurde er nicht bestritten, erweist sich diese Prognose aber etwa aufgrund einer Nutzwertneufestsetzung im Nachhinein als unzutreffend, wird man im Interesse der Rechtssicherheit davon ausgehen müssen, dass bisherige Beschlussfassungen und Abrechnungen ihre Wirksamkeit behalten.

So sehr nun das Abstellen auf die Kenntnis vom späteren Miteigentumsanteil in **54** großem Umfang eine sinnvolle, ja geradezu unabdingbare Voraussetzung für die Zubilligung konkreter Rechte und Pflichten im Hinblick auf die Verwaltung der Liegenschaft iwS darstellt, so ist doch zu bemerken, dass der Gesetzgeber damit bei näherer Analyse nicht unbeträchtlich über das Ziel geschossen hat. Eine beachtliche Anzahl von Individualrechten lässt sich nämlich ohne weiteres auch angemerkten WE-Bewerbern praktikabel zubilligen, deren späterer Miteigentumsanteil noch nicht ausreichend bestimmt ist. Da dieser Umstand dem Gesetzgeber offensichtlich entgangen ist und ihm eine unnötig weite Beschränkung des Erwerberschutzes nicht zugesonnen werden kann, ist es in diesen Fällen nahe liegend, § 37 Abs 5 Satz 3 in diesem Umfang um das **Erfordernis der Bestimmtheit des späteren Miteigentumsanteils teleologisch zu reduzieren.** Betroffen von dieser ergänzenden Rechtsfortbildung sind prima vista die Antragstellung auf Erlass einer gerichtlichen und die Mitwirkung an der Vereinbarung einer Benützungsregelung gemäß § 17 (vgl auch Rz 9 zu § 17), die Mitwirkung an der Vereinbarung einer Gemeinschaftsordnung iS des § 26 (vgl auch Rz 6 zu 26), die meisten Minderheitsrechte und Anzeigepflichten des § 30 (vgl auch Rz 5 zu § 30), die Antragstellung im Hinblick auf und die Mitwirkung an der Vereinbarung von abweichenden Aufteilungs- und Abrechnungseinheiten iS des § 32, die Vereinbarung eines abweichenden Verteilungsschlüssels im Hinblick auf die Erträgnisse iS des § 33 Abs 3 und schließlich die Antragstellung im Hinblick auf und die Vereinbarung von abweichenden Abrechnungsperioden gemäß § 34 Abs 2. Für die hier aufgrund einer ergänzenden Rechtsfortbildung vorgeschlagene Befugnis auch von angemerkten WE-Bewerbern, deren Miteigentumsanteil noch nicht feststeht, wirksam auch am Abschluss diverser Verwaltungsvereinbarungen iwS teilnehmen zu können, lässt sich nicht zuletzt auch ins Treffen führen, dass eine derartige Befugnis schon von der Rspr vor der WRN 1999 angenommen wurde (vgl MietSlg 50.614 = immolex 1999, 23/16) und dem WEG 2002 alles andere zugesonnen werden kann, denn eine aus sachlichen Gründen nicht notwendige Rücknahme des schon bislang bestehenden Schutzes der Erwerber im Vorbereitungsstadium.

Überraschend erscheint, dass – zumindest nach dem Wortlaut von § 37 Abs 5 – **55** der in § 35 Abs 2 speziell geregelte **Teilungsausschluss** nicht schon auf jenen Zeitraum „vorgezogen" wird, zu dem Anmerkungen nach § 40 Abs 2 erfolgt sind. Dies steht in gewissem Widerspruch zu jener Rspr, die schon lange vor der WRN 1999 als Konsequenz dieser Anmerkungen unter anderem einen Ausschluss der §§ 830 ff ABGB angenommen hatte (vgl MietSlg 35.651 im Anschluss an *Meinhart*, WoSi 1982, 37 ff). Da nun, wie bereits erwähnt, in keiner Weise Anhaltspunkte ersichtlich sind, dass der Gesetzgeber des WEG 2002 in puncto Erwerberschutz massiv hinter jenen Standard zurückfallen wollte, der schon im Rahmen des WEG 1975 erreicht war, wird man in diesem Punkt von einer planwidrigen Unvollständigkeit von § 37 Abs 5 auszugehen und auch § 35 Abs 2 im Vorbereitungsstadium mit der Modifikation zur Anwendung zu bringen haben, dass die Aufhebung der an der Liegenschaft bestehenden Gemeinschaft erst wieder nach Löschung sämtlicher Anmerkungen nach § 40 Abs 2 möglich ist (wohl aA *Pittl*, wobl 2002, 152, der – freilich ohne nähere Bezugnahme auf das hier erörterte Problem – von einem taxativen Charakter des in § 37 Abs 5 erwähnten Katalogs der im ‚Vorbereitungsstadium anwendbaren Normen ausgeht und generell jegliche Erweiterung aufgrund eines Umkehrschlusses ablehnt).

56 Abschließend ist noch darauf hinzuweisen, dass auch § 37 Abs 5 bloß **relativ zwingendes** Recht enthält, dementsprechend für den WE-Bewerber insgesamt günstigere Vereinbarungen zwischen ihm und dem WE-Organisator für möglich angesehen werden müssen. So kann etwa kein Zweifel bestehen, dass es (nach wie vor) zulässig sein muss, den Zeitpunkt, ab dem der WE-Bewerber zur verhältnismäßigen Tragung der Aufwendungen verpflichtet ist, zu einem späteren als dem von § 37 Abs 5 vorgegebenen Zeitpunkt der Verbücherung der Zusage gemäß § 40 Abs 2 iVm der Kenntnis von seinem späteren Miteigentumsanteil anzusetzen, etwa erst mit dem Bezug des Objekts.

C. Zeitlicher Anwendungsbereich der Neuregelungen

57 Mangels spezieller Übergangsbestimmungen muss gemäß § 56 Abs 13 davon ausgegangen werden, dass die **zeitliche Anwendbarkeit** der Neuregelungen des § 37 Abs 5 über die Anwendbarkeit der WE-rechtlichen Normen im Vorbereitungsstadium mit dem Inkrafttreten des WEG 2002 am 1.7.2002 beginnt, insofern aber auch schon für Projekte maßgeblich wird, deren Vorbereitungsstadium vor diesem Zeitpunkt begonnen hat. Dies könnte freilich aufgrund der im Detail nicht unbeträchtlichen Rechtsänderungen, die das WEG 2002 in dieser Frage vornimmt, dazu führen, dass sich die Rechtslage auch in am 1.7.2002 schon anhängigen Verfahren nicht unbeträchtlich ändert und sich ursprünglich berechtigte Prozessstandpunkte als unberechtigt erweisen und vice versa. Zu diesem Problem näher Rz 76 ff zu § 56.

durch ein familiäres oder wirtschaftliches Naheverhältnis verbunden ist. Angesichts des Schutzzwecks von § 49 Abs 2 wird dieser – im WEG 2002 in durchaus unterschiedlichem Zusammenhang wiederkehrende – Terminus am ehesten im Einklang mit § 30 Abs 2 zu verstehen sein (dazu näher Rz 48 zu § 30; aA *Würth*, wobl 2002, 122, der auch hier auf das im AB zu § 20 Abs 2 und 4 zum Ausdruck gebrachte [großzügigere] Verständnis abstellen möchte, dessen normativer Hintergrund jenem von § 49 Abs 2 allerdings nicht vergleichbar erscheint).

Dass es für die Unwirksamkeit von Festlegungen irrelevant sein muss, ob die **13** „Scheineigentümergemeinschaft" neben dem WE-Organisator bloß aus einem „Gründungshelfer" besteht (so der Wortlaut von § 49 Abs 2) oder aus mehreren, ist angesichts des Schutzzwecks der Norm evident. Entscheidend für die Möglichkeit, auch spätere Wohnungseigentümer an „Festlegungen" binden zu können, ist vielmehr – neben den bereits erwähnten Einschränkungen der entsprechenden Gestaltung der Erwerbsverträge (oben Rz 8) und – grundsätzlich – des Abschlusses von Rechtsgeschäften mit Dritten (oben Rz 9) –, dass diese durch eine Eigentümergemeinschaft vorgenommen werden, die **zumindest** aus **einem** „echten" **Dritten** besteht, der **mit dem WE-Organisator nicht durch ein rechtliches oder wirtschaftliches Naheverhältnis verbunden** ist.

Im Gegensatz zu „Festlegungen" des Alleineigentümers, bei denen schon auf- **14** grund der „Sistierung" zahlreicher gesetzlicher Regelungen durch § 48 (näher die Erl zu § 48) in großem Umfang die Möglichkeit zu ihrer rechtswirksamen Vornahme zweifelsfrei entfällt, ist die Situation bei einer iS des § 49 Abs 2 zusammengesetzten (Schein-)Eigentümergemeinschaft doch deutlich anders: Prima facie werden von einer aus einer Personenmehrheit bestehenden Eigentümergemeinschaft und durchaus im Einklang mit den WE-rechtlichen Vorgaben Beschlüsse gefasst und Vereinbarungen getroffen (und diese uU grundbücherlich angemerkt), lediglich aufgrund des zwischen dem WE-Organisator und den beteiligten Personen bestehenden Naheverhältnisses iS des § 49 Abs 2 mangelt es diesen an der Rechtswirksamkeit. Für die Beantwortung der Frage, unter welchen Voraussetzungen und in welcher Form nun aber ein späterer Erwerber und Wohnungseigentümer, auf den der Schutzzweck von § 49 Abs 2 abstellt, diese **Unwirksamkeit geltend machen** kann, hält das WEG 2002 weder in § 49 noch an anderer Stelle Vorgaben bereit (aA offenbar *Würth*, der in der Berichtigung des Grundbuchs gemäß § 51 Abs 2 einen derartigen Mechanismus sehen dürfte, wenn er von der „Anfechtung" durch spätere Erwerber spricht, was zweifelhaft erscheint und jedenfalls gegenüber den Beschlüssen der „Scheingemeinschaft" nicht passend wäre). Diese Lückenhaftigkeit ist wohl auf den Zeitdruck zurückzuführen, unter dem das vorläufige WE konzipiert werden musste (vgl *Stabentheiner*, wobl 2002, 105 ff), befriedigend ist sie gewiss nicht. Vor allem vermisst man zweifelsfrei Mechanismen, die dem Erwerber und späteren Wohnungseigentümer dazu verhelfen, diese Unwirksamkeit einfach, effizient und ohne besonderes Kostenrisiko geltend zu machen. Vorbehaltlich einer näheren Untersuchung schiene es naheliegend, in **Analogie zu § 30 Abs 1 Z 8 und § 24 Abs 6** davon auszugehen, dass der Wohnungseigentümer die aufgrund von § 49 Abs 2 anzunehmende Unwirksamkeit von Beschlüssen und

Vereinbarungen mit einem auf (deklarativen) Ausspruch der Unwirksamkeit gerichteten **Antrag im WE-rechtlichen AußStrVerf** gemäß § 52 geltend machen kann.

11. Abschnitt
Verfahrens- und gebührenrechtliche Bestimmungen

Wohnungseigentumsrechtliches Außerstreitverfahren

§ 52. (1) Über die Anträge in den folgenden Angelegenheiten entscheidet das für Zivilrechtssachen zuständige Bezirksgericht, in dessen Sprengel die Liegenschaft gelegen ist, im Verfahren außer Streitsachen:

1. Nutzwertfestsetzung (§ 9 Abs. 2) und Nutzwertneufestsetzung (§ 9 Abs. 3);

2. Duldung von Änderungen und Erhaltungsarbeiten einschließlich der Entschädigung eines dadurch beeinträchtigten Wohnungseigentümers (§ 16 Abs. 2 und 3);

3. Minderheitsrechte des einzelnen Wohnungseigentümers (§ 30 Abs. 1 und 2) einschließlich der sonstigen Angelegenheiten der Wohnungseigentümer der Liegenschaft, über die nach dem 16. Hauptstück des Zweiten Teils des ABGB im Verfahren außer Streitsachen zu entscheiden ist, wie etwa Benützungsregelungen (§ 17);

4. Rechtswirksamkeit eines Beschlusses der Eigentümergemeinschaft (§ 24 Abs. 6);

5. Aufhebung eines Beschlusses der Eigentümergemeinschaft über eine zur außerordentlichen Verwaltung zählende Veränderung an den allgemeinen Teilen der Liegenschaft (§ 29);

6. Durchsetzung der Pflichten des Verwalters mit Ausnahme der Herabsetzung des Entgelts (§§ 20 Abs. 1 bis 7, 31 Abs. 3);

7. Festsetzung einer abweichenden Abrechnungsperiode (§ 34 Abs. 2);

8. Bestellung eines vorläufigen Verwalters (§ 23), Rechtswirksamkeit einer Kündigung oder gerichtliche Auflösung des Verwaltungsvertrags (§ 21);

9. Zulässigkeit eines vereinbarten oder Festsetzung eines abweichenden Aufteilungsschlüssels oder einer abweichenden Abrechnungs- oder Abstimmungseinheit (§ 32 Abs. 2, 5 und 6), verbrauchsabhängige Aufteilung von Aufwendungen (§ 32 Abs. 3), benützungsabhängige Einhebung von Energiekosten bei Gemeinschaftsanlagen (§ 32 Abs. 4);

10. Zustimmung zur Nachfinanzierung (§ 41);

11. Fortsetzung der Bauführung bei Insolvenz (§ 44).

(2) In den in Abs. 1 genannten Verfahren gelten die allgemeinen Bestimmungen des Gesetzes über das Verfahren außer Streitsachen mit den in § 37 Abs. 3 Z 6, 8 bis 21 sowie Abs. 4 MRG genannten und den folgenden Besonderheiten:

1. Die Verfahren werden auf Antrag eingeleitet.

2. Den Wohnungseigentümern und dem Verwalter kommt insoweit Parteistellung zu, als ihre Interessen durch die Entscheidung über den Antrag unmittelbar berührt werden können.

3. In Verfahren nach Abs. 1 Z 1 kommt überdies – unbeschadet weiterer Rechte nach § 37 Abs. 5 – den Wohnungseigentumsbewerbern, die dem Gericht vom Antragsteller bekannt gegeben oder sonst bekannt wurden, Parteistellung zu.

4. Für die Beiziehung von im Antrag nicht namentlich genannten Wohnungseigentümern reicht es aus, wenn sie zu einem Zeitpunkt, in dem dies noch zulässig ist, Gelegenheit zu Sachvorbringen haben.

5. Zustellungen an mehr als sechs Wohnungseigentümer können durch Anschlag im Sinne des § 24 Abs. 5 vorgenommen werden. Der Anschlag darf frühestens nach 30 Tagen abgenommen werden. Die Zustellung des das Verfahren einleitenden Antrags ist mit Ablauf dieser Frist als vollzogen anzusehen, spätere Zustellungen hingegen mit dem Anschlag. Die Gültigkeit der Zustellung wird dadurch, dass der Anschlag noch vor dieser Zeit abgerissen oder beschädigt wurde, nicht berührt. Der das Verfahren einleitende Antrag ist überdies einem vom Gericht zu bestimmenden Wohnungseigentümer zu eigenen Handen zuzustellen.

6. Einem Antrag auf gerichtliche Nutzwertfestsetzung (§ 9 Abs. 2) oder Nutzwertneufestsetzung (§ 9 Abs. 3) sind die Unterlagen beizufügen, aus denen sich die Notwendigkeit der Nutzwertfest- oder -neufestsetzung und – soweit dies urkundlich belegbar ist – die Rechtzeitigkeit des Antrags ergeben.

7. § 37 Abs. 3 Z 18a MRG gilt nur in den in Abs. 1 Z 2, 4, 5, 6 und 8 angeführten Angelegenheiten.

(3) In den durch Kundmachung gemäß § 39 Abs. 2 und § 50 MRG bestimmten Gemeinden kann ein Verfahren auf Nutzwertfestsetzung (§ 9 Abs. 2) oder Nutzwertneufestsetzung (§ 9 Abs. 3) bei Gericht nur eingeleitet werden, wenn die Sache vorher bei der Gemeinde anhängig gemacht wurde; diesbezüglich gelten auch § 39 Abs. 3 bis 5 und § 40 MRG.

Literatur: *Call*, Zur beabsichtigten Novelle des Wohnungseigentumsgesetzes 1975, wobl 1993, 162; *Kletečka*, Die Novellierung des WEG durch das 3. WÄG – Begründung, Ausschluss und Bewerberschutz (§§ 1 bis 12 und 22 bis 30 WEG), wobl 1993, 217; *Klicka*, Die Wiederaufnahme im Außerstreitverfahren als Gebot verfassungskonformer Rechtsanwendung, JBl 1997, 90; *Konecny*, Wiederaufnahme im Außerstreitverfahren, JBl 1983, 20; *Mayr*, Das historische Argument gegen die Wiederaufnahme im Außerstreitverfahren, JBl 1997, 547; *Würth*, Die Auswirkungen der Erweiterten Wertgrenzennovelle 1997 im Wohnrecht, wobl 1998, 61.

Inhaltsübersicht

Stichwortverzeichnis

Stichwort	Unterstichwort	MRG	WEG
Abänderung	Zulassungsausspruch	37/131	
Abberufung	Eigentümervertreter		22/12ff
	Verwalter		**21/23ff**; 28/80
Abbruchreife		**30/105**	
Abfertigung	Hausbesorger	23/18	
Abgaben	öffentliche	21/38f	
Abgabenrecht			18/135
Abhilfe			36/50
Ablaufhemmung		27/56	
Abrechnung	allgemein		Erl zu 34
Abrechnung	Beitragsforderungen		18/88
Abrechnung	Beitragsrückstände		34/17
Abrechnung	Belegeinsicht	21/48ff	20/62; **34/22ff**, 42
Abrechnung	Belegsammlung		34/18
Abrechnung	Betriebskosten	Erl zu 21	
Abrechnung	Betriebskosteneinzelverrechnung	21/50ff	
Abrechnung	Betriebskostenguthaben	21/47	
Abrechnung	Betriebskostenpauschal-		
Abrechnung	verrechnung	21/42ff	
Abrechnung	Form		34/11, 14
Abrechnung	Frist	21/45, 54	34/10
Abrechnung	Genehmigung		34/7
Abrechnung	Hauptmietzinse	Erl zu 20	
Abrechnung	Individualrecht		34/6
Abrechnung	Inhalt		34/11
Abrechnung	Liegenschaftsbezogenheit		34/16
Abrechnung	Mieterwechsel	21/44	
Abrechnung	ordnungsgemäße	20/57ff; 21/48	34/12
Abrechnung	Richtigkeit		34/20
Abrechnung	Überschussbeträge	21/44	34/40
Abrechnung	Verjährung		34/24
Abrechnung	Versand		34/10
Abrechnung	vollständige		34/13
Abrechnung	Vorjahressaldo	21/47	
Abrechnung	Wohnungseigentümerwechsel		34/30, 44
Abrechnung	Zeitraum	21/47	
Abrechnungseinheit	Festsetzung gerichtliche		32/50
Abrechnungseinheit	gesonderte	17/12	
Abrechnungseinheit	Verteilungsschlüssel		32/34
Abrechnungsergebnis			34/38

Stichwort	Unterstichwort	MRG	WEG
Aktivlegitimation	Investitionsersatz	10/39ff	
Aktivlegitimation	Kündigung	33/12ff	
Aktivlegitimation	Rückforderung	27/59	
Akzessorietät			18/128
Alleineigentümer			51/1
Allgemeine Teile			2/36; 28/51
Allgemeine Teile	Erhaltung	3/13	
Allgemeine Teile	Erträgnisse		33/23
Allgemeine Teile	gewillkürte		2/40; 28/96
Allgemeine Teile	kraft Widmung		18/94
Allgemeine Teile	mangels Widmung		18/94
Allgemeine Teile	Mietvertrag		38/13
Allgemeine Teile	notwendige		2/40, 44; 28/94
Allgemeine Teile	Nutzungsvorbehalt		38/13
Allgemeine Teile	Umwidumg		28/96
Allgemeine Teile	Verfügbarkeit		28/98
Allgemeine Teile	Vermietung		28/90f
Allgemeine Teile	Vermietung		18/40
Allgemeine Teile	Verwaltung		28/24; 29/12
Allgemeine Teile	Zweckwidmung		28/96
Altmiethaus			32/30
Altmietverhältnis		17/23	
Altmietwohnung			18/48, 50f
Altschuld		12/29; 12a/36, 14/33	
Altschulden			51/6
Altschulden	Eigentümergemeinschaft		18/56
Altvertrag		43/4	
Amortisation		20/51	
Amtshaftungsanspruch		35/9	
Amtsbestätigung			14/15, 82
Amtsurkunde			14/42
Amtswegigkeit	Exekutionbeschränkung	42/12	
Anbotspflicht		**5/4ff**	
Anderkonto			20/60f
Änderung	Einflussmöglichkeit	12a/39; 46a/27	
Änderung	Parteistellung	37/89f	52/46ff
Änderungskündigung		30/14	
Änderungsrecht			18/27
Änderungsrecht	Durchsetzung		16/58
Änderungsrecht	Inanspruchnahme allgemeiner Teile		16/40f; 28/32
Änderungsrecht	Inanspruchnahme anderer WE-Objekte		16/50ff
Änderungsrecht	Mieter	9/4	

Stichwort	Unterstichwort	MRG	WEG
Antragslegitimation	Gemeinde	19/15	
Antragslegitimation	Verbesserungsarbeiten	6/8	
Antragsrecht	Bauträger		42/10
Antragsrückziehung		39/11	
Anwachsung			14/8, 12
Anwartschaftsrecht			13/54, 15/3, 11
Anwartschaftsrecht	Übertragung		40/20f
Anwendungsbereich	sachlicher	1/1, 6	52/9f
Anzeige	Investitionsersatzanspruch	10/54	
Anzeige	Wohnungstausch	13/6	
Anzeigepflicht		46a/7	
Anzeigepflicht	Eigentümerpartnerschaft		13/31f
Anzeigepflicht	Eintritt	12/21ff	
Anzeigepflicht	Machtwechsel	12a/51ff	
Anzeigepflicht	Mangel	15a/6	
Anzeigepflicht	Mieter	9/14	
Anzeigepflicht	Pächter	12a/61	
Anzeigepflicht	Schaden		30/53
Anzeigepflicht	Tod des Mieters	14/30	
Anzeigepflicht	Unternehmensverpachtung	12a/61	
Anzeigepflicht	Unternehmenveräußerung	12a/33	
Arbeiten	privilegierte	3/36; 8/32ff; 9/43ff	
Aufenthalt	gewöhnlicher		15/17
Aufhebung	Nutzungsrechte		38/7, 12
Aufhebungsanspruch	Pfändung		13/47
Aufhebungsbeschluss		37/126	52/67
Auflösung	einvernehmliche	29/68	
Auflösung	gerichtliche	30/3ff	21/21ff
Auflösung	vorzeitige	33/10	
Aufrechnung			18/89
Aufteilung	eheliches Vermögen		15/2
Aufteilung	Verbrauch	17/25	
Aufteilungsgrundsätze			15/9
Aufteilungsschlüssel	Festsetzung, gerichtliche		32/43ff
Aufteilungsvereinbarung	Abänderung		32/38
Aufteilungsvereinbarung	Überprüfung		32/36
Aufteilungsverfahren			15/12
Auftragsverfahren		6/7ff	
Aufwendungen			31/18; Erl zu 32
Aufwendungen	Baukosten		32/21
Aufwendungen	Begriff		32/10
Aufwendungen	Energiekosten		32/41
Aufwendungen	Erhaltungskosten		32/20

Stichwort	Unterstichwort	MRG	WEG
Aufwendungen	Grundbuch		32/58f
Aufwendungen	Grundkosten		32/21
Aufwendungen	Heizkosten		32/19
Aufwendungen	Liegenschaftsbezogenheit		32/11, 15
Aufwendungen	Rechtskosten		32/18
Aufwendungen	Verbesserungskosten		32/20
Aufwendungen	Verteilungsschlüssel		32/29
Aufwendungen	Warmwasserkosten		32/19
Aufzug			28/60; 29/38
Aufzug	Behinderte	4/25f	
Ausfallhaftung	Eigentümergemeinschaft		56/22
Ausfallsausfall			18/127
Ausfallsbürge			18/128
Ausfallshaftung	Eigentümergemeinschaft		4/10ff; 18/122
Ausfallshaftung	Wohnungseigentümer		18/122
Ausgaben		**20/38ff**	
Ausgaben	fiktive	**20/47**	
Ausgaben	tatsächliche	20/39ff	
Ausgleichsanspruch		14/36	
Ausgleichsbetrag			14/10, 47, 65, 73, 84
Ausgleichspflicht		**18a/15**	10/25ff; 11/5
Ausgleichszahlung			3/37; 14/47, 76; 15/12
Ausmietungsschaden	Ersatz	Erl zu 36	
Ausschließung	Eigentümerpartnerschaft		13/33
Ausschließung	Klagebegehren		36/6
Ausschließung	Verschweigung		36/9
Ausschließung	Wiederholungsgefahr		36/8
Ausschließung	Wohnungseigentümer		18/30
Ausschluss	Mietzinserhöhung	18/46ff	
Ausschluss	Stimmrecht		24/37
Ausschlussklage	Aktivlegitimation		36/14
Ausschlussklage	Beweislast		36/52
Ausschlussklage	Eigentümerpartnerschaft		36/18
Ausschlussklage	Gerichtsstand		36/24
Ausschlussklage	Grundbuch		36/54
Ausschlussklage	Klagsanmerkung		36/54
Ausschlussklage	Passivlegitimation		36/14, 19
Ausschlussklage	Veräußerungsverbot		36/61
Ausschlussklage	Zwangsvollstreckung		36/58ff
Außenfassade		3/13; 9/34	
Außenfenster		3/13	28/58
Außenhaut		3/13	28/54; 58
Außerstreitverfahren	mietrechtliches	Erl zu 37	
Außerstreitverfahren	wohnungseigentumsrechtliches		Erl zu 52

Stichwort	Unterstichwort	MRG	WEG
Beherbergungs-unternehmen		1/59	
Behindertenaufzug		4/25f	
Beilagen			6/3ff
Beilagen	Antrag		10/56
Beiträge	Erhöhung		18/125
Beiträge	rückständige		20/56
Beiträge	Verjährung		31/51
Beiträge	Widmung		18/86
Beitragsforderungen	Berücksichtigung		29/36
Beitragsforderungen	Exekutionsgegenstand		18/115
Beitragsforderungen	Fälligkeit		18/88
Beitragsforderungen	Geltendmachung		18/91
Beitragsforderungen	Stundung		27/14
Beitragsforderungen	Verjährung		18/89
Beitragsforderungen	Zession		18/94
Beitragspflicht			14/43f; 18/136
Beitragsrückstände	Abrechnung		34/17
Belastung	gleichartige		13/10
Belastungen	finanzielle		29/34
Belastungs- und Veräußerungsverbot	Eigentümerpartnerschaft		13/60
Belastungs- und Veräußerungsverbot	Vorzugspfandrecht		27/22
Beleg	Neuausdrucke		34/23
Belege	Kopie		34/23
Belegeinsicht		20/57	34/22f
Belegsammlung			34/18
Belegvorlage		21/51	
Beleuchtung		21/25	32/53
Belohnungstatbestand		16/43f; 46c/2	
Bemängelungspflicht		15a/6	
Bemessungsgrundlage	Umsatzsteuer		32/67
Benützbarkeit	abgesonderte		28/95
Benützungsentgelt		34/6ff	29/38
Benützungsentgelt	Höhe	34/7	
Benützungshandlungen			28/10
Benützungsrechte	gleichwertige	18c/19	
Benützungsregelung		1/24	2/44, 52/16
Benützungsregelung	Abänderung		17/38
Benützungsregelung	Bindung		14/59
Benützungsregelung	Bindung, Einzelrechtsnachfolger		17/40
Benützungsregelung	Eigentümerpartnerschaft		13/42
Benützungsregelung	Ersichtlichmachung		17/41ff
Benützungsregelung	Gegenstand		17/13ff

Stichwort	Unterstichwort	MRG	WEG
Gebrauchsrecht			28/10
Gebrauchsrecht	Mieter	8/4	
Gebrauchsrecht	Weitergabe	11/3	
Gebrauchsvermögen	eheliches		15/7
Gebühren		39/22	
Gefahr	in Verzug		18/74; 30/57
Gefahr	Sicherheit von Personen		16/31
Gegenleistung	äquivalente	27/20	
Gegenleistung	gleichwertige	27/18	
Gegensprechanlage		24/5	28/60
Geldbeschaffungskosten		18/32	
Geldentschädigung		18c/21	
Geldleistungen		37/15	
Gemeinschaftsanlagen		3/22; 24/3	28/60
Gemeinschaftsanlagen	Betreuung	23/12	
Gemeinschaftseinrichtung		24/3	
Gemeinschaftsordnung	Ersichtlichmachung		26/52ff
Gemeinschaftsordnung	Individualrecht		30/32
Gemeinschaftsordnung	Übergangsbestimmungen		56/72
Genehmigung		9/20ff	24/17
Genehmigung	Beschluss		29/22
Genehmigung	nachträgliche		24/80; 29/57
Genehmigungskriterien			29/10, 31
Generalklausel			38/2, 7ff
Generalklausel	intertemporale	43/2; 49b/7, 49c/5; 49d/4	56/38
Gerichtsgebühren		39/23	
Gerichtsstand	Eigentümergemeinschaft		18/113, 92
Gerichtsstand	MSch-Verfahren	37/8	
Gerichtsstand	Teilungsklage		3/26
Gerümpel	herrenloses	21/21	
Gesamthand			13/23
Gesamthandeigentum			13/3f
Gesamthandforderungen			28/110
Gesamthandforderungen	Geltendmachung		18/99
Gesamtkosten		17/8	
Gesamtparifizierung			3/44; 9/10, 30
Gesamtrechtsnachfolge	Eigentümergemeinschaft		18/54
Gesamtrechtsnachfolge	gesellschaftrechtliche	12a/48	
Gesamtrechtsnachfolge	Unternehmensübertragung	12a/25; 46a/13	
Geschäftsbesorgungspflicht			20/68f
Geschäftsraum			2/16
Geschäftsräumlichkeit		1/48	
Geschäftsräumlichkeit	Nichtbenützung	30/57ff	
Geschäftsräumlichkeit	Teil	1/49	

Stichwort	Unterstichwort	MRG	WEG
Individualrecht			20/11, 65; 21/38
Individualrecht	Abrechnung		34/6
Individualrecht	Änderung des WE-Objektes		16/11
Individualrecht	Eigentümerpartnerschaft		13/28, 31
Individualrecht	Gemeinschaftsordnung		30/32
Individualrecht	Rücklage		31/17
Individualrecht	Verwalterabberufung		30/27f
Individualrecht	Verwalterbestellung		30/27f
Inhaltskontrolle			24/65; 29/30, 53
Initiativrecht			24/9, 10; 25/16
Inkassogebühr		21/4	
Insichgeschäft			22/8
Insolvenz	Liegenschaftseigentümer		40/31
Insolvenz	WE-Organisator		41/7; 44/1
Instandhaltungsdarlehen			20/33; 28/71
Instandhaltungspflicht	Eigentümergemeinschaft		16/63, 66; 32/20; 35/3
Instandhaltungspflicht	Mieter	8/6	
Instandhaltungspflicht	Wohnungseigentümer		16/60f
Interesse	berechtigtes		23/8
Interesse	öffentliches	30/17	
Interessen schutzwürdige	Vermieter	9/31	
Interessenabwägung			29/33
Interessenbeeinträchtigung			36/38
Interessenbefriedigung	gleichwertige	18c/20	
Interessenberührung		37/85f	
Interessenbescheid		**30/106ff**	
Interessenkollision			18/67; 22/7
Inventar			14/27, 73, 84
Investition	Mietzinsanhebung	12a/73	
Investition	Restwert	10/35	
Investitionsersatz		10/5	
Investitionsersatz	Präklusion	10/50ff	
Investitionsersatzanspruch	Anzeige	10/54	
Investitionsersatz- anspruchanzeige	Form	10/60	
Investitionsersatz- anspruchanzeige	Inhalt	10/61ff	
Investitionsersatz- anspruchanzeige	Rechnungsvorlage	10/64f	
Investitionsprämie		20/47f	
Jahrespauschal- verrechnung	Betriebskosten	**21/40, 42ff**	

Stichwort	Unterstichwort	MRG	WEG
Kabelfernsehanschluss		9/51	16/45
Kaltwasserkosten		3/32	
Kanalisierung			28/63
Kanalräumung		21/20	
Katalog	Verbesserung	3/13ff	
Kategorie D		15a/10	18/48
Kategorie D	Valorisierung	16/71f	
Kategorieausgleich		15a/23	
Kategoriebetrag		15a/24	
Kategorieeinstufung		15a/4	
Kategoriemerkmal		**15a/8ff**	
Kausalität			24/68
Kausalitätsprüfung	Anhörungsrecht		24/68
Kaution		27/27	
Kaution	Höhe	27/28	
Kehrordnung		21/19	
Kellerräume			2/34, 64
Kellerräumlichkeit		17/16	
Klage	Einverleibung		Erl zu 43
Klagebegehren	Vorzugspfandrecht		27/15
Klagsanmerkung	Ausschlussklage		36/54
Klagsanmerkung	Bewilligung		27/16
Klagsanmerkung	Löschung		27/18, 27/24
Klagslegitimation			18/106; 36/14f
Klosett		15a/18	
Kochnische		15a/17	
Kollisionsbereich			22/7
Kollisionskuratur			22/7
Kommunalsteuer		21/39; 23/15	
Komplettierung	Beschlussfassung		24/30; 25/22
Konformationsbeschluss		37/127	52/68
Konfusion			35/13
Konkurs	Aussonderung		14/57
Konkurs	Mieter	30/14	
Konkurs	Schuldner		27/23
Konkurseröffnung		37/139	
Konkursmasse			14/76
Kontenführung	gesonderte		20/59
Konto			18/86
Konventionalstrafe			38/25, 27
Kosten	Bauüberwachung	18/24	
Kosten	Bauverwaltung	18/24	
Kosten	Stundung		30/18
Kosten	Verwaltungsmaßnahmen		29/39
Kostenänderung		19/30	

Stichwort	Unterstichwort	MRG	WEG
Kostenbelastung			29/34
Kostenentscheidung		37/116	52/60
Kostenersatz		37/77	52/42
Kostenersatz	Räumungsaufschub	35/17	
Kostenpunkt		37/127	
Kostenrekurs		37/82, 116	52/60
Kostensteigerung			41/5
Kostentragung	Erhaltungsarbeiten	3/34ff	
Kostenverteilung		17/5	20/13
Kostenvoranschlag		19/20	20/54
Kostenvorschuss	Kopien	20/62	
Kostenvorschuss	Nichterlag	37/74	
Kredit			28/71
KSchG			18/33
Küche		15a/17	
Kühlaggregat		24/5	
Kündigung	Aktivlegitimation	33/12ff	
Kündigung	Einwendungen	33/30	
Kündigung	Eventualmaxime	33/25	
Kündigung	Formvorschriften	33/19	
Kündigung	Frist	33/4	
Kündigung	gerichtliche	Erl zu 33	
Kündigung	Inhaltserfordernisse	33/22	
Kündigung	Mieter	33/21	
Kündigung	Mietvertrag an WE-Liegenschaft		28/100ff
Kündigung	Passivlegitimation	33/12ff	
Kündigung	Rücknahme	33/33	
Kündigung	Teilwirksamkeit	31/12	
Kündigung	Termin	33/3	
Kündigung	Untermietvertrag	**30/93ff**	
Kündigung	Unwirksamwerden, nachträgliches	33/34	
Kündigung	Verfahren	33/32	
Kündigung	verspätete	33/5	
Kündigung	Verwalter		24/77
Kündigung	Zurückweisung	33/5	
Kündigungs-beschränkungen		Erl zu 30	
Kündigungsgrund	Anführung	33/25	
Kündigungsgrund	Geltendmachung, unverzügliche	30/9, 12	
Kündigungsgrund	Mitmieter	30/7	
Kündigungsgrund	vereinbarter	30/98ff	
Kündigungsgrund	Verzicht	27/32	
Kündigungsgrund	Zeitpunkt, maßgeblicher	30/8	
Kündigungsgründe	Generalklausel	**30/3**	
Kündigungsgründe	wichtige	**30/4**	

Stichwort	Unterstichwort	MRG	WEG
Kündigungsrecht	Sachlegitimation	33/12ff	
Kündigungsrecht	vorzeitiges	29/16, 21, 43	
Kündigungsverzicht	Entgelt	27/45	
Kundmachung	Kategoriebeträge	15a/25	
Ladenschutz		12a/1	
Ladung	Hausversammlung		24/24, 25/14
Ladung	Verfahren	37/103	52/39
Lagekomponente		16/65	
Lagerhausunternehmen		1/62	
Lagezuschlag		16/64	
Landesförderungsgesetze		16/17	
Lasten			14/28
Leasingnehmer		2/4, 20	
Lebensgefährte	Eintrittsrecht	14/13	
Legisvakanz			54/2
Leihe		1/20	
Leistungsklage			36/71
Leistungsstörung			38/24
Leitungen			28/59
Leitungswasserschaden- versicherung		21/32	
Lichtpauschale		23/16	
Liegenschaft	Fruchtnießer	2/4, 9ff	
Liegenschaft	Verwaltungsobjekt		28/24
Liegenschaft	Anschrift		18/138
Liegenschafts- aufwendungen			31/22; 32/10
Liegenschaftsbezogenheit	Abrechnung		34/16
Liegenschaftsbezogenheit	Aufwendungen		32/11, 15
Liegenschaftsbezogenheit	Betriebskosten		
Liegenschaftsbezogenheit	Eigentümergemeinschaft		18/18
Liegenschaftsbezogenheit	Mietzinserhöhungsverfahren	19/3ff	
Liegenschaftsbezogenheit	Rücklage		31/33
Liegenschaftsbezogenheit	Verträge		18/58
Liegenschaftsbezogenheit	Verwaltungskonto		20/61
Liegenschaftseigentümer	Insolvenz		40/31
Liegenschaftseigentümer	Zustimmung zur Anmerkung		40/13
Liegenschaftsverwaltung		Erl zu 22	18/25; 24/8; Erl zu § 28f
Lift	Schlüsselbetrieb	24/4	
Liftkosten		24/6f	32/46
Loggia		17/38	2/29, 61
Los			29/55
Löschung	Ersichtlichmachung		21/31
Luxusaufwand			28/49
Machthaber			18/78

Stichwort	Unterstichwort	MRG	WEG
Mietvertrag	einheitlicher	16/8	
Mietvertrag	Errichtungskosten	27/29	
Mietvertrag	Vererblichkeit	14/4	
Mietvertrag	WE-Begründung		56/17
Mietvertragsübergang	Konsequenzen		4/9
Mietvertragsübergang	Wohnungseigentümer		4/6
Mietvertragsübergang	Zeitpunkt		4/8
Mietzins	angemessener	16/18f	
Mietzins	Fälligkeit	15/14	
Mietzins	ortsüblicher	16/20	
Mietzinsabgang		20/53f	
Mietzinsanhebung	Eintritt	46/5	
Mietzinsanhebung		12/31; **12a/64ff**; 14/35; **46a/8f**	
Mietzinsanhebungsrecht		12a/5, 65	
Mietzinsanhebungsrecht	Pauschalmietzins	12a/67	
Mietzinsanhebungsrecht	Präklusion	12a/86ff	
Mietzinsanpassungs-klauseln	Beweggrund verpönter	16a/14	
Mietzinsanpassungs-klauseln	Unwirksamkeit	16a/7ff	
Mietzinsbestandteile		**15/3**	
Mietzinsbestandteile	Pauschalrate	21/44	
Mietzinse	uneinbringliche	20/27	
Mietzinserhöhung		**18/8ff**	
Mietzinserhöhung	Neuberechnung	19/28	
Mietzinserhöhung	Voraussetzung	18/12	
Mietzinserhöhung	vorläufige	**18a/8**	
Mietzinserhöhung	Widerruf	19/24	
Mietzinserhöhungs-verfahren	Liegenschaftsbezogenheit	19/3ff	
Mietzinserhöhungs-verfahren	Sachlegitimation	19/13ff	
Mietzinserhöhungs-verfahren	WE-Bewerber	18/10	
Mietzinserhöhungs-verfahren	Wohnungseigentümer	18/10	
Mietzinsminderung		8/19	
Mietzinsreserve		20/53f	
Mietzinsrückstand		30/20	
Mietzinsrückstand	Verschulden, grobes	33/35	
Mietzinsvorauszahlungen		20/28; 27/24	
Minderheit			29/21, 53
Minderheit	Anhörung		24/27
Minderheit	Bindung		24/65
Minderheit	Schutz		24/39

Stichwort	Unterstichwort	MRG	WEG
Miteigentumsbewerber			50/1; 51/2
Miteigentumsgemeinschaft	Eigentümergemeinschaft		18/9, 12, 62
Miteigentumsgemeinschaft	schlichte		13/3f,
Miteigentumsgemeinschaft	Verwalterbestellung		28/77
Miterbe	Haftung		12/26
Mitgliederwechsel			18/137
Mitgliedschaftsrechte			24/7
Mittel	öffentliche	9/48; 10/27	
Mitwirkungsbefugnisse			24/9
Mitwirkungspflicht		37/52	52/33
Möbel		25/5	
MRG			18/40
Müllabfuhrgebühr		21/21	
Multimediadienst		9/53	16/45
Mündlichkeitsgrundsatz		37/56	52/34
Mutwilligkeit		37/78	52/43
Nachbarhaftung			18/132
Nachfinanzierung	Abstimmung		41/12
Nachfinanzierung	Zustimmung		Erl 41
Nachfrist			25/25
Nachlass	Eintragung im Grundbuch		12/20
Nachlassgläubiger			14/53
Nachlasskonkurs	Aussonderung		14/57, 63, 75
Nachlassseparation			14/73
Nachmieter	Namhaftmachung	10/68	
Nachparifizierung			9/58
Naheverhältnis			22/8, 24/37
Naheverhältnis	familiäres		36/75
Naheverhältnis	rechtliches		49/13
Naheverhältnis	wirtschaftliches		36/75
Naturmaß		17/48	7/10
Nebenabrede		2/31	
Nebenabrede	ungewöhnliche	2/32	
Nebenintervention	Wohnungseigentümer		18/113
Nebenintervention		37/93	
Neubau		16/32	
Neubau	frei finanzierter	1/84	
Neuberechnung	Hauptmietzins	19/28	
Neuerrichtung			28/49
Neuerungsverbot		37/109	52/55
Neuschaffung	Mietgegenstand	1/84f 8/38	
Neuschuld		12/30; 12a/37; 14/34	
Nichbenützung	Geschäftszwecke	30/51	
Nichtbenützung	Geschäftsräumlichkeit	30/57ff	
Nichtbenützung	Wohnung	30/50	

Stichwort	Unterstichwort	MRG	WEG
Pauschalmietzins	Anhebung	12a/67	
Pauschalmietzins	Aufspaltung	**15/15**	
Pauschalraten		21/42ff	
Pergola			28/58
Personen	privilegierte	46/3	
Personen	zurechenbare		36/50ff
Personenkreis	begünstigter	12/5; 14/11	
Pfandbestellungsurkunde			28/72
Pfandrecht	gesetzliches		27/13
Pflichtteil			14/31, 37, 68, 83
Pflichtteilsanspruch			14/39f
Pflichtteilsberechtigte			14/32, 54, 55, 69
Pflichtteilsrecht			14/1, 70
Pflichtteilsverzicht			14/33, 70
Pflichtverletzung	grobe		20/73; 21/16, 21ff
Pflichtverletzung	Wohnungseigentümer		36/30ff
Pfuscher		10/31	
Planmaß		17/47	7/9
Präjudizialität		41/8	
Präjudizialität	keine	41/9	
Präkarium		1/21	
Präklusion	Beweis	37/63	
Präklusion	Entgeltsüberprüfung	25/9	
Präklusion	Investitionsersatz	10/50ff	
Präklusion	Mietzinsanhebung	12a/86ff	
Präklusion	Mietzinsüberprüfung	16/84; 26/10	
Präklusivfrist	Hemmung	16/82	
Präklusivfrist	Mietzinsanhebung	12a/33	
Präklusivfrist	Mietzinsherabsetzung	**16/77ff**	
Präklusivfrist	Minderheitenrechte		30/51
Präklusivfrist	Unterbrechung	16/83	
Präklusivfrist	Untermietzins	26/10	
Präsentationsrecht		12/34	
Provision	Professionisten	27/35f	
Provisorialverfahren		18a/11	
Prozesshandlung	Eigentümerpartnerschaft		13/37
Prozesskosten			3/31
Prozesskostenersatz			32/18
Prozesskostenrisiko			28/111
Prozessvertreter	Eigentümergemeinschaft		18/113
Punktation			3/12
Quasirechtspersönlichkeit	Eigentümergemeinschaft		18/10
Rangfolge	Teilungsarten		3/23

Stichwort	Unterstichwort	MRG	WEG
Rechtsnachfolger	Eigentümergemeinschaft		18/52ff
Rechtsnachfolger	Eigentümerpartnerschaft		13/41
Rechtsschein			24/84
Rechtsunwirksamkeit	Festlegungen		Erl zu 49
Rechtswirksamkeit	Befristung	49a/1	
Rechtswirksamkeit	Beschluss		24/98
Reduktion	teleologische		10/46
Regressrecht	Eigentümergemeinschaft		4/19
Regressrecht	Rechtsnachfolger		18/137
Regressrecht	Wohnungseigentümer		18/125, 132f, 135; 27/10
Reihenhaus			28/25, 54
Reklamewand			28/95
Rekurs	OGH	37/125	52/66f
Rekurs	Zurückweisung	37/119ff	
Rekurs		37/115f, 128	52/59
Rekursbeantwortung		37/117	52/59
Rekursfrist		37/115f	52/62
Rekursverhandlung		37/122	52/64
relocatio tacita		29/17; 49b/3, 51	
Reparaturarbeiten			28/49
Restwert	Investition	10/35	
Reugeld			38/25f
Revisionsrekurs		37/124	52/66f
Revisionsrekurs	außerordentlicher	37/131	52/70
Richter	Antragsbindung		29/30
Richter	Aufteilungsbefugnis		15/9
Richtlinie	generelle		20/20
Richtwert		**16/58**	
Richtwertmietzins		16/57	
Rohrbruch		21/16	
Rückforderung	EVB	45/27	
Rückforderungsanspruch	Ablöse	27/49	
Rückforderungsanspruch	Mietzins	37/145f	
Rücklage			Erl zu 31
Rücklage	Abrechnungseinheit		31/48ff
Rücklage	Angemessenheit		31/27
Rücklage	Begriff		31/14ff
Rücklage	Beiträge		31/14; 32/26
Rücklage	gesonderte		18/110, 114; 29/40; 31/48ff
Rücklage	Haftungsfonds		18/114
Rücklage	Herausgabe		31/43
Rücklage	Höhe		31/25ff
Rücklage	Individualrecht		31/17

Stichwort	Unterstichwort	MRG	WEG
Rücklage	Kostendeckung		29/36
Rücklage	Liegenschaftsbezogenheit		31/33
Rücklage	Minderheitenrechte		31/16ff
Rücklage	Rechnungslegungpflicht		31/37ff
Rücklage	Schmälerung		29/34
Rücklage	Träger		31/30
Rücklage	Trägerin		18/36
Rücklage	Überschuss		31/43
Rücklage	Veranlagung		31/34ff
Rücklage	Verwahrung		31/34ff
Rücklage	Zweck		31/14ff
Rückstandsbeschluss		33/39	
Rücktrittsrecht	WE-Organisator		39/2
Rückzahlungsbegehren		37/145	
Rückzahlungs-begünstigungsgesetz		16/54	Erl zu 53
Rückzahlungs-verpflichtung		**18a/18**	
Rüge	Unternehmer	16/28	
Rüge	Vertrag, befristeter	16/27	
Rügeobliegenheit		**16/23**	
Rügeobliegenheit	rückwirkende	16/29	
Ruhen		37/68	
Rundfunkempfangsanlage		9/50f	28/60
Sachbenützung			28/9
Sachbeschluss		37/75f	52/59
Sachhaftung			18/137; 27/20
Sachlegitimation	Mietzinserhöhungsverfahren	19/13ff	
Sachverfügung			28/9, 29/7
Sachverständigengutachten	Bauzustand		37/39
Sachverständigengutachten	Gemeinde	38/5	
Sachverständiger	Nutzwertfestsetzung		6/8; 9/17
Sachwalterschaft	Eigentümerpartnerschaft		13/30
Sanierung	Mietverhältnis, gespaltenes	12a/6; 46a/36f	
Sanierungshauptmiete		2/12, 47	
Sanierungsmaßnahmen		18b/4	
Satellitenempfangsanlage			16/45
Satellitenempfangsantenne		9/51	
Schaden	Anzeigepflicht		30/53
Schaden	ernster, des Hauses	3/15; 8/32	28/29, 44, 55ff
Schaden	ideeller	8/47	
Schadenersatzanspruch	Erwerber		37/40
Schadenersatzanspruch	Geltendmachung		28/109
Schadenersatzanspruch	Verwalterpflichtenverletzung		52/22
Schädigung	deliktische, des Hauses		18/101

Stichwort	Unterstichwort	MRG	WEG
Speditionsunternehmen		1/62	
Sperrzeit			28/86
Staffelmietzinse		16a/11	
Standard	ortsüblicher		28/48
Standard	zeitgemäßer	15a/19	
Standardanhebung		5/16; 16/43; 46c/4f	
Standardanhebung	Verweigerung	**30/111**	
Statut			51/5
Stellungnahme	Gemeinde	38/3	
Stellvertretung	Eigentümerpartnerschaft		13/26
Steuerabgeltung		**20/49f**	
Steuerrecht			18/135
Steuersatz	begünstigter		32/68
Stiegenhaus			28/54, 95
Stimmabgabe			24/33; 25/21
Stimmabgabe	nachträgliche		25/22
Stimmbindung			24/44; 25/21, 25
Stimmengleichheit			24/9, 79, 100; 29/32
Stimmenkauf			24/46
Stimmrecht			24/9, 24/15, 35
Stimmrecht	Eigentümerpartnerschaft		13/30
Stimmrechtsausschluss			24/37; 29/53
Stockwerkseigentum			1/2,5
Stockwerkslage		16/61	8/10f
Streitanhängigkeit			52/53
Streitanmerkung	Ausschließungsklage		36/54f
Streitanmerkung	Einverleibungsklage		43/30ff
Streitanmerkung	Teilungsklage		12/21
Streitgenossenschaft			18/128
Streitgenossenschaft	Eigentümerpartnerschaft		13/36
Streitpartei	einheitliche		13/36
Streitverkündung			18/128
Strohmann		2/40	36/74
Strompauschale		23/16	
Struktuanpassungsgesetz 1996		20/6, 49f	
Stufenklage			43/26
Stundung			18/88
Stundung	Beitragsforderungen		27/14
Stundung	Pflichtteilsanspruch		14/41
Sturmschadenversicherung		21/34	
Substandardwohnungen	Erträgnisse		33/13

Stichwort	Unterstichwort	MRG	WEG
Umgehungskonstellation		12a/55	
Umlaufbeschluss			24/23
Umsatzsteuer		15/6; 18/23	32/63
Umsatzsteuer	Ausweis		32/71
Umsatzsteuer	Bemessungsgrundlage		32/67
Umsatzsteuerbefreiung	unechte	15/10f	
Umwidmung	allgemeine Teile		28/96
Unanfechtbarkeit	Beschlüsse		24/73
Unanwendbarkeit	vorläufiges WE		47/5
Unbrauchbarkeit	Begriff	7/7	
Unbrauchbarkeit	Wohnung	15a/12	
Universalsukzession		12a/47; 46a/13	
Unmittelbarkeitsgrundsatz		37/56	52/34, 37
Unmöglichkeit	Erwerb eines WE-Objektes		12/14, 24
Unratabfuhr		21/21f	32/53
Unteilbarkeit	Eigentümerpartnerschaft		12/1; 13/1
Unteilbarkeit	Mindestanteil		12
Unteilbarkeit	Todesfall		12/2
Unterbrechung		37/73	
Unterbrechung	obligatorische	41/4	
Unterbrechung	Stufenklage		43/27
Untergang	rechtlicher, eines WE-Objektes		35/7
Untergang	tatsächlicher, eines WE-Objektes		35/4
Unterlassungsklage			24/99; 36/70
Untermiete		Erl zu 2; 43/10	
Untermiete	Definition	**2/20**	
Untermiete	wirtschaftliche	2/3; 30/94	
Untermietverbot		Erl zu 11	
Untermietverbot	Gründe, wichtige	11/4	
Untermietzins	Befristungsabschlag	26/9	
Untermietzins	Höhe	26/7	
Untermietzins	zulässiger	26/8	
Untermietzins-vereinbarung		26/11	
Unternehmensbetrieb		12a/16	
Unternehmenserwerber	Anerkennung	46a/39	
Unternehmenspacht		1/29	
Unternehmensteil		12a/16	
Unternehmensübertragung	Gesamtrechtsnachfolge	12a/25	
Unternehmensübertragung	Gesetzgebung	12a/27	
Unternehmensübertragung	Mitmieter	12a/24	
Unternehmensveräußerung		**12a/6, 11ff**	
Unternehmensveräußerung	Anzeigepflicht	12a/33	
Unternehmensveräußerung	Rechtsfolge	12a/7	
Unternehmensverpachtung		**12a/56ff**	
Unternehmensverpachtung	Anzeigepflicht	12a/61	

Stichwort	Unterstichwort	MRG	WEG
Verfahren	streitiges		18/109, 24/ 86, 94; 29/49
Verfahren	Wiederaufnahme		52/76
Verfahrensart		37/17	
Verfahrensart	Wechsel	6/25	
Verfahrensbereich		40/5	
Verfahrensbeteiligung		37/91f	
Verfahrensgrundsätze	allgemein	37/47f	52/29f
Verfahrensgrundsätze	Nutzwertfestsetzung		10/48
Verfahrenshilfe			52/68
Verfahrensmangel			52/67
Verfliesung		17/40	
Verfügbarkeit	Mietgegenstand		28/98
Verfügung	Eigentümer		28/11
Verfügung	Eigentümerpartnerschaft		13/25
Verfügung	einstweilige	37/106; 39/ 19; 42a/4	52/52
Verfügung	Miezinse	42/6ff	
Vergabevorbehalt			38/19
Vergleichsanbot			20/53
Vergleichswertmethode		16/19	
Verhalten	unleidliches	30/28ff	36/44ff
Verhandlung	Schluss	37/79, 109	52/55
Verhandlungsgrundsatz		37/50	52/31f
Verjährung	Abrechnung		34/24
Verjährung	Anspruch nach § 8 Abs 3	8/49	
Verjährung	Beiträge		31/51
Verjährung	Beitragsforderungen		18/89
Verjährung	Mietzins	27/55	
Verjährungsfrist	Ablöse	27/55	
Verjährungsfrist	Rechnungslegung		56/31
Verjährungsfrist	Verlängerung	16/85; 26/11	
Verkehrsbetrieb		1/61	
Verlängerung	stillschweigende	29/49	21/33
Verlängerung	Verjährungsfrist	26/11	
Verlängerungsoption		29/16	
Verlassenschaft	Aufkündigung	14/9	
Verlassenschaftsverfahren			14/9, 78f
Verlassenschaftsverfahren	Internationales		14/81
Verlassenschaftsverfahren	Zuständigkeit		14/78
Vermächtnis	Titel f. WE		3/4
Vermächtnisrecht			14/50, 56
Vermieter	Rechtsnachfolge	2/23ff	
Vermietergemeinschaft			18/12
Vermieterrechte	Abtretung	2/29	
Vermietung	Eigentümergemeinschaft		18/39ff

Stichwort	Unterstichwort	MRG	WEG
Vermietung	Wohnungseigentümer		29/16
Vermittlungsauftrag			38/19
Vermögenslosigkeit	Eigentümergemeinschaft		188/125
Verpachtung	Unternehmen	1/29f; 12a/6	
Verpachtungskette		12a/58	
Verpfändung	Hauptmietzins	42/7, 9	
Verpflichtung	öffentlich rechtliche	3/27	28/63
Verputzstärke		17/40	2/60
Verrechnung	Verbesserung	4/20ff	
Verrechnung	Erhaltung	3/34ff	
Verrechnungskreis	gesonderter		31/19
Verrechnungszeitraum		18/17	
Verschulden	Mietzinsrückstand	33/35	
Versicherung		21/26ff	
Versicherung	angemessene	21/27	
Versicherung	Prämienhöhe	21/28	
Versicherung	Zustimmung der Mietermehrheit	21/35	
Verständigung	Beschlussfassung		24/29; 29/27
Versteigerung	Ausschlussklage		36/61
Versteigerung	Mindestanteil		14/16
Versteigerung	Mindestanteil/WE-Objekt		12/4, 20; 13/ 52, 57
Versteigerung	Miteigentumsanteile		3/64
Versteigerungs- bedingungen	Bestandrecht		12/30
Verstoß	gegen zwingende Parifizierungs- grundsätze		9/31
Verteilung	Abrechnungsergebnis		34/38
Verteilungsbeschlüsse			32/40
Verteilungsmasse			27/22
Verteilungsregelungen	Ersichtlichmachung		32/58f
Verteilungsschlüssel			
Verteilungsschlüssel	abweichender		33/26
Verteilungsschlüssel	mietrechtlicher	17/5f	32/31
Verteilungsschlüssel	Vereinbarung	17/20	32/34
Verteilungsschlüssel	Verfahren	37/37	
Verteilungsschlüssel	Wohnungseigentum		32/29
Verteilungstagsatzung			27/22
Verteilungszeitraum		**18/17, 26ff**; 18a/5	
Vertrag			3/10
Vertrag	auf den Todesfall		14/45ff, 67
Vertrag	einheitlicher Mietvertrag	16/8	
Verträge	Liegenschaftsbezogenheit		18/58
Vertragseintritt		Erl zu 12, 12a, 14	18/54

Stichwort	Unterstichwort	MRG	WEG
Warmwasserkosten			32/19
Warmwasserkostenzähler			28/63
Wartungspflicht	Mieter	8/6	
Waschküche			28/60
Wasserentnahmestelle		15a/22	
Wassergebühren		21/12	32/53
Wasserleitung		9/44f	28/63
Wasserversorgungsanlage	hauseigene	21/14	
Wasserversorgungskosten		21/11	
WE-Begründung	Mietvertrag		56/17
WE-Begründung	nachträgliche		38/4, 18
WE-Begründung	obligatorische		43/7
WE-Begründung	zwingende		3/44f; 45/18f; 56/14
WE-Bewerber	Benachteiligung		38/1
WE-Bewerber	Beweislast		38/8
WE-Bewerber	Haftung		18/121
WE-Bewerber	Hauptmiete	**2/18f**	
WE-Bewerber	Legaldefinition		vor 37-44/8
WE-Bewerber	Mehrheitsentscheidung		41/11
WE-Bewerber	Mietvertrag	2/4	
WE-Bewerber	Mietzinserhöhungsverfahren	18/10	
WE-Bewerber	Sicherung, grundbücherliche		Erl zu 40
WE-Bewerber	Vorbereitungsstadium		18/102
WE-Bewerber	Zustellung		24/49
Weisungen	Beschluss		24/91
Weisungen	Eigentümervertreter		22/22
Weisungen	rechtswidrige		20/18
Weisungen	unbeachtliche		20/18
Weisungen	unklare		20/21
Weisungen	unzweckmäßige		20/18
Weitergabe		**30/34ff**	
Weitergabe	gänzliche	30/39ff	
Weitergabe	Gegenleistung, unverhältnismäßige	**30/44ff**	
Weitergabe	teilweise	30/41	
Weitergaberecht		12/33	
Weitergaberecht	beschränktes	12/33	
WE-Objekt	Änderungen		16/11
WE-Objekt	Erträgnisse		33/11, 22
WE-Objekt	Nutzung		16/7ff
WE-Objekt	Teilung		16/18
WE-Objekt	Übergabe		37/51
WE-Objekt	Vermietung		16/9
WE-Objekt	Zusammenlegung		16/18
WE-Organisator	Aufklärungspflichten		37/32ff